新发展格局下
中国隐含资源环境要素
跨境流动问题研究

郭朝先　刘艳红　等◎著

RESEARCH ON THE CROSS-BORDER FLOWS OF
CHINA'S EMBODIED RESOURCES AND
ENVIRONMENTAL FACTORS UNDER THE NEW DEVELOPMENT PARADIGM

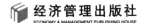

经济管理出版社
ECONOMY & MANAGEMENT PUBLISHING HOUSE

图书在版编目（CIP）数据

新发展格局下中国隐含资源环境要素跨境流动问题研究/郭朝先等著 . —北京：经济管理出版社，2022.5

ISBN 978-7-5096-8421-4

Ⅰ.①新… Ⅱ.①郭… Ⅲ.①对外贸易—研究—中国 Ⅳ.①F752

中国版本图书馆 CIP 数据核字（2022）第 078971 号

责任编辑：胡　茜　李光萌

责任印制：黄章平

责任校对：董杉珊

出版发行：经济管理出版社

（北京市海淀区北蜂窝 8 号中雅大厦 A 座 11 层　100038）

网　　址：www.E-mp.com.cn

电　　话：（010）51915602

印　　刷：唐山玺诚印务有限公司

经　　销：新华书店

开　　本：720mm×1000mm/16

印　　张：17.75

字　　数：287 千字

版　　次：2022 年 5 月第 1 版　2022 年 5 月第 1 次印刷

书　　号：ISBN 978-7-5096-8421-4

定　　价：98.00 元

前　言

　　20 世纪 70 年代，国际高级研究机构联合会（IFIAS）首次提出"隐含流"（Embodied Flow）概念，用于分析产品全部生产过程中的污染排放与资源消耗。现在，"隐含"（Embodied）后面加上资源或污染排放物的名称，如隐含能源（Embodied Energy）、隐含碳（Embodied Carbon）、隐含污染（Embodied Pollution）等都是隐含流概念的衍生概念。在经济全球化大背景下，一国生产的产品往往在另一国或多国消费，产品的生产国通过出口贸易实际上承担了消费国的资源消耗和环境污染，因此，产品国际贸易的过程同时也是隐含资源环境要素流动的过程。伴随贸易活动而来的商品和服务在全球流动的过程，也是世界各地的资源环境要素在全球进行重新配置的过程。西方发达国家在产业和技术升级过程中成功实现了传统产业的对外迁移，以中国为代表的广大发展中国家在承接产业转移进而融入全球产业分工体系的同时也付出了巨大的资源环境代价。热带雨林大面积减少、生物多样性迅速被破坏等问题不仅对当地造成许多严重甚至是不可逆的资源环境破坏，而且引发了气候变暖等全球性环境变化，给人类可持续发展带来了严峻挑战。深入研究国际贸易背后的隐含流跨境流动，有利于全面认识国际产业分工体系对全球资源环境产生的压力和影响。

　　当今世界正面临百年未有之大变局，一方面，改革开放以来，中国经济实力持续上升，在全面建成小康社会的基础上，已进入全面建设社会主义现代化国家的新发展阶段。同时，作为世界第二大经济体、第一大工业国和第一大货物贸易国，中国经济在不断加深与世界经济融合共生程度的同时，也对全球包括资源环境要素在内的生产要素的流动和配置产生越来越重要的影响。另一方面，全球化的逆流和新冠肺炎疫情的持续蔓延正深刻改变世界经济格局，全球产业链和供应链断裂风险上升，给中国经济安全带来了严峻挑战。基于发展阶段、发展条件以及外部环境的深刻变化，党的十九届五中全会做出了加快构建新发展格局的战略部署，在立足国内经济大循环的基础上，致力于发挥国际循环对于提升国内大循环效率和水平的积极作用，重塑我国参与国际合作与竞争的新优势。

在构建新发展格局背景下，研究隐含资源环境要素的跨境流动问题具有四方面的重要意义：一是有利于用科学的经验数据驳斥和消除"中国资源环境威胁论"，营造有利于我国经济发展的外部（舆论）环境；二是有利于在国际气候治理谈判中维护中国及广大发展中国家的发展权益；三是有助于认识中国在全球生产体系中所发挥的作用和担负的责任，为推动形成公平合理的全球治理体系和构建人类命运共同体贡献中国智慧和中国方案；四是有利于促进中国经济发展方式尤其是外贸发展方式转变，加快构建以国内大循环为主体、国内国际双循环相互促进的新发展格局，推进中国经济高质量发展。

本书以贸易隐含能源、隐含碳、隐含土地和隐含水为研究对象，着重从中国对外贸易中隐含的上述资源环境要素流动的总体规模、国家流向和经济效益三个方面开展研究。主要研究内容包括：

第一，测算历年贸易隐含流的流动规模，并对其规模变化的因素进行了分解分析。测算了1995~2014年中国进出口贸易隐含碳和隐含土地流动的总体规模，以及2000~2014年隐含能源和隐含水流动的总体规模。对历年隐含能源、隐含碳、隐含土地和隐含水规模变动情况进行驱动因素分解分析，测算驱动其增长的规模效应、结构效应和技术效应的贡献程度。

第二，测算主要年度中国与主要国家之间的隐含能源、隐含碳、隐含土地和隐含水流入和流出情况。代表性国家包括美国、日本、英国、德国、法国、意大利、加拿大、印度、巴西、俄罗斯、韩国、澳大利亚，共12个，涵盖了主要发达国家和新兴经济体，有利于对中国与发达国家和新兴经济体在贸易隐含流规模和流向上的变化进行比较分析。

第三，测算贸易隐含流跨境流动的经济效益和资源环境效益。本书将贸易隐含流与增加值贸易相结合，提出了"隐含流生产率"和"隐含流贸易条件"等重要概念，用于衡量外贸隐含流的经济效益和资源环境效益。

第四，基于上述研究，提出相关对策建议。

本书将隐含能源、隐含碳、隐含土地和隐含水纳入统一的隐含流分析框架，利用扩展的国际资源—环境—经济投入产出模型开展研究，进一步运用 LMDI 分解法对驱动因素进行分析，测度规模效应、结构效应和技术效应对外贸隐含流增长的贡献度，创造性地运用"隐含流生产率"和"隐含流贸易条件"等概念，揭示外贸隐含流产生的经济效益和资源环境效益。

（1）中国进出口贸易在创造巨大贸易顺差的同时，也存在以隐含资源环境要素流动形式表现出来的巨大"生态逆差"。根据计算，2000~2014 年我国隐含能源、隐含碳、隐含水连续出现净出口，累计下来，隐含能源净出口规模达 72.09 亿吨标准煤、隐含碳排放达 132.73 亿吨 CO_2、隐含水达 25963 亿立方米规模。只有隐含土地属于例外，自 2000 年之后处于净进口状态。

（2）中国外贸隐含流进出口总规模大幅度增长，进出口平衡性得到增强。与 2000 年相比，2014 年隐含能源出口规模增长 1.98 倍、进口规模增长 2.24 倍；隐含碳出口规模增长 2.36 倍、进口规模增长 5.60 倍；隐含土地出口规模增长 0.35 倍、进口规模增长 3.01 倍；隐含水出口规模增长 2.27 倍、进口规模增长 4.18 倍。可见，各隐含流进口规模增长均快于出口规模，隐含流出口和进口的平衡性增强，"生态逆差"呈现逐年减小的良好发展态势。可喜的是，自 2008 年国际金融危机后我国隐含流净出口增长态势基本得以遏制。

（3）驱动隐含流出口增长的主要因素是规模效应，技术效应发挥了抑制作用，而结构效应不太明显。在驱动隐含流出口增长的三个因素中，规模效应是最主要的驱动因素，这是由我国处于工业化阶段的基本国情所决定的。技术进步对于抑制隐含流出口规模增加发挥了积极作用。比较而言，结构效应不太明显，是排在第三位的驱动因素，且对不同要素产生了不同的影响，即结构效应虽然减少了隐含土地和隐含水的出口，但增加了隐含能源和隐含碳的出口。这一情况表明产业结构和外贸结构的调整和优化具有多维度特征，要在综合考虑和权衡多种资源环境要素的集约利用基础上调整产业结构和外贸结构，难度很大，任重而道远。

（4）从隐含流的国别流向上看，中国在全球供应链上扮演着"资源中枢"

的角色。本书重点考察了中国与 12 个主要国家外贸隐含流流向情况。结果显示，除俄罗斯外，中国是隐含能源和隐含碳净出口国，中国作为"世界工厂"，每年从世界上进口大量能源（主要是石油、天然气），为世界其他国家人民的消费而消耗了大量能源并产生了大量排放。隐含土地和隐含水的流向及其变化则表明，一方面，中国作为"世界工厂"为世界上大多数国家尤其是发达国家扮演着资源消耗国的角色；另一方面，由于中国土地资源和水资源相对贫乏，国际贸易有利于利用"两种资源"和"两个市场"，中国也从资源丰富的国家间接进口了土地资源和淡水资源。

（5）中国外贸隐含流经济效益和资源环境效益出现了持续向好发展态势，推动世界贸易互利共赢和全球可持续发展。计算分析表明，一方面，中国出口隐含流生产率和外贸隐含流贸易条件不断提高和改善，反映出中国在国际贸易中获得良好的经济效益和资源环境效益；另一方面，世界其他国家在与中国进行国际贸易时，它们的出口隐含流生产率和外贸隐含流贸易条件也得到不同程度的提高，经济效益和资源环境效益也得到很大程度的提升。与中国开展国际贸易时，中国与相关贸易伙伴均获得正的经济效益和资源环境效益，表明中国与世界各国开展的经贸合作具有互利共赢的性质，不是"你输我赢"的零和游戏，更不是"赢者通吃"的贸易霸凌行为。此外，与中国开展国际贸易有利于优化全球资源配置，尤其是资源环境要素利用效率得以提升，有利于全球可持续发展，从而为构建人类命运共同体做出积极贡献。

本书深化了国际贸易隐含流领域的研究，重点表现为拓展了外贸隐含流的研究广度，深化了投入产出技术在国际贸易与资源环境等交叉领域的研究，以及运用隐含流生产率和隐含流贸易条件等创新性指标度量外贸隐含流的经济与资源环境效益所做的开拓性工作。研究发现，作为全球生产规模最大的制造业中心和"世界工厂"，中国一方面以直接进口方式大量引进能源和资源，另一方面又以贸易隐含流方式出口大量资源环境要素，在资源环境要素的全球供应链条上扮演了"资源中枢"的特殊角色，并在某些资源环境要素方面呈现净出口状态，这对于消除"中国资源环境威胁"奠定了坚实的数据基础并提供了事实依据。研究还发现，一方面，中国大部分出口隐含流的经济效益和资源环境效益得到持续提升；另一方面，与经济发达国家相比，中国在很多领域又相对落后，这既与中国经济发展方式比较粗放有关，又与当前国际经济秩序所呈现的"制度非中性"有关。解决这个问题，不仅需要中国持续推动和实施产业升级、经济转型和高质量发展，也需要中国积极参与全球经济治理、构建公平合理的国际经济新秩序。中国所提出的共建"一带一路"倡议是推动全球包容互惠发展的国际公共产品，从长远来看，不但有助于解决中国资源环境要素可持续支撑经济社会发展问题，也有利于推动构建人类命运共同体。

目　录

第一章 绪论

1974 年，国际高级研究机构联合会（IFIAS）首次提出了 Embodied Flow 概念（"隐含流"或"内涵流"），指产品生产或服务提供过程中直接和间接消耗的某种资源（包括环境资源）的总量。现在，隐含（内涵）能源、隐含（内涵）碳、隐含（内涵）污染物等都是隐含流概念的具体化。另外，"虚拟水""生态足迹"等也是隐含流概念的衍生概念。在经济全球化大背景下，产品国际贸易的过程同时也是隐含资源环境要素流动的过程。

隐含在国际贸易中的资源环境要素的流动规模和结构不仅反映人类社会从经贸活动中获得经济社会收益时所付出的资源环境代价水平，还反映现有国际分工体系下这些资源环境代价在不同经济体之间的分布状况。因此，对隐含在贸易中的碳排放、能源、土地和水等资源环境要素的规模、流向、动态变化及其背后驱动因素等问题的探究便成为国际社会准确界定环境责任，进而进行有效环境治理的一个重要前提。同时，在构建以国内大循环为主体、国内国际双循环相互促进的新发展格局背景下，科学评价贸易隐含流的经济效益和资源环境效益，将为我国转变经济发展方式和外贸发展方式，改善我国生产要素质量和配置水平，以国际循环提升国内大循环效率和水平，促进经济高质量发展提供重要的信息参考和决策支撑。

第一节　研究背景与意义

一、研究背景

本书具有深厚的理论背景和强烈的现实需求背景。

（一）理论背景

自 20 世纪 70 年代以来，随着"增长的极限"问题引发人们对经济可持续增长前景的担忧，与增长密切相关的贸易和环境之间的关系问题开始进入学术研究视野。20 世纪 90 年代以来，随着全球对气候变暖及环境恶化问题的关注程度不断提高，环境保护与自由贸易的支持者针对北美自由贸易协定和世贸协定谈判，就贸易自由化可能带来的环境影响问题展开了激烈的交锋。例如，美国的环保团体担心美国和墨西哥之间的自由贸易不仅会助长两国边境加工贸易的扩张，进一步恶化墨西哥边境地区的环境状况和劳工福利；而且来自墨西哥的贸易竞争还可能促使美国放松本国的环境管制，造成逐底竞争（Race to the Bottom）的恶果。

为回应环保团体对北美自由贸易协定可能带来消极环境影响的质疑，Grossman 和 Krueger（1991）首次提出了一个综合评价贸易的资源环境影响的理论框架，即从贸易的规模、结构和技术效应三个维度综合分析和评估贸易对环境的总体影响。从理论上看，贸易的规模效应意味着，贸易增长会导致生产规模的扩大，在保持原有生产条件不变情况下，生产规模的扩大必然增加资源消耗和环境影响，而且跨境贸易引致的交通运输需求也会扩大能源消耗，因此总体上会导致资源环境状况的恶化。贸易的结构效应意味着，贸易竞争会促使一国调整其产业结构，致力于发展更具有比较优势的产业。如果一国将其产业比较优势建立在放松环境管制基础之上，其结果必然导致污染密集型产业的扩张及更为严重的环境污染；如果其产业优势主要借助于资源禀赋或技术优势，则其环境影响存在较大不确定性。贸易的技术效应则意味着，伴随贸易而来的境外投资者可能将更加清洁的生产技术转移到当地，从而提高当地的能源使用效率，减少污染。贸易带来的国民财富的增加和收入水平的提高，不仅会增加民众的环境质量需求，促使政府实施更为严格的环境保护措施，也能在客观上提高政府保护和治理环境的能力。因此贸易带来的技术水平的提高对资源环境有正向作用。综上所述，贸易通过规模、结构及技术等不同效应对环境产生的影响既可能是正面的，也可能是负面的，其总体影响需要综合评价正向和逆向两种力量共同作用的结果后才能做出判断。

上述综合评价贸易的资源环境影响的理论框架为后续研究，特别是实证研究奠定了十分重要的基础。基于这一分析框架，Antweiler 等（2001）、Frankel 和Rose（2005）的实证研究均得出了相似的结论，即总体而言，贸易对环境的影响是正向的。Antweiler 等（2001）发现，虽然贸易引发的结构效应对加剧污染有小幅的影响，但贸易带来的规模效应和技术效应却显著改善了环境，因此贸易对环境的总体影响是正向的。Frankel 和 Rose（2005）针对七项污染指标的实证研究也并未发现贸易对其有恶化的作用，研究还发现，贸易并没有引发各国间放松环境管制的政策竞争，也没有证据支持自由贸易使一些国家成为专事污染密集型生产的"污染天堂"。Grossman 和 Krueger（1991，1994）利用全球环境监控系统（Global Environmental Monitoring System）提供的可比较环境数据进行的实证研究发现，在简化了的增长与环境关系模型中，一国的人均收入水平与污染物排放（作者采用了四大类 14 个污染物指标）之间存在倒 U 形关系，一个经济体的环境质量会随着收入水平的提高呈现先抑后扬的走势，环境质量的拐点通常在人均收入水平达到 8000 美元之前出现。这一研究发现后来被概括为环境库兹涅茨假说（Environmental Kuznets Curve Hypothesis），即 EKC 假说。

EKC 假说及其实证研究论证了自由贸易、经济增长及收入水平提高与环境质量改善之间的正向关系，打破了经济发展必然以环境破坏为代价的成见，破除了"增长的极限"带来的恐慌，为可持续发展理念提供了重要的理论支撑。然而EKC 假说自提出以来，其解释力便不断遭到质疑和批评。例如，很多实证研究发现，EKC 所揭示的倒 U 形关系，只适用于部分污染物指标，主要是那些治理成本相对较低，治理效果较为显著，危害性较易识别的污染物，如二氧化硫、一氧化碳、粒状污染物等。然而另一些治理成本更高、危害性影响更具时间或空间上转移性的污染物，尤其如温室气体，则并未呈现先升后降的趋势。Kaika 和 Zervas（2013）整理比较 35 篇关于碳排放是否存在库兹涅茨曲线的实证研究文献

（1992~2010 年）后发现，尽管研究结论并不一致，但大部分研究发现收入水平与碳排放水平之间存在单调的正相关关系。还有一些研究发现，一些污染物呈现的是先升后降进而再次上升的 N 形走势。此外，由于对污染水平的测算通常是一个静态均值，没能考虑环境破坏的累积效应及其可能造成的后果，如生物多样性破坏等，因此，EKC 假说所隐含的"先污染，后治理"的发展理念显然难以解决后一种环境破坏问题。

在经济全球化时代，由于贸易使一国通过境外生产满足本国消费需求成为可能，EKC 假说单纯基于本土生产造成的环境指标测算并不能真实反映一个既定收入水平国家的实际消费，以及由此造成的资源消耗和环境影响（Rothman，1998）。因此，EKC 假说所表现出的收入水平与环境质量之间的变动规律有可能是环境负担转嫁（Environmental Load Displacement）的结果，即工业发达国家以进口高能耗高污染产品替代本国生产的方式实现了部分环境负担的转嫁，并以此改善了本国的环境状况；然而承接这类环境负担的发展中国家由于生产技术水平和能源使用效率更低，往往在生产过程中造成更为严重的环境后果，因而总体上不是改善而是恶化了全球的资源环境状况。"环境负担转嫁"假说意味着，通过贸易手段，"一个国家完全可能以牺牲另一国可持续发展的方式来保护自身的资源存量，实现自身的可持续发展"（Rothman，1998）；然而由于污染传递的不可持续性，这种以转嫁环境负担方式实现局部环境改善的模式显然不具有可复制性和持续性，不仅无法适用于位于传递链条底端国家的环境治理，而且将使这些处于全球产业链底端的国家深陷专业化分工的陷阱，从而进一步拉大而不是缩小南北之间在经济发展和资源环境水平方面的差距。

贸易造成碳泄漏进而恶化全球资源环境状况的可能性，以及通过环境负担转移加剧南北差距的风险，不仅对 EKC 假说提出严重挑战，驱使人们重新审视贸易和增长总体和长期有助于环境改善的乐观判断；而且引发研究者关注和思考贸易对资源环境影响的结构性差异问题，即在表面互利共赢的商品和服务贸易背后可能隐藏着不公平的环境置换（Uneven Environmental Exchange）（Peng et al.，2016）。要证实上述新的理论假说，意味着研究者需要改变孤立评价单一国家或地区的贸易环境关系的研究视角，而是要从全球供应链的维度去把握和评价特定地区生产、消费乃至环境治理举措对其他地区乃至全球所造成的经济社会和资源环境影响。随着全球维度的生产、贸易和资源环境数据可得性的不断提高以及研究方法的不断改进，服务于上述研究需要的"贸易隐含流"的实证研究开始呈现出爆发式增长的势头。

（二）现实需求背景

自《联合国气候变化框架公约》确立全球大气治理的基本框架以来，温室气体的排放责任界定及减排责任分担问题便成为气候谈判中的核心问题。为减少温室气体排放，特别是履行《京都议定书》所明确的工业国家的减排任务，气候公约要求缔约方定期编制并向气候公约秘书处提交国家温室气体清单，使缔约各方掌握各缔约方在规定时期内温室气体排放的最新进展和减排成效。按照政府间气候变化专门委员会（IPCC）的规定，国家温室气体排放以生产排放（Production Emissions）作为核算依据，即"国家（排放）清单包括在一国本土以及该国拥有行政管辖权的离岸地区所排放和清除的温室气体"。

这一基于生产的核算体系自确立之初就遭到了质疑，其在责任界定的公平性及气候治理的有效性等方面的缺陷随着时间推移逐步凸显出来。第一，在以一国领土为核算单位的体系下，发生在国土面积之外的国际贸易，特别是与之相关的海运、航空等高耗能和高排放行业的排放无法纳入核算体系，造成了对全球碳排总量的低估。第二，这一核算体系可能促使工业发达国家通过产业转移和国际贸易的方式实现高污染产品和服务的生产和消费，以减少本国排放，从而造成碳泄漏（Carbon Leakage）问题。由于承接发达国家产业转移的发展中国家在能源使用效率方面通常低于发达国家，碳泄漏不仅使发展中国家承担了发达国家消费的环境后果，恶化了本国的资源环境状况，而且事实上增加了全球的碳排总量。第三，这一核算体系将排放责任完全归于生产者，免除了产品最终消费者的责任，不仅不利于调节改变人类的生活和消费模式，而且在责任承担上对生产者有失公允，弱化了发展中国家和制造业大国参与温室气体减排的动力。

基于生产排放核算体系的上述缺陷，越来越多的学者主张用消费排放（Consumption Emissions）来弥补生产排放在排放核算方面的不足，甚至取代生产排放。生产与消费排放的主要区别在于隐含在进出口贸易商品与服务中的碳排放的责任归属问题，生产排放原则主张一国承担所有本土生产，包括服务于出口贸易的本土生产造成的排放责任；消费排放原则则主张一国承担所有本土消费，包括从境外进口以满足本土消费部分所造成的排放责任。从技术上看，界定排放的生产者责任相对简单，原则上只需要本国的生产和出口数据以及相关产业能源消耗规模和系数；消费者责任的界定范围则远远超出了本国的地理边界，需要将排放的测定范围扩展至所有的进口来源国，甚至是所有进口商品的生产供应链。显而易见，与生产排放相比，消费排放责任的界定需要更加完善的贸易数据，以及所有贸易伙伴的生产和技术数据为支撑。从一定程度上来说，正是界定消费责任或测算消费排放的需要大大推动了贸易隐含流的研究，使其研究的地理边界从单边贸易到双边贸易进而扩展至全球。此外，随着生产、贸易和资源环境数据的不断完善，肇始于排放责任界定的贸易隐含流研究不仅在研究对象上扩展到了更为广泛的资源环境要素，而且在研究内容上也扩展到对高能耗和高污染区域或行业的甄别和治理，国家或地区资源对外依存度的测算，资源可持续支撑国家、地区乃至全球发展的预测等更为广泛的政策关切领域。

二、研究意义

本书主要有四个方面的价值和重要意义。

第一，有利于消除"中国资源环境威胁论"，促进全球可持续发展。本书响应国际社会对全球可持续发展进程评估的需要（联合国"里约+20"会议成果文件《我们希望的未来》提出的一项任务），客观评估中国隐含资源环境流动方向和流动规模，从实证角度阐述尽管中国每年进口大量的能源和资源、排放大量的污染物和温室气体，但中国作为"世界工厂"承担了大量转移排放，存在大量的隐含资源净出口，对全球可持续发展有巨大贡献，有利于消除"中国资源环境威胁论"。本书还有利于回答国际贸易从总体上是改善了还是恶化了全球资源环境状况，有利于回答发展中国家是否成为发达国家的"污染避难所"，从而为构建公平的全球环境治理机制提供事实依据，进而促进全球可持续发展。

第二，有利于在国际气候治理谈判中维护中国的发展权益。出于各国技术条件、产业结构、资源环境要素禀赋、在国际产业分工链条中所处的地位不同等原因，国际贸易背后的资源环境要素流动将形成净流入国和净流出国。科学测度国际贸易中的隐含资源环境要素流动规模，考察其动态变化并揭示其变化原因，对于合理评价一国在国际生产链和国际贸易中的资源环境问题具有重要意义，对于我国参与全球环境治理和国际气候谈判、维护我国资源环境权益也具有重要意义。当前，在国际气候谈判中，发展中国家既要强调"发展排放"，又要强调"转移排放"，本书可为从生产侧和需求侧界定排放责任和承担机制提供基础数据支撑，有利于在国际气候治理谈判中，为中国寻找战略盟友和识别潜在竞争对手，以及促使国际排放责任机制从当前单纯的"生产国责任"向"生产国责任""消费国责任"并重的责任机制转变提供支持服务。

第三，有助于认识中国在全球生产体系中所发挥的作用和担负的责任，为推动形成公平合理的全球治理体系和构建人类命运共同体贡献中国智慧和中国方案。自 2001 年加入世界贸易组织（WTO）以来，中国加快了融入全球产业分工体系的步伐，并在不久之后确立了"世界工厂"的地位。作为全球生产规模最大的制造业大国，中国在资源环境要素的全球供应链条上开始扮演"资源中枢"的角色（Yu et al.，2013），即大量来自其他发展中国家的初级产品，在中国经过二次加工后以制成品的形式再出口到发达国家。因此，隐含在中国对外贸易中的资源环境要素的流动及其变化发展趋势，不仅反映中国为满足自身消费需求对全球资源环境带来的影响，还反映中国为满足国际市场消费需求对全球资源环境配置格局产生的重要影响。鉴于中国在全球资源环境要素配置格局中所扮演的重要角色，进入 21 世纪以来，以中国为主要视角的贸易隐含流研究日趋活跃，研究的资源环境对象也从二氧化碳、能源等热点领域扩展至土地、水资源等更为广泛的要素范畴。迄今为止，已有不少研究者从研究方法、特定资源环境要素等不同角度对中国外贸隐含流的研究成果进行了总结和梳理（Hawkins et al.，2015；Zhang et al.，2017），我们希望从全球资源环境挑战和治理的大背景下来考察和梳理中国外贸隐含流研究所取得的进展和呈现的特点、主要研究内容和研究发现、所面临的约束和困难以及未来研究的重点和方向，从而使已有及未来的研究及其成果不仅能够更好地服务于中国自身资源环境治理的需要，也能为全球资源环境治理贡献中国智慧和方案，为新时代中国构建和推进人类命运共同体的对外方略做出更加切实的贡献。

第四，有利于促进中国经济发展方式转变尤其是外贸发展方式转变，加快构建以国内大循环为主体、国内国际双循环相互促进的新发展格局，推进中国经济高质量发展。通过将隐含流与外贸增加值联系起来进行分析，从纵向和横向、产业间和国际多个层面测算和比较研究，找出中国贸易隐含流的经济效益和资源环境效益优势和差距，有助于优化中国产业结构和外贸结构，深化要素流动性开放。一方面以国际循环提升国内大循环效率和水平，进一步改善生产要素的配置水平和质量；另一方面推动中国产业转型升级、增强出口产品和服务的竞争力，提升中国在全球产业链、供应链、创新链中的影响力。

第二节　文献述评

自 20 世纪 90 年代以来，随着应对气候变化的全球治理行动拉开序幕，隐含在生产、消费和贸易活动中的碳排放及其责任界定与归属问题随即成为热点研究问题，进而扩展至其他污染物以及能源、水、土地等资源环境要素，形成了规模十分可观的贸易隐含流研究。本节对贸易隐含流研究进行文献述评。

一、研究现状与特点

为掌握隐含在国际贸易背后的资源环境要素流动的规模结构及动态变化情况，探究其背后的形成机理并寻求相应的解决方案，学术界围绕隐含在国际贸易中的资源消耗与污染排放问题，以及通过国际贸易产生的污染转移等问题展开了广泛而深入的研究，形成了数量十分庞大的研究成果。这些研究总体上是从两个方面展开和推进的：一方面是从理论、方法和数据上对"贸易隐含流"相关问题进行概念界定、理论梳理、方法改进以及经济贸易和资源环境数据的建设与完善。另一方面则是在新的理论、数据和方法支撑下展开实证研究。从研究的发展趋势与最新进展看，贸易隐含流的实证研究主要呈现出以下四个方面的特点。

第一，21 世纪以来研究成果呈明显增长势头，对中国问题的研究成为热点。从时间维度看，多项针对英文同行评议期刊的文献研究均表明，对运用投入产出方法进行环境问题研究或者贸易隐含流问题的研究，特别是实证研究，自 20 世纪 90 年代中期开始出现较为明显的增长势头，经历十年左右的发展后呈现出更为强劲的增长态势。Hoekstra（2010）针对 1969～2009 年运用扩展的环境投入产出分析（EEIO）进行环境问题实证研究的文献梳理表明，文献统计后五年发表的文献数量占到全部文献总量的一半左右，最后一年即 2009 年的文献数量更是高达 50 篇，占全部 360 篇文献的近 14%。Tian 等（2018）针对 1997~2016 年发表的有关贸易隐含流的文献梳理发现了同样的规律，即 2004 年之后文献和作者的数量都呈现稳步和显著增长的特征。

与此同时，中国的环境问题也在 20 世纪 90 年代中期开始获得关注。Hoek-stra（2010）发现，1995 年之前英文文献中涉及中国的研究十分罕见，此后对中国的研究不断增加，2005 年之后在数量上甚至超过了对美国的研究。Hawkins 等（2015）对 1995~2013 年运用 EEIO 进行中国环境问题研究的文献进行梳理后发现，文献数量在 2010 年后呈现出爆发式增长态势，在统计的 146 篇文献中，前 15 年累计仅有 20 篇，而 2010~2013 年合计的文献则有 126 篇，是之前 15 年文献总量的 6.3 倍。Zhang 等（2017）针对 1994~2015 年发表的有关中国外贸隐含碳的 317 篇英文文献进行统计分析发现，2010 年以后发表的有 292 篇，占总量的 92% 以上。Hawkins 等（2015）认为，受数据可得性影响，与其他国别或地区相比，针对中国的研究存在 5 年左右的时滞，这或许可以在一定程度上解释为什么针对中国的研究成果的显著增长点出现在了 2010 年而不是更早的 2005 年。Zhang 等（2017）还指出，2007 年中国成为全球最大碳排国之后，中国与世界其他经济体之间的贸易隐含碳问题也成为研究热点，进而助推了与中国相关的碳排研究的迅速增长，并带动了其他资源环境要素的跨国流动问题研究。

第二，研究对象仍以单一要素为主，多要素综合评价得到重视。从研究对象角度看，在针对贸易隐含流的实证研究中，单一要素研究仍然占据主导地位。Hoekstra（2010）发现，以 20 世纪 90 年代中期为界，之前的研究 90% 以上集中于单一的资源环境要素，特别是能源问题研究；之后，随着温室气体排放及全球变暖问题成为全球热点问题，研究对象日趋多元化，共同关注能源使用与碳排研究的比重上升，致使单一要素研究的比重下降到 66% 左右。到 2005 年之后，碳排研究的比重已接近一半。Tian 等（2018）针对 491 篇符合筛选标准的有关贸易隐含流的文献（1997~2016 年）所做的关键词分析发现，在研究对象上，按出现频次多少排序分别是隐含碳、隐含水、隐含能源、隐含土地和其他隐含空气污染物。尽管并未限定研究对象的国别或地域，但针对中国的研究频率最高，欧洲次之。在双边贸易隐含流研究中，对中美和中日贸易关系的研究最多。

在 Hawkins 等（2015）统计的运用扩展的环境投入产出分析（EEIO）进行中国环境问题研究的 146 篇英文同行评议期刊文献（1995~2013 年）中，仅有 18 篇是针对多要素的综合评价性研究，其余均为单一要素研究。在单一要素研究中，碳排研究占据了多数。在 146 篇文献中，从文献数量看，排在前五位的分别是碳、能源、水、空气污染物和固废，其中碳排研究的数量就占了 78 篇，比重超过一半；土地研究仅排在第 7 位，在所有 8 个环境主题中排倒数第 2 位。从相关主题文献被引数量看，排前五位的则分别是碳、能源、水、土地和空气污染物。土地主题的排序的上升与 Hubacek 和 Sun（2001）发表的关于中国土地使用状况的一篇高引用率论文有着密切关系。

然而，鉴于人类的资源需求以及环境影响的多元化和复杂性，任何一个单一的指标都无法全面反映人类活动的资源环境影响，而从任何一个单一的维度着手试图解决人类与自然可持续共生和发展问题都可能导致顾此失彼、事与愿违的后果。为此，学术界希望能够在现有的指标群基础之上，整合形成一个能综合而全面评价人类活动资源环境影响的指标体系。欧盟 2010 年左右启动的一项名为 OPEN（One Planet Economy Network）的研究项目，首次提出了一个足迹家族（Footprint Family）的概念框架，试图将生态、碳和水足迹等指标纳入一个统一的指标体系和评估框架，以期更加全面地评价经济活动造成的资源消耗和环境破坏，以及对人类可持续发展的影响，从而对决策者提供更有效的决策参考和行动建议（Galli et al., 2012）。Fang 等（2014）则在 OPEN 项目基础上，增加了能源足迹，以期增加该指标体系的全面性。尽管要将不同维度的指标纳入一个统一的指标体系，在数据可得性、方法论一致性，以及指标涵盖范围的重叠性等方面都存在挑战，而且现有的纳入体系的指标虽然在研究上相对成熟，但也并不能完全涵盖人类行为环境影响的所有方面，但从概念和方法论角度进行这样的努力对于更加全面量化评估人类的资源需求与环境影响，以及为决策提供更为可靠的实证依据，都是十分必要的。

事实上，伴随着数据完善性的提高以及方法论方面的进步，已经有越来越多的实证研究试图从一个更加综合的角度来评价经济活动的资源与环境影响。例如，Chen 和 Chen（2010，2011）运用生态投入产出模型，根据中国 2007 年的经济和资源数据，测算了满足最终使用的六大类排放和资源使用强度，包括温室气体排放、能源、水、有效能（Exergies）、太阳能值（Solar Energies）以及宇宙能值（Cosmic Energies）。运用同一方法，他们还测算了经济总量占全球80%的34个国家2000年的温室气体排放和资源使用强度。他们测算形成的数据库为了解研究不同尺度上的污染排放及资源消耗等环境指标提供了十分重要的基础数据支撑，更为全球范围内应对气候变化和进行环境管理提供了坚实的科学依据。李方一等（2013）运用贸易隐含污染（Pollution Embodied in Trade）的概念，并基于2007年中国区域间投入产出表测算了该年度隐含在国内区域贸易中（通过区域贸易实现转移的）四种主要工业污染物（工业SO_2、COD、固体废弃物和重金属，分别代表大气、水、固废和危险品污染）的规模和流向，验证了隐含污染流向与产业分工和贸易结构之间的高度相关性，即国际贸易使中国30个省区市（不包括西藏自治区、香港特别行政区、澳门特别行政区、台湾省数据）整体上成为隐含污染的输出地，而中国的西部地区又因承接来自东部地区的污染转移，成为国内最主要的隐含污染净输出区域。White等（2017）运用地区间投入产出分析，对中、日、韩三国贸易中隐含的水—能源—食物关联资源（The Water-Energy-Food Nexus Resources）的流动规模与流向进行了分析，发现中国是上述关联资源的净出口国。鉴于中国人口大国与资源稀缺的基本国情，中国的出口导向，低附加值、高污染的发展战略具有不可持续性；从资源环境角度看，区域经济的专业化分工是不合理和不可持续的。

第三，研究的时空范围不断扩大，研究精度不断提高。Hoekstra（2010）的研究发现，受数据局限性以及研究兴趣等因素影响，在他所调查的为期四十年（1969~2009年）的运用投入产出方法进行的环境研究中，90%的研究是针对单一国家的研究（数据库中仅有6项研究是全球视角的研究），这其中很多又是针对单一资源环境要素和单一年份的研究。进入21世纪以来，随着从全球视角评价人类经济活动所造成的资源环境影响的重要性和紧迫性日益凸显，研究者在传统的投入产出表基础上将更大范围内的生产、贸易和资源环境数据整合到一起，开始构建全球维度的扩展至资源环境要素的多地区投入产出模型。例如，2003年，经济合作与发展组织（OECD）通过构建相容的（Harmonized）投入产出表并利用双边贸易数据以及国际能源署提供的碳排数据，进行了最早的全球范围的贸易隐含碳评估。2005 年，一些研究人员将全球贸易分析（Global Trade Analysis Project，GTAP）构建的全球投入产出表扩展至对二氧化碳等空气污染物的研究，使得环境扩展的全球性的多地区投入产出分析成为可能。2010 年前后，在欧盟和澳大利亚研究理事会等机构支持下，WIOD 数据库、EXIOBASE 数据库、EORA 数据库等涵盖更大地理尺度、更长时间跨度或更高行业精度的数据库先后建设完成（Tukker and Dietzenbacher，2013）。例如，悉尼大学的研究团队完成的EORA 项目构建了迄今为止涵盖国家数目最多（包括全球 190 个国家）、行业分解程度最细（25~500 个行业）、时间跨度超过 20 年（1990~2015 年）的时间序列数据库（Lenzen et al.，2013）。

WIOD 数据库、EXIOBASE 数据库、EORA 数据库以及在原 GTAP 数据库及WIOD 数据库基础上扩展后形成的五大全球尺度的投入产出数据库的建成（Tukker and Dietzenbacher，2013），特别是数据库在空间、行业（产品）分解程度上的提高以及时间序列数据的构建与更新，使得 MRIO 数据库相对于 SRIO 数据库和 BRIO 数据库的优势得以充分发挥，不仅推动了从全球、区域或国家等宏观层面对贸易造成的资源环境影响的评价，同时还推动了从行业、产品或者企业属性（如企业的产权属性，企业是否为外向型企业）等微观角度对高资源消耗和高环境污染行业或者企业的甄别，进而为从宏观到微观各个层面的资源管理和环境治理决策提供更加准确、可靠的信息支撑。

第四，跨国合作研究占有相当地位，跨学科合作研究十分显著。根据 Tian 等（2018）的文献研究，涵盖 1997~2016 年的 419 篇关于贸易隐含流的英文文献包含了来自 44 个国家的研究成果，其中，中国以 29.8% 的最高占比在研究数量上居于首位，紧随其后的是美国、英国、荷兰、挪威、日本、德国、西班牙、奥地利、澳大利亚等国。从文献引用率情况看，居前五位的国家分别是美国、中国、荷兰、英国和挪威。从跨国合作情况看，美国、荷兰和中国的跨国合作研究更具广泛性，分别与 21 个、19 个、17 个国家建立了合作关系。Zhang 等（2017）针对中国外贸隐含碳实证研究文献的调查也发现，自中国 2007 年成为全球最大碳排放国家之后，中国与世界其他经济体的贸易隐含碳问题已成为中国自身及一些碳消费大国的研究热点问题，中国、美国、英国、日本、澳大利亚和德国是研究中国外贸隐含碳最多的国家，其中来自中国研究者的文献占比超过一半，而另外近一半的文献研究则来自美国、英国、日本等贸易隐含碳的消费大国。与此同时，中国外贸隐含碳研究的跨学科特征十分显著，与这一研究主题相关的主题类别（Subject Categories）超过 30 个，涵盖环境、生态、能源、经济、工程、科学技术等诸多领域。

二、既有研究发现

（一）关于贸易隐含流规模和结构的研究

1. 全球的视角

第一，贸易隐含资源环境要素流动规模不断扩大。随着全球化进程的不断推进以及全球产业分工体系的不断深化，国际贸易在全球经济活动中发挥着越来越重要的作用。世界银行统计数据显示，全球商品与服务出口贸易总额占 GDP 的比重从 1960 年的 11.9% 提高到了 2016 年的 28.5%，增长了约 1.4 倍。[①] 随着贸易规模的不断扩大，隐含在贸易商品和服务中的资源环境要素的跨国流动规模也呈现出不断增长的态势。

Fan 等（2017）运用 GMRIO 方法和 WIOD 数据库测算了 1995~2009 年全球碳排以及贸易隐含碳规模变动情况，发现全球碳排规模从 1995 年的 189.5 亿吨增加到 2009 年的 248.7 亿吨，贸易隐含碳规模从 40.4 亿吨增加到 61.5 亿吨，后者占前者比重从 1995 年的 21.32% 提高到 2008 年的 28.28%，受金融危机影响，2009 年的贸易隐含碳占比回落到 24.73%（见图 1-1）。

以能源为例，Cui 等（2015）运用 MRIO 方法和 GTAP（6.0、7.0、8.0）数据库进行的测算发现，2001~2007 年，全球能源直接出口规模从 3505 Mtoe（百万吨油当量）增加到 4454 Mtoe，年均增速为 4%，能源直接出口占全球能源消费的比重从 36% 提高到 38%；全球隐含在贸易商品中的能源出口规模则从 2943 Mtoe 增加到 3983 Mtoe，年均增速为 5%，超过能源直接出口规模的增速，全球隐含能源出口占全球能源消费的比重从 30% 提高到 34%。同一期间，中国隐含能源出口从 403 Mtoe 增加到 903 Mtoe，年均增速达 14%，中国成为全球贸易隐含能源出口增量最大的贡献者，即 1040 Mtoe 的隐含能源出口增量中，有 500 Mtoe

---

① 详细数据请查询世界银行官网。

（48%）的贡献来自中国。Chen 和 Wu（2017）运用系统投入产出方法（System MRIO）和 EORA 2011 年数据测算的结果与 Cui 等（2015）相仿，即隐含能源的贸易净值占到全球初始能源开发总量的1/3。

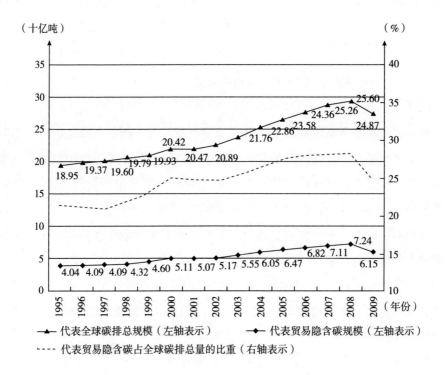

图 1-1　1995~2009 年全球碳排总量及贸易隐含碳规模变动情况

资料来源：Fan J L, Wang Q, Yu S, et al. The Evolution of CO_2 Emissions in International Trade for Major Economies：A Perspective from the Global Supply Chain［J］. Mitigation and Adaptation Strategies for Global Change, 2017（8）：1229-1248.

以土地和水资源为例，Weinzettel 等（2013）使用混合投入产出模型及 GTAP 7.0 数据对全球贸易隐含土地及具有生态产出能力的海洋面积的规模进行测算的结果表明，2004 年，隐含在国际贸易中的土地资源流动规模达 18 亿全球公顷（gha），占全球土地使用规模的 24%。Chen 等（2018）运用系统投入产出方法和 EORA、联合国粮食及农业组织以及世界银行数据库的测算结果表明，2012 年，贸易中隐含的农业用地和淡水资源占当年全球农业用地和淡水资源消耗总量的比重分别达37%和29%。

第二，贸易隐含资源环境要素的国际流动呈现高度不平衡特征。自20世纪末以来，越来越多的学者开始关注现有国际贸易和产业分工体系造成南北之间（发达国家和发展中国家之间）资源环境要素配置格局的不均衡，及其对全球可持续发展的影响问题。一些学者尝试在已有的数据条件下寻求南北之间存在环境负担转嫁及不均衡配置的证据。例如，Muradian等（2002）根据18个工业国家与世界其他国家和地区之间进出口贸易的实物量（1976～1994年）以及污染物排放强度测算了隐含在南北贸易商品中的废气排放，发现以日本、美国和西欧为代表的工业国家通过从世界其他国家和地区进口高污染商品的方式实现了"环境负担转嫁"（Environmental Load Displacement）。Giljum和Eisenmenger（2004）梳理了运用物质流核算方法（Material Flow Accounting，MFA）进行的相关实证研究，发现南北之间的产业分工的确造成了环境负担在南北之间的不公平分配。

随着投入产出方法运用于环境分析的日益普及，以及全球维度经贸和资源环境数据库的建成，越来越多的贸易隐含流实证研究证实了国际贸易背后所隐含的非均衡的资源环境配置格局。Fan等（2017）运用GMRIO方法和WIOD数据库测算1995～2009年全球14个主要经济体的碳排以及贸易隐含碳规模和流向变动情况后发现，以美国、日本和西欧国家为代表的经济发达国家是贸易隐含碳的净进口国家，而以中国、俄罗斯、印度为代表的发展中新兴经济体是隐含碳净出口规模最大的国家。以中美两个贸易大国为例，1995～2009年，中国隐含碳净出口规模从5亿吨增加到10.4亿吨，增长了约1.1倍，而美国隐含碳净进口规模从2.8亿吨增加到6.4亿吨，增长了约1.3倍。Peng等（2016）的研究也证实，1995～2007年，南北之间不仅存在"污染逆差"（Pollution Deficit），而且呈现扩大趋势。2007年，北半球从南半球净进口隐含碳达30.55亿吨，占其消费排放总量的25%，占南半球国家生产排放总量的21%。这意味着北半球国家最终消费所引致碳排放的1/4转嫁到了世界其他国家和地区，而南半球国家本土排放的1/5以上是为了满足境外国家的消费需求。

Chen和Wu（2017）利用2011年的全球数据研究发现，日本、美国、韩国以及欧盟等发达国家和地区是隐含能源的净进口大国，而俄罗斯、沙特阿拉伯、中国等发展中和资源型国家和地区则是隐含能源的净出口大国和地区。Chen等

（2018）针对全球土地和水资源配置的实证研究发现，总体来看，隐含土地和淡水的全球流动呈现出从资源富足和经济欠发达国家流向资源贫乏及经济发达国家的态势。从具体情况看，日本、美国、德国和俄罗斯是隐含土地和水资源的净进口大国，而澳大利亚和蒙古、巴基斯坦和印度等国家则分别是隐含土地、隐含水资源的净出口大国。

一些研究者从多资源环境要素的角度研究并揭示了现有国际产业分工体系下形成的不公平的生态交换格局。Dorninger 和 Hornborg（2015）在援引大量有关隐含物质、隐含能源、隐含土地以及隐含劳动的实证研究结果基础上指出，这些研究发现足以让人推断，不平等的生态交换（Ecologically Unequal Exchange）的确是现代世界经济体系的一个突出特征，而以日本、美国和欧盟为代表的高收入国家和地区是这一非均衡交换格局的净受益者。Yu 等（2014）运用 MRIO 方法，对中国与世界其他国家和地区的贸易隐含资源环境要素（二氧化硫、二氧化碳、水、土地）流动进行测算后发现，欧美、东亚等发达国家和地区，中国、东南亚、南亚、非洲等欠发达国家和地区之间形成了环境负担的转嫁链条，后者通过向前者出口资源或环境密集型中间产品或最终消费品而承担了资源环境代价，一旦位于链条底端的欠发达国家和地区出于环境保护需要实行更为严格的环境政策，则目前这种不公平的生态置换链条将不可持续。

第三，人均资源消耗水平也呈现出高度不均衡特征。Fan 等（2016）运用 MRIO 方法和 WIOD 数据库测算全球 14 个主要经济体（占全球碳排总量的 2/3 以上）1995~2009 年的碳排结果显示，尽管受经济快速增长因素影响，中国和印度的碳排总量迅速增长，2009 年碳排规模分别跃居全球第一和第三；但从年人均碳排水平看，两国的水平明显低于 14 个经济体中的其他国家，与美国、澳大利亚、加拿大等人均排放水平较高的经济发达国家相比，差距更大。即便从 1995~2009 年累积的人均碳排量水平看，两国的累积人均碳排水平分别是 3.07 吨和 1.17 吨，只占世界平均水平的 88% 和 33.6%。

Chen 和 Wu（2017）的研究表明，人均隐含能源消费水平（隐含在人均最终消费中的能源（Per Capita Energy Embodied in Final Use））的国家和地区间差距十分惊人。2010 年，人均隐含能源消费水平最低的索马里仅为 0.0016 万亿焦耳，而最高的百慕大群岛则为 1.57 万亿焦耳，两者的差距巨大。以世界平均水平

0.078 万亿焦耳为标准，全球只有 1/5 人口的人均能源消费水平高于世界平均水平，而分布在亚洲、非洲和南美洲的大量发展中国家的能源消费水平均未能达到世界平均水平。从能源消费总量看，中国是全球第二大能源消费国，但从人均水平看仅为 0.064 万亿焦耳，在全球 186 个国家和地区中排名第 93 位。与世界其他两大能源消费巨头美国（0.33 万亿焦耳）和日本（0.28 万亿焦耳）相比，中国的人均能源消费水平只分别占其 1/5 和 2/9。

从人均土地资源消耗水平（土地足迹）看，发达国家与发展中国家之间在土地资源消耗水平上也呈现出显著不均衡格局（见图 1-2）。Weinzettel 等（2013）的测算表明，2004 年全球人均土地资源消耗为 1.2gha，其中人均水平最

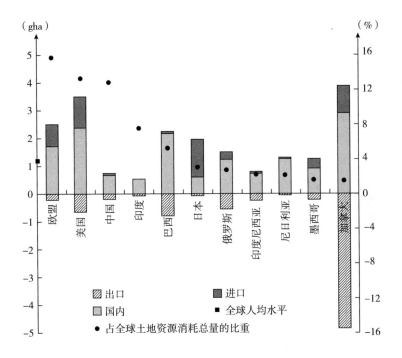

图 1-2　世界主要国家或地区人均土地资源消耗水平

注：柱状图及其高度代表不同国家或地区的人均土地资源消耗水平，黑色方块代表全球人均水平（左侧纵轴表示）；柱状图对应的圆点代表不同国家或地区土地资源消耗占全球土地资源消耗总量的比重（右侧纵轴表示）。

资料来源：Weinzettel J, Hertwich E G, Peters G P, et al. Affluence Drives the Global Displacement of Land Use [J]. Global Environmental Change, 2013（2）：433-438.

低的孟加拉国和巴基斯坦仅为 0.4gha，水平最高的芬兰为 6.7gha，两者差距高达近 17 倍。从世界主要经济体情况看，欧盟、美国、日本的人均土地资源消耗水平分别为 2.5gha、3.5gha 和 2gha，而两个最大的发展中国家中国和印度的人均土地资源消耗水平仅为 0.77gha 和 0.55gha。

多项实证研究证实，收入水平差距是造成资源消耗水平之间差异的重要原因。Jorgenson 及其合作者的两项实证研究证实，人均 GDP 水平与人均生态足迹，以及人均碳排放水平之间存在着显著的正相关关系（Jorgenson，2016）。Fan 等（2016）的研究发现，人均 GDP 水平与人均碳排放水平的正相关关系，在基于消费核算原则（CBA）下，相比基于生产核算原则（PBA），表现得更加显著。Lan 等（2016）的研究发现，随着人均 GDP 水平的提高，能源的生产和消费在地域上相互分离的现象更加显著，能源消费对进口的依赖程度更高。Weinzettel 等（2013）的研究发现，高收入国家或地区比低收入国家或地区需要消耗更多的土地生态容量以满足其消费。测算的结果表明，人均收入水平提高 1 倍，其消费在土地和海洋中留下的生态足迹增加 1/3。即便高收入国家或地区拥有更高的人均土地面积，但其通过从低收入国家或地区进口实现土地使用的净置换规模仍然占到全球土地总需求的 6%。上述贸易隐含资源环境要素的流向研究表明，维持高收入国家或地区高于世界平均水平的资源消耗的一个重要来源是由南向北的隐含资源要素的输出和反向的隐含环境代价的输入。

2. 中国的视角

进入 21 世纪以来，随着中国经济的快速增长和经济规模的不断扩大，中国的生产和消费行为对全球资源环境要素的配置产生越来越重要的影响。2007 年，中国取代美国成为全球最大的碳排国后（Zhang et al.，2017），不仅在气候谈判中承受了巨大的压力，还开始面临各种"中国威胁论"的冲击。这些言论大多建立在能源、原材料等大宗商品的直接贸易额或中国本土的生产排放等数据基础之上，忽略了隐含在大量工业制成品乃至服务贸易背后的资源环境要素的国际流动状况，因此并不能客观呈现资源环境要素在全球流动和配置的真实面貌，以及中国在全球资源配置中所发挥的积极作用。基于国际贸易在直接和间接调配资源环境要素全球流动方面所发挥的重要作用，以及中国在 2001 年加入世界贸易组织之后在全球产业分工体系中所扮演的独特角色，最近十多年来，针对中国的贸易隐含流的实证研究十分活跃，对中国在全球资源环境配置中所扮演的角色及发挥的作用做出了更为客观和准确的判断。总体来看，针对中国的外贸隐含资源环境要素实证研究有以下基本判断。

第一，随着中国经济的持续快速增长及全球化程度的不断加深，中国迅速成为资源环境要素的消耗大国，中国资源使用的对外依存度不断提高。改革开放以来，中国的对外贸易规模不断扩大，货物进出口总额从 1978 年的 206 亿美元增加到 2016 年的 36855.6 万亿美元；货物贸易顺差从 1990 年的 87.4 亿美元增加到 2016 年的 5097.1 亿美元[①]。以碳排规模为例，1995 年中国基于生产核算原则的碳排规模为 27.2 亿吨，占全球 14.4%，排名居美国之后，位居世界第二；2009 年，中国的碳排规模翻了一番以上，总量超过 60 亿吨，全球占比达 25%，排名超过美国，跃居世界第一位（Fan et al.，2016）。1990~2010 年，中国的能源足迹（Energy Footprint）增长了四倍（Lan et al.，2016）。Chen 和 Wu（2017）的研究显示，2010 年，中国的能源使用规模（Total Energy Resources Exploited）达 95.3 EJ（10^{18} 焦耳），占全球能源使用规模（532 EJ）的近 18%，位居世界第一；能源消费规模（Total Energy Embodied in Final Use）达 84.6 EJ，占全球能源消费规模（532 EJ）的近 16%，仅次于美国（101 EJ，19%），位居世界第二。在能源自给方面，中国最终使用隐含能源的自给率（78.56%）虽然明显高于美国（49.5%）和日本（9.55%）（Chen and Wu，2017），但对外依存度也已超过 1/5。随着进口需求的增加，中国本土消费需求引致的境外排放规模和比例也在不断提高。彭水军等（2015）的研究表明，1995 年，中国消费侧排放中的境外排放仅占 4.3%，2009 年该比重已提高至 10.6%。就土地消耗而言，2012 年，中国为满足最终消费需求的农业土地消耗达 6.18 亿公顷，占到全球农地消耗（49.1 亿公顷）的 12.6%，位居全球第一。为满足最终消费需求的淡水消耗达 3770 亿立方米，占全球淡水资源消耗（2.72 万亿立方米）的 13.9%，居印度之后，位列全球第二。从对外依存度看，农业用地的对外依存度为 16%，淡水的对外依存度达 5% 左右（Chen et al.，2018）。Yu 等（2013）的研究则表明，如果将耕地、林地、牧场及建设用地四大土地类型包括在内，2007 年，中国土地对

---

① 详见国家统计局历年统计年鉴。

外依存度则已达 25%。

第二，中国在全球经济体系中扮演了资源中枢的角色，其巨大的资源需求和环境排放，不仅满足于本土日渐提高的消费需求，也为满足境外，特别是西方发达国家的消费需求做出了十分突出的贡献。例如，作为全球最大的能源使用国，中国在其 95.3 EJ 的能源使用总量中，有 27.4% 服务于境外消费需求（Chen and Wu，2017）。中国加入世界贸易组织以来，出口规模的迅速增长导致外需排放规模大幅度增加，从 2001 年的 5.9 亿吨增加至 2009 年的 19.7 亿吨。2001～2007 年，外需排放的增长贡献了中国生产侧排放增长的 43.6%，外需排放占中国生产侧排放的比重从 20.8% 提高至 31.8%，即中国接近 1/3 的生产碳排放服务于境外最终需求（彭水军等，2015）。Chen 等（2018）从全球供应链角度区分中国进出口贸易中用于中间投入和最终消费的部分后，发现中间品贸易比重远远高于最终消费品，作者根据 EORA 和 UNFAO 2010 年的数据测算结果表明，当年中国为满足最终需求的隐含土地净出口 596000 公顷，而为满足中间需求的隐含土地净进口 15811000 公顷，中国的对外贸易呈现出生产型进口和消费型出口的特征，即大量进口商品并没有服务于本国的最终消费，而是作为中间品投入生产后再出口以服务于境外的最终消费。在这一供应链条上，缅甸、澳大利亚、俄罗斯及非洲等国家或地区是中国中间品需求的主要供应方，而美国、日本和欧盟则是中国最终产品的主要需求方。这一研究发现支持了其他贸易隐含资源环境要素研究（Yu et al.，2014；Peng et al.，2016）所揭示的一个相同现象，即中国在全球产业链条上所处的加工制造地位（所谓的"世界工厂"），决定了中国需要在生产环节消耗大量资源环境要素，但这些资源环境要素的最终消费者却不仅仅是中国，还包括人均资源消耗水平远远高于世界平均水平的发达国家。

第三，中国的人均资源消耗水平远低于世界平均水平，但中国巨大的人口规模及不断提高的消费水平，对本国和世界的资源环境可持续支撑能力提出了挑战。尽管受经济持续快速增长及加入世界贸易组织等因素影响，中国在较短时期内迅速成为能源、土地和水等资源的消费大国，但中国巨大的人口规模及较低的人均收入水平决定了中国在人均资源消耗水平上仍明显低于世界平均水平，与欧美发达国家还有很大的差距。中国 2012 年的土地和淡水资源消费总量分别位居世界第一和第二，但中国的人均土地和淡水资源消费水平分别为 0.46 公顷和 279

立方米，均比世界平均水平（0.7公顷和384立方米）低30%左右。然而，经济规模和消费水平的持续增长，对中国自身资源可持续承载消费需求的能力提出了巨大挑战。Chen和Chen（2011）预测，中国将在2027年左右超过美国成为全球第一能源消费大国，而届时中国的人均隐含能源消费水平仍只为美国的1/4。Ali等（2017）预测，2030年中国隐含在粮食贸易中的土地净进口规模将从2015年的31600000公顷提高到49400000公顷，增幅达56%。根据Weinzettel等（2013）的测算，在不考虑生产率水平变动情况下，全球具有物产能力的未开发土地面积（Unexploited Bioproductive Land）将从2004年的34%减少到2050年的6%。基于上述前景，中国需要在全球化背景下，积极寻求发展与保护之间的平衡，在确保经济增长和共同发展的前提下减少资源消耗和环境破坏，实现自身和世界的可持续发展。

第四，中国在提高资源使用效率、降低污染排放强度方面有了巨大进步，未来仍需在产业和贸易结构调整上寻求节能减排空间。Guo等（2014）的研究表明，1987~2007年，中国的土地生产效率不断提高，千元产值的隐含土地强度（Embodied Cultivated Land Intensity）已从7.12公顷下降到0.43公顷。与此同时，中国三次产业的土地使用强度在下降过程中呈现出趋同趋势，第一、第二、第三产业的土地使用强度分别从1987年的2.5、0.36、0.16下降为2007年的0.09、0.01、0.01，这意味着直接土地使用的效率提升空间已经较为有限，中国土地资源的保护更大程度上需要借助第二、第三产业内部的结构优化和效率改进。从贸易结构方面看，中国的对外出口不仅在产品结构上发生了巨大转变，从改革开放之初的以初级产品为主，到20世纪80年代向工业制成品转变，再到20世纪90年代从轻工纺织向机械电子产品转变，进入21世纪后由传统产品向电子和信息技术等高新技术产品转变，而且出口产品的土地密集程度也不断下降。然而，从总体看，土地密集型产业主导的出口结构尚未根本转变。从2007年数据看，纺织、服装和食品加工三大产业隐含的土地出口占当年我国贸易隐含土地出口总规模的近48%。显而易见，在调整优化贸易结构进而降低土地资源消耗方面还有较大的政策空间。

从贸易经济额与隐含能源全球分布格局图（见图1-3）可见，中国与美国隐含能源的进出口规模与结构与其商品和服务贸易的进出口规模与结构呈现出高度一致的特征，即中国在商品贸易额上的显著顺差造成了其在隐含能源贸易上的逆差，美国的情况则刚好相反。值得注意的是，日本和众多欧盟国家在商品贸易与隐含能源贸易上呈现出了双顺差的特征，而以沙特阿拉伯为代表的资源型国家则呈现双逆差的特征。俄罗斯虽然与中国同属于第四象限，但俄罗斯在商品贸易上的顺差规模要显著低于其隐含能源逆差的规模。这些特征充分反映了进出口商品与服务的结构对于隐含能源贸易结构的重要影响，即低能耗、高经济附加值的出口商品结构可以显著降低其贸易隐含能源的出口规模。

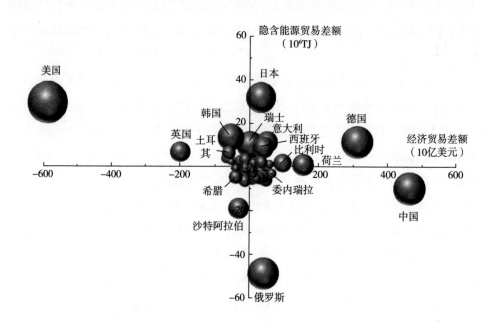

图 1-3　全球 186 个国家和地区的贸易差额

注：横轴代表按货币价值计量的贸易差额，纵轴代表隐含能源贸易差额，球形面积代表相应经济体的隐含能源贸易总规模。

资料来源：Chen G Q, Wu X F. Energy Overview for Globalized World Economy: Source, Supply Chain and Sink [J]. Renewable and Sustainable Energy Reviews, 2017（69）：735-749.

（二）关于贸易隐含流驱动因素分析的研究

随着投入产出分析成为贸易隐含流研究的主流方法，基于投入产出分析的结构分解分析（SDA）也成为研究隐含资源与环境要素变动的构成或驱动因素的主流方法，其优越性充分表现在可以从供给侧（投入）和需求侧（产出）两个角度分解分析资源消耗和污染排放规模及结构变动背后的多重因素。Lan 等（2016）梳理 1990~2009 年发表的 31 篇涉及能源 SDA 分析的文献后发现，目前 SDA 研究还主要集中在运用单地区投入产出表，针对单一国家的能源消耗变动状况进行分解分析，而且受数据因素影响存在较大的时滞性。近年来，一些最新的研究开始借助 MRIO，致力于从更新的时间维度以及涵盖全球的空间维度上揭示资源环境要素在全球的增长及流动状况及其背后的驱动因素。相比于土地和水等其他资源，能源及碳排的驱动因素分析仍然是研究的重点和热点领域。中国作为能源消耗及碳排大国的地位决定了它在能耗及碳排增长研究中具有难以忽视的重要性。

　　绝大部分针对中国能耗和碳排变动驱动因素的研究都发现，经济规模扩张是驱动中国生产、消费和出口隐含能耗和碳排增长的主要驱动因素，而能源使用效率的提高则是减少能耗和碳排的主要贡献力量（尽管有研究表明能源效率的贡献率呈减弱趋势）。Wang 等（2017）运用指数分解分析（IDA）和结构分解分析（SDA）两种常用方法对中国 2007~2012 年能耗变动情况进行分解后，得出了与前述研究相似的结论，即经济规模和能源效率仍然是促进和抑制能源消耗的两大主导因素。郭朝先（2010）、彭水军等（2015）针对中国整体碳排增长贡献因素的分解分析发现，中国加入世界贸易组织以来出口规模的扩张是仅次于国内经济规模（投资与消费需求）扩张的推动中国生产侧碳排增长的第二大贡献因素。从结构性因素看，尽管一些研究（李艳梅和付加锋，2010；谢建国和姜珮珊，2014）发现出口结构优化减少了中国碳排或能源消耗，但似乎更多的研究（Liu et al.，2010；张友国，2010；Xu et al. 2011；彭水军等，2015）证实，出口结构变化，如中间产品出口的快速增长，对能源或碳排起到了推动而非抑制作用。Xu 等（2011）针对 2002~2008 年中国出口隐含碳的研究发现，出口结构变化，特别是金属制品比重的提高，是出口隐含碳排增长的最主要驱动因素。一些学者还注意到（郭朝先，2010；彭水军等，2015），21 世纪以来，伴随中国新一轮重化工业进程的开启以及国际产业分工等因素影响，中国的中间投入结构所呈现的"高碳化"趋势成为推动中国能耗和碳排增长的不可忽视的贡献力量。与规模的正效应和技术的负效应相比，结构性因素（投入结构、消费结构、出口结构等）对能耗或碳排增长作用的不确定性，印证了一般均衡污染—贸易模型（ACT 理论）的基本判断（彭水军和张文城，2016）。值得注意的是，Mi 等（2017）的研究发现，金融危机之后，中国出口隐含碳排规模出现下降趋势，这一趋势主要是由生产结构调整和能源效率提高引起的。另外，中国出口隐含碳的流向也在发生结构性变化，2007~2012 年，中国对欧洲和美国的出口隐含碳的降幅分别达20% 和 16%，而对拉美地区的出口隐含碳的增幅则达 33%。随着"一带一路"倡议的推进，"南南"之间的产业分工和贸易联系将进一步增强，因此"南南"之间的隐含能源和碳排的流动和转移问题值得高度关注。

一些全球维度的能耗和碳排驱动因素研究不仅关心全球能耗及碳排规模的增长，还注重揭示其结构性失衡背后的原因。Lan 等（2016）运用 EEIO-SDA 方法以及 EORA 投入产出数据库，测算了 1990~2010 年全球 186 个国家和地区的能源足迹的规模和结构变动情况，并分析了其背后的六大驱动因素，即能源强度、产业结构、最终需求结构、最终需求去向（Final Demand Destination）、富裕程度、人口规模。研究发现，经济和人口规模增长是驱动全球能源消耗增长的共同和主要因素，而能源效率的提高只能部分抵消因为经济和人口增长带来的生产和消费结构的变化。这意味着，单纯通过提高能源效率、降低生产能耗的政策手段难以抑制全球性的能源消费增长趋势，如何从需求侧减缓对能源消费需求是决策者需要迫切面对的政策难题。研究还发现人均 GDP 水平与能源消费的进口依赖程度之间呈正相关关系，高收入的发达国家在物质与服务消费上日益加强对发展中国家的依赖，不仅加重了后者的资源环境负担，而且可能因为其相对落后的生产技术条件而增加全球的能耗和碳排水平。Xu 和 Dietzenbacher（2014）运用结构分解分析（SDA）测算了 WIOD 数据库中包含的 40 个国家 1995~2007 年的隐含碳排放规模与结构的变动状况，发现从总量上看，贸易隐含碳的增长速度超过了全球碳排总规模的增速，表明通过境外排放满足本土消费的趋势还在进一步扩大。从结构上看，贸易隐含碳在发达国家和发展中国家之间的逆差也在进一步拉大。SDA 分析显示，造成后一现象的主要原因在于全球贸易结构的变化，即在上述研究期间，发展中国家正在取代发达国家成为更主要的中间产品和最终产品的生产者和出口者。以中美两国为例，美国在全球中间产品和最终产品出口中的份额分别减少了 4% 和 2%；然而中国的相应份额分别增加了 5% 和 9%。

（三）关于贸易隐含流成本效益分析的研究

贸易隐含流的规模与结构研究揭示了全球化时代，资源环境要素在全球的流动规模不断上升以及配置格局不均衡的基本特征。从资源配置效率角度看，这样一种格局是否从总体上提高了全球资源使用效率，节约了资源消耗，降低了环境破坏，这种格局对局部地区的经济社会及资源环境的影响又是怎样的？要回答上述问题，需要借助贸易隐含流的成本效益分析来得出结论，即一方面从总量上研究分析贸易隐含资源消耗与经济收益的损益变动情况，另一方面从结构上分析上述经济收益与资源环境代价在不同经济主体之间的分布状况。从文献研究来看，与贸易隐含流的规模结构及驱动因素分析相比，成本收益分析方面的研究非常少，这可能与贸易隐含流研究的政策背景及学科特征有关系，一方面，贸易隐含流研究的兴起很大程度上是为应对气候变化的全球行动以及减排责任界定与分担等国际议题的一种回应；另一方面，尽管这一领域的研究呈现出明显的跨学科合作特征，但总体来看，环境、能源、生态等工程领域的研究力量超过经济学等社会科学（这种格局在英文文献中表现得更为明显），这可能也在一定程度上影响了研究者从资源配置效率的角度更加均衡地看待和分析经济效益和资源代价之间的关系问题。

大量驱动因素研究表明，资源使用效率的提高是抑制资源消耗或排放规模增长最重要的因素。资源使用效率通常用资源（使用）强度或（污染）排放强度来表示，是指既定时空范围内资源消耗或污染排放规模与经济规模之间的比率，它反映了既定经济产出（经济活动所创造经济与社会价值）所付出的资源或环境代价，因而不仅是衡量经济活动的投入产出效益的一个重要指标，也是衡量一个国家或地区节能减排成效的一个关键指标。对于发展中国家来说，一方面，经济的持续增长是改善和提高人民福利水平的必要手段；另一方面，其在国际产业分工体系中所处的地位决定了资源密集型产业和制造业仍将在其产业结构中占据重要比重。这两个因素共同决定了，在较长时期内，发展中国家的资源消耗规模仍将保持与经济规模同步增长。在这种情况下，强度指标比单纯的规模指标更能客观反映发展中国家在保持合理增长情况下节能减排所取得的成效和贡献。正因如此，在《巴黎协定》所开启的新一轮全球气候治理行动中，中国、印度、墨西哥等发展中大国均提出以强度指标作为其国家自主贡献的主要指标。例如，中国在其国家自主贡献承诺中，除提出 2030 年碳排规模达峰的目标外，还提出到2030 年碳排强度比 2005 年水平下降 60%~65% 的行动目标。

正因为强度指标在衡量经济效率和节能环保成效方面的重要性与合理性，关于能源与碳排强度变化及其驱动因素的研究也始终是资源环境领域的一个重点课题。2009 年和 2015 年中国先后提出 2020 年和 2030 年的碳排强度行动目标后，进一步激发了这一领域的相关研究。例如，陈诗一（2011）运用 LMDI 分解分析方法，从能源强度、能源结构和工业结构角度解释了中国改革开放以来工业全行业碳排强度波动下降的主要原因。2015 年之后，新加坡国立大学的团队发表了一系列从方法论角度探讨能源和碳排强度变动及其驱动因素的文章（Yan et al.，2018）。随着节能环保政策及相关技术的推广实施，总体来看，无论是局部地区还是全球，资源和碳排强度都呈现出下降的趋势。如根据 Lan 等（2016）的测算，1990~2010 年，全球因经济、人口增长等因素造成能源消耗增幅达 763 EJ，因能源效率提高而节约的能耗规模达 550 EJ，后者为全球节约了 72% 的能源消耗。根据 Wang 等（2017）的测算，2007~2012 年，中国的总体能源强度下降了27.1%，从每百万元人民币增加值 63.29 吨标准煤当量下降至 46.12 吨标准煤当量。

然而，从横向看，受能源结构、产业结构、技术水平等因素影响，国家和地区间在资源和排放强度上仍然保持着较大差异，因此，从全球资源要素配置的角度看，当贸易隐含流遵循比较优势原则，从低强度（高生产率）国家向高强度（低生产率）国家流动，则有助于全球范围内的节能减排；反之则反是。以大豆生产为例，据测算，美国、阿根廷和巴西每吨大豆的土地占用面积分别为 0.40公顷、0.44 公顷、0.46 公顷，而中国每吨大豆的土地占用面积为 0.63 公顷，比前者高出 1/3 以上。因此，从节约全球资源及可持续发展角度看，从产量更高的国家和地区进口粮食是一种更优选择。根据 Ali 等（2017）的计算，中国"入世"以来，通过大规模放开粮食贸易极大地节约了中国自身及全球的土地和水资源。2000~2015 年，中国的粮食贸易为本国节约的土地资源从 3600000 公顷增加到 46700000 公顷，增长了 12 倍，为全球节约的土地资源从 1900000 公顷增加到15110000 公顷，增长了 7 倍。Chen 等（2018）针对全球供应链中的隐含农地和淡水资源的研究发现，总体上看，土地和水资源的国际流动是从资源丰富的欠发达国家和地区流向资源贫乏的发达国家和地区，因而优化了全球土地和水资源的配置。但与此同时，也有相当一部分资源贫乏的非洲国家，如埃塞俄比亚等是资源净流出国，而少数资源丰富的国家如美国、沙特阿拉伯则是资源净流入国家，表明局部地区的资源配置是缺乏效率的。

对于众多发展中国家而言，由于生存和发展仍然是其改善民众福利水平的首要任务，自然资源也仍然是其借以实现经济发展和提高生活质量的重要生产要素，因此即便其资源使用效率在国际竞争中并不具备比较优势，但是出于自身经济社会发展的需要，以及从自身比较优势出发，出口资源密集型产品在特定发展时期，或许仍然是能为其带来更大经济社会价值的更优选择。对于这些国家来说，与强度指标，即单位增加值所消耗的资源数量相比，更重要的效率衡量标准是单位资源投入或污染排放所创造的经济社会价值，或者单位资源出口所创造的经济社会效益。例如，陈红敏（2011）从贸易隐含流出口对国内增加值和就业影响的角度，考察了出口贸易单位隐含能源投入的增加值效应的纵向变迁，并比较了出口与国内消费单位隐含能源所创造的增加值之间的差异。研究发现，1997~2002 年，受国内工业重化趋势及出口结构等因素影响，中国出口贸易隐含能源投入的增加值呈先增后降趋势，与国内消费相比，其对增加值的拉动效应也更小。王云凤等（2015）就从中国土地资源高度稀缺的国情出发，提出扩大和优化农产品进口规模和结构，不仅有助于优化土地资源的配置，而且有助于创造更高的经济和社会价值。

第三节　研究内容与研究方法

一、主要研究内容

本书从对外贸易中的隐含资源环境流动（贸易隐含流）总体规模、国家流向和经济效益三个角度开展研究。贸易隐含流包括隐含能源、隐含碳、隐含土地和隐含水（虚拟水）四个方面。

第一，测算了历年贸易隐含流的流动规模，并对其规模变化的因素进行了分解分析。测算了 1995~2014 年中国进出口贸易隐含碳和隐含土地流动总体规模，以及 2000~2014 年隐含能源和隐含水流动总体规模。对历年隐含能源、隐含碳、隐含土地和隐含水规模变动情况进行驱动因素分解分析，测算驱动其增长的规模效应、结构效应和技术效应的贡献程度。

第二，测算主要年度中国与主要国家之间的隐含能源、隐含碳、隐含土地和隐含水流入和流出情况。代表性国家包括美国、日本、英国、德国、法国、意大利、加拿大、印度、巴西、俄罗斯、韩国、澳大利亚，共 12 个，涵盖了主要发达国家和新兴经济体，有利于对中国与发达国家和新兴经济体在贸易隐含流规模和流向上的变化进行比较分析。

第三，测算贸易隐含流跨境流动的经济效益和资源环境效益。显性贸易的背后，其实是资源环境的损耗与经济利益的获得，本书将贸易隐含流与增加值贸易相结合，提出了隐含流生产率概念和隐含流贸易条件概念，用于衡量国际贸易带来的资源环境的损耗与经济利益的获得的比较。结合中国单位出口国内增加值隐含能源、隐含碳、隐含土地和隐含水流动规模变动情况，分析了中国进出口贸易经济效益和资源环境效益的平衡问题。

第四，基于上述研究，提出相关对策建议。

二、研究方法与数据来源

（一）研究方法和技术

隐含流的测算方法主要有两种：一种是基于产品生命周期评估的测算方法，另一种是运用投入产出技术的测算方法。其中生命周期评估法比较适用于特定商品的量化评估，而大尺度的测算往往采用投入产出技术方法。投入产出法是一种分析国民经济各部门间产品生产与消耗之间数量依存关系的方法，它也是联系经济活动与环境污染问题的一种行之有效的研究方法。

本书采用投入产出技术方法及其扩展模型，具体投入产出技术方法，以及其他相关方法和模型在第二章中详细介绍。总体情况是基于投入产出表和其他资源环境类原始数据，构建扩展的（进口）非竞争型经济—资源—环境投入产出模型和多区域投入产出模型（Multi-Region Input-Output，MRIO 模型），计算国际贸易中的隐含能源、隐含碳、隐含土地和隐含水等流入流出规模情况、变化情况，运用对数平均迪氏指数分解法（Logarithmic Mean Divisia Index，LMDI），对驱动外贸隐含流增长的规模效应、结构效应和技术效应进行测度分析，结合增加值贸易计算，构建了隐含流生产率概念和贸易条件概念，用于测算分析中国外贸隐含流的经济效益和资源环境效益，以及相应的国际比较分析。

（二）主要数据来源

本书数据主要来自 OECD 统计机构编制的 WIOD（World Input-Output Tables and Underlying Data）数据库。WIOD 数据库包括 2013 年发布的 1995~2011 年世界投入产出表、各国和地区（进口）非竞争型投入产出表、环境卫星账户，以及 2016 年发布的 2000~2014 年世界投入产出表、各国和地区（进口）非竞争型投入产出表（暂没有发布环境卫星账户）。本书核对了 WIOD 数据库中相关国家数据，尤其是中国的数据，确信 WIOD 数据库中的数据是可信的。另外，对于缺失的部分数据采用直线外推法、等比例法等，结合实地调研法（国内数据和参数）和文献分析法（国外数据和参数）获取数据进行插值补充。WIOD 数据库资源及其结构详见附录，有关隐含能源、隐含碳、隐含土地和隐含水测算过程中的数据处理方法详见各章。

第四节　结构安排

本书共分为七章，具体如图 1-4 所示。其中，第一章是绪论，第二章是研究方法和技术，第三章至第六章分别对外贸隐含能源、隐含碳、隐含土地和隐含水的流动规模、流向和效益进行测算分析，第七章是结论与建议。

第一章是绪论：对本书研究背景与意义进行了阐述；对既有文献进行了述评，概括出已有研究的特点和主要发现；介绍本书主要研究内容与研究方法；指出了本书创新之处。

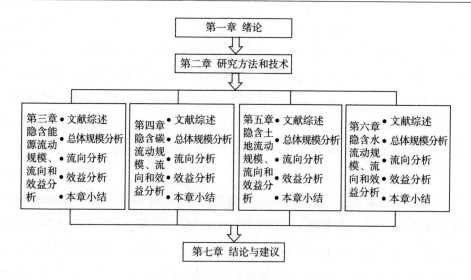

图 1-4　本书框架结构

第二章是研究方法和技术：在指出隐含流研究常用的两种研究方法和技术基础上，重点介绍了投入产出技术及其扩展模型，提醒注意不同研究方法对研究结论的重大影响；对隐含流规模与流向测算、跨境流动效益和 LMDI 分解分析分别进行了详细介绍。

第三章是隐含能源流动规模、流向和效益分析：首先对文献进行了综述，指出既有研究的不足及本章的创新之处；接下来依次对中国对外贸易隐含能源规模、流向、效益进行了测算分析；对隐含能源规模变化的驱动因素进行了分解分析；由于国际能源有直接的贸易，因而将隐含能源与直接能源进出口规模进行对比分析，并得出一些有价值的结论；最后是本章小结。

第四章是隐含碳流动规模、流向和效益分析：首先对文献进行了综述，指出本章的创新之处；接下来依次对中国对外贸易隐含碳规模、流向、效益进行了测算分析；对驱动隐含碳规模增长的驱动因素进行了分解分析；最后是本章小结。

第五章是隐含土地流动规模、流向和效益分析：首先对文献进行了综述，概述了既有研究的主要发现，指出研究方法及其对结果的影响；接下来依次对中国对外贸易隐含土地规模、流向、效益进行了测算分析；对驱动隐含土地规模变化的驱动因素进行了分解分析；最后是本章小结。

第六章是隐含水流动规模、流向和效益分析：首先对文献进行了综述，概述了既有研究的进展与不足，指出本章的创新之处；接下来依次对中国对外贸易隐含水规模、流向、效益进行了测算分析；对驱动隐含水规模变化的驱动因素进行了分解分析；最后是本章小结。

第七章是结论与建议：对全书进行了归纳总结；根据研究发现，有针对性地提出了对策建议；对未来该领域研究进行了展望。

为使读者了解本书主要使用的数据资源，附录部分对世界投入产出数据库的数据资源及其结构进行了介绍。

第五节　创新之处

本书创新之处主要有以下四点：

第一，研究内容的全面性。已有研究多以单一要素为研究对象，难以揭示国际贸易造成的多方面的资源环境影响，本书克服上述缺陷，拓宽了既有研究范围，将能源、水和土地等人类经济活动所需要的最基础、最重要的资源环境要素纳入研究视野，将隐含能源、碳排放、土地和水资源纳入统一的隐含流分析框架。在国别地区范围选取上，不但研究中国与美国、日本、欧盟等发达国家和地区之间的贸易隐含流问题，也研究中国与印度、巴西、俄罗斯等主要新兴经济体的贸易隐含流问题。

第二，在研究方法上，利用扩展的国际资源—环境—经济投入产出模型开展研究。通过在世界投入产出表加入资源、环境要素，编制扩展的国际资源—环境—经济投入产出表开展研究，这比运用单个国家和地区的投入产出模型具有更显著的优势。进一步运用 LMDI 分解法对驱动因素进行分析，测度规模效应、结构效应和技术效应对外贸隐含流增长的贡献度。

第三，研究视角上的独特性。本书将国际贸易的隐含资源环境要素与对外贸易国内增加值联系起来进行定量研究，提出了"隐含流生产率"和"隐含流贸易条件"等概念，用于揭示各国外贸隐含流的经济效益和资源环境效益。本书在多处将中国与发达国家和新兴经济体之间贸易隐含流进行对比分析，用于揭示隐含流国际流向的新变化。本书还特别关注中国与美国之间的贸易隐含流问题，得出的结论有力地批驳了"中国搭美国顺风车论"。

第四，研究时间上的连续性。本书基于连续的年度时间序列研究（具体包括1995~2014年隐含碳排放、隐含土地资源测算分析，以及2000~2014年的隐含能源和隐含水资源测算分析），而非某个时点研究。连续的时间序列研究有助于全面准确动态刻画我国外贸隐含流的方向和规模，以及与此相联系的经济效益和资源环境效益。

本章附录

世界投入产出数据库的数据资源及其结构

世界投入产出数据库（WIOD 数据库）发布过两次数据资源，分别是 2013年和 2016 年。2013 年发布的数据包括三个部分：一是 1995~2011 年 40 个国家和地区投入产出表（进口非竞争型投入产出表）；二是 1995~2011 年世界投入产出表，每张世界表涵盖 40 个国家和地区以及 1 个世界其他地区（ROW）；三是两个卫星账户，即经济社会账户（Socio-Economic Accounts）和环境账户（Environmental Accounts）。其中，投入产出表中有 35 个部门，部门划分是依据国际标准产业分类修订版 3（ISIC/Rev. 3）设定的，而 ISIC/Rev. 3 遵循国民经济核算体系（SNA）1993 年的版本。世界投入产出表数据库 2016 年发布的数据包括三个部分：一是 2000~2014 年 43 个国家和地区投入产出表（进口非竞争型投入产出表）；二是 2000~2014 年世界投入产出表，每张世界表涵盖 43 个国家和地区以及 1 个世界其他地区（ROW）；三是经济社会卫星账户（暂未公布环境卫星账户）。其中，投入产出表中有 56 个部门，部门划分是依据国际标准产业分类修订版 4（ISIC/Rev. 4）设定的，而 ISIC/Rev. 4 遵循国民经济核算体系（SNA）2008年的版本。

1. 国家和地区分布

如附表 1-1 所示，2013 年公布的世界投入产出表涉及 40 个国家和地区，另有一个世界其他地区（ROW）；2016 年公布的世界投入产出表涉及 43 个国家和地区，另有一个世界其他地区（ROW）。

附表 1-1 世界投入产出表国家和地区名单

国家和地区	代码	2013 年第一次公布	2016 年第二次公布
澳大利亚	AUS	√	√
奥地利	AUT	√	√
比利时	BEL	√	√
保加利亚	BGR	√	√
巴西	BRA	√	√
加拿大	CAN	√	√
瑞士	CHE	×	√
中国	CHN	√	√
塞浦路斯	CYP	√	√
捷克	CZE	√	√
德国	DEU	√	√
丹麦	DNK	√	√
西班牙	ESP	√	√
爱沙尼亚	EST	√	√
芬兰	FIN	√	√
法国	FRA	√	√
英国	GBR	√	√
希腊	GRC	√	√
克罗地亚	HRV	×	√
匈牙利	HUN	√	√
印度尼西亚	IDN	√	√
印度	IND	√	√
爱尔兰	IRL	√	√
意大利	ITA	√	√
日本	JPN	√	√
韩国	KOR	√	√
立陶宛	LTU	√	√
卢森堡	LUX	√	√

国家和地区	代码	2013 年第一次公布	2016 年第二次公布
拉脱维亚	LVA	√	√
墨西哥	MEX	√	√
马耳他	MLT	√	√
荷兰	NLD	√	√
挪威	NOR	×	√
波兰	POL	√	√
葡萄牙	PRT	√	√
罗马尼亚	ROU	√	√
俄罗斯	RUS	√	√
斯洛伐克	SVK	√	√
斯洛文尼亚	SVN	√	√
瑞典	SWE	√	√
土耳其	TUR	√	√
中国台湾	TWN	√	√
美国	USA	√	√
世界其他地区	ROW	√	√

注:×代表此年度无对应国家和地区;√代表此年度有对应国家和地区。

2. 行业部门分布

如附表 1-2 和附表 1-3 所示 2013 年公布的投入产出表行业分类依据 ISIC/Rev. 3 标准将所有行业分为 35 个大类。2016 年公布的投入产出表行业分类则依据 ISIC/Rev. 4 标准将所有行业分为 56 个大类。

附表 1-2　2013 年公布的投入产出表行业部门分类情况

ISIC/Rev. 3 编码	名称
AtB	农、牧、林、渔业
C	采矿业
15t16	食品、饮料制造和烟草业
17t18	纺织及服装制造业
19	皮革和相关产品制造

续表

ISIC/Rev. 3 编码	名称
20	木材、木材制品及软木制品的制造（家具除外）、草编制品及编织材料物品制造
21t22	纸浆、纸和纸板的制造
23	焦炭和精炼石油产品制造
24	化学品及化学制品制造
25	橡胶和塑料制品制造
26	其他非金属矿物制品制造
27t28	基本金属制造
29	机械设备除外的金属制品制造
30t33	电气和光学设备
34t35	运输设备
36t37	其他制造业、机械和设备的修理
E	电力、天然气和供水
F	建筑业
50	机动车和摩托车销售、维护和维修；燃料零售
51	汽车和摩托车外的批发贸易
52	汽车和摩托车外的零售贸易
H	酒店和餐厅
60	其他的内陆运输
61	其他水上运输
62	其他航空运输
63	其他支持和辅助运输活动；旅行社活动
64	邮电
J	金融中介
70	房地产
71t74	并购中的租赁与其他商务活动
L	公共行政与国防；强制性社会保障；制度保障
M	教育
N	健康与社会工作
O	其他社区、社会及个人服务
P	家庭作为雇主的；家庭自用、未加区分的物品生产和服务

附表1-3　2016年公布的投入产出表行业部门分类情况

ISIC/Rev.4 编码	名称
A01	作物和牲畜养殖、狩猎和相关服务活动
A02	林业和伐木业
A03	渔业和水产业
B	采矿业
C10-C12	食品、饮料制造和烟草业
C13-C15	纺织、皮革和相关产品制造业
C16	木材、木材制品及软木制品制造（家具除外）、草编制品及编织材料物品制造业
C17	纸和纸制品的制造
C18	记录媒介的印制和复制
C19	焦炭和精炼石油产品制造业
C20	化学品及化学制品的制造
C21	药品、药用化学品及植物药材的制造
C22	橡胶和塑料制品制造业
C23	其他非金属矿物制品制造业
C24	基本金属的制造
C25	金属制品的制造（机械和设备除外）
C26	计算机、电子和光学产品的制造
C27	电力设备的制造
C28	未分类的机械和设备的制造
C29	汽车、挂车和半挂车的制造
C30	其他运输设备的制造
C31-C32	家具和其他制造业
C33	机械和设备的修理和安装
D35	电、煤气、蒸汽和空调的供应
E36	集水、水处理与水供应
E37-E39	污水和废物处理及补救活动和其他废物管理服务
F	建筑业
G45	汽车及摩托车的销售、维护和修理及燃油零售
G46	汽车和摩托车外的批发贸易
G47	汽车和摩托车外的零售贸易
H49	陆路运输和管道运输

续表

ISIC/Rev. 4 编码	名称
H50	水上运输业
H51	航空运输业
H52	仓储和运输服务业
H53	邮政和邮递活动
I	食宿服务活动
J58	出版活动
J59-J60	电影、录像和电视节目的制作、录音及音像制品制作
J61	电信
J62-J63	计算机及信息服务活动
K64	金融服务活动，保险和养恤金除外
K65	保险、再保险和养恤金，强制性社会保障除外
K66	金融服务及保险活动的辅助活动
L68	房地产业
M69-M70	法律和会计，管理咨询活动
M71	建筑和工程活动；技术测试和分析
M72	科学研究与发展
M73	广告业和市场调研
M74-M75	其他专业、科学和技术活动、兽医活动
N	行政和辅助服务活动
O84	公共管理、国防及社会保障
P85	教育
Q	健康与社会工作
R-S	其他社区、社会及个人服务
T	家庭作为雇主的活动；家庭自用、未加区分的物品生产及服务活动
U	国际组织和机构的活动

3. 投入产出表的格式结构

（1）单个国家和地区的投入产出表结构。单个国家和地区的投入产出表具体表式结构如附表1-4所示。表中横向合计为总产出，纵向合计为总投入，且总产出＝总投入。

附表1-4 单个国家和地区的投入产出表表式结构

<table>
<tr><th colspan="2" rowspan="2">产出
投入</th><th colspan="3">中间使用</th><th colspan="6">最终使用</th><th rowspan="2">总产出</th></tr>
<tr><th>部门1</th><th>~</th><th>部门N</th><th>居民
消费</th><th>非政府
部门消费</th><th>政府
消费</th><th>固定资产
形成</th><th>存货</th><th>出口</th></tr>
<tr><td rowspan="3">国内
中间
投入</td><td>部门1</td><td></td><td></td><td></td><td></td><td></td><td></td><td></td><td></td><td></td><td></td></tr>
<tr><td>~</td><td></td><td></td><td></td><td></td><td></td><td></td><td></td><td></td><td></td><td></td></tr>
<tr><td>部门N</td><td></td><td></td><td></td><td></td><td></td><td></td><td></td><td></td><td></td><td></td></tr>
<tr><td rowspan="3">进口
中间
投入</td><td>部门1</td><td></td><td></td><td></td><td></td><td></td><td></td><td></td><td></td><td></td><td></td></tr>
<tr><td>~</td><td></td><td></td><td></td><td></td><td></td><td></td><td></td><td></td><td></td><td></td><td></td></tr>
<tr><td>部门N</td><td></td><td></td><td></td><td></td><td></td><td></td><td></td><td></td><td></td><td></td><td></td></tr>
<tr><td colspan="2">中间投入合计</td><td></td><td></td><td></td><td></td><td></td><td></td><td></td><td></td><td></td><td></td></tr>
<tr><td rowspan="4">增加值</td><td>生产税净额</td><td></td><td></td><td></td><td></td><td></td><td></td><td></td><td></td><td></td><td></td></tr>
<tr><td>离岸到岸
价格调整</td><td></td><td></td><td></td><td></td><td></td><td></td><td></td><td></td><td></td><td></td></tr>
<tr><td>居民海外
购买</td><td></td><td></td><td></td><td></td><td></td><td></td><td></td><td></td><td></td><td></td></tr>
<tr><td>非居民
本土购买</td><td></td><td></td><td></td><td></td><td></td><td></td><td></td><td></td><td></td><td></td></tr>
<tr><td colspan="2">增加值合计</td><td></td><td></td><td></td><td></td><td></td><td></td><td></td><td></td><td></td><td></td></tr>
<tr><td colspan="2">国际运输保证金</td><td></td><td></td><td></td><td></td><td></td><td></td><td></td><td></td><td></td><td></td></tr>
<tr><td colspan="2">总投入</td><td></td><td></td><td></td><td></td><td></td><td></td><td></td><td></td><td></td><td></td></tr>
</table>

第一象限主栏是中间投入、宾栏是中间产品或中间使用,充分揭示了国民经济各产品部门间相互依存、相互制约的技术经济联系,反映了国民经济各产品部门间相互依赖、相互提供劳动对象供生产和消耗的过程。

第二象限是第一象限在水平方向上的延伸,其主栏与第一象限相同,也是35个产业部门,其宾栏由最终消费〔家庭最终消费支出、非营利组织为家庭服务的最终消费支出(NPISH)、政府最终消费支出〕、资本形成(固定资本形成总额、库存和贵重物品的变化)和出口等最终使用项组成,共6列数据。第二象限反映各产品部门生产的货物或服务用于各种最终使用的价值量及其构成。

第三象限是第一象限在垂直方向上的延伸,其主栏由生产税净额、离岸到岸价格调整（CIF/FOB Adjustments on Exports）、居民海外购买、非居民本土购买四部分组成，合计成增加值一栏。另有一栏国际运输保证金（International Transport Margins）添加在增加值合计栏下面。第三象限反映各产品部门增加值构成情况。

（2）世界投入产出表表式结构。世界投入产出表是对单国投入产出表的融合，反映的是比单国投入产出表更为复杂的全球投入产出关系和生产技术联系。世界投入产出表表式结构如附表1-5所示。表格中的主体部分（第一象限）反映了中间投入品投入产出关系，沿行方向看，反映的是某国家或地区的某部门生产的货物或服务分别提供给国家或地区1至国家或地区M中各部门使用的价值量，称为中间使用；沿列方向来看，反映的是某国家或地区某部门生产消耗来自M个国家或地区N个部门产品或服务的价值量，称为中间投入。第二象限的最终使用包含了M个国家或地区最终使用，每个国家或地区含居民消费、非政府部门消费、政府消费、固定资产形成、存货5列。第三象限的增加值部分包括生产税净额、离岸到岸价格调整、居民海外购买、非居民本土购买四个部分。

附表1-5　世界投入产出表表式结构

投入 ＼ 产出		中间使用（每个国家或地区含N个部门）			最终使用（每个国家或地区含居民消费、非政府部门消费、政府消费、固定资产形成、存货5列）				总产出
		国家或地区1	~	国家或地区M	国家或地区1		~	国家或地区M	
国家或地区1	部门1								
	~								
	部门N								
~	部门1								
	~								
	部门N								
国家或地区M	部门1								
	~								
	部门N								

续表

投入 \ 产出		中间使用（每个国家或地区含N个部门）		最终使用（每个国家或地区含居民消费、非政府部门消费、政府消费、固定资产形成、存货5列）			总产出
		国家或地区1	~ 国家或地区M	国家或地区1	~	国家或地区M	
增加值	生产税净额						
	离岸到岸价格调整						
	居民海外购买						
	非居民本土购买						
增加值合计							
国际运输保证金							
总投入							

本章参考文献

［1］Ali T, Huang J, Wang J, et al. Global Footprints of Water and Land Resources through China's Food Trade ［J］. Global Food Security, 2017 (12): 139-145.

［2］Antweiler W, Copeland B R, Taylor M S. Is Free Trade Good for the Environment? ［J］. American Economic Review, 2001 (4): 877-908.

［3］Chen B, Han M Y, Peng K, et al. Global Land-Water Nexus: Agricultural Land and Freshwater Use Embodied in Worldwide Supply Chains ［J］. Science of the Total Environment, 2018 (613): 931-943.

［4］Chen G Q, Chen Z M. Carbon Emissions and Resources Use by Chinese Economy 2007: A 135-Sector Inventory and Input-Output Embodiment ［J］. Communications in Nonlinear Science and Numerical Simulation, 2010 (11): 3647-3732.

［5］ Chen G Q, Chen Z M. Greenhouse Gas Emissions and Natural Resources Use by the World Economy: Ecological Input－Output Modeling ［J］. Ecological Modelling, 2011 （14）: 2362－2376.

［6］ Chen G Q, Wu X F. Energy Overview for Globalized World Economy: Source, Supply Chain and Sink ［J］. Renewable and Sustainable Energy Reviews, 2017 （69）: 735－749.

［7］ Cui L B, Peng P, Zhu L. Embodied Energy, Export Policy Adjustment and China's Sustainable Development: A Multi－Regional Input－Output Analysis ［J］. Energy, 2015 （82）: 457－467.

［8］ Dorninger C, Hornborg A. Can EEMRIO Analyses Establish the Occurrence of Ecologically Unequal Exchange? ［J］. Ecological Economics, 2015 （119）: 414－418.

［9］ Fan J L, Hou Y B, Wang Q, et al. Exploring the Characteristics of Production－Based and Consumption－Based Carbon Emissions of Major Economies: A Multiple－Dimension Comparison ［J］. Applied Energy, 2016 （184）: 790－799.

［10］ Fan J L, Wang Q, Yu S, et al. The Evolution of CO_2 Emissions in International Trade for Major Economies: A Perspective from the Global Supply Chain ［J］. Mitigation and Adaptation Strategies for Global Change, 2017 （8）: 1229－1248.

［11］ Fang K, Heijungs R, Snoo G R. Theoretical Exploration for the Combination of the Ecological, Energy, Carbon, and Water Footprints: Overview of a Footprint Family ［J］. Ecological Indicators, 2014 （36）: 508－518.

［12］ Frankel J A, Rose A K. Is Trade Good or Bad for the Environment? Sorting out the Causality ［J］. Review of Economics and Statistics, 2005 （1）: 85－91.

［13］ Galli A, Wiedmann T, Ercin E, et al. Integrating Ecological, Carbon and Water Footprint into a "Footprint Family" of Indicators: Definition and Role in Tracking Human Pressure on the Planet ［J］. Ecological Indicators, 2012 （16）: 100－112.

［14］ Giljum S, Eisenmenger N. North－South Trade and the Distribution of Environmental Goods and Burdens: A Biophysical Perspective ［J］. The Journal of Environment and Development, 2004 （1）: 73－100.

［15］Grossman G M, Krueger A B. Economic Growth and the Environment ［J］. Quarterly Journal of Economics, 1994 (2): 353-377.

［16］Grossman G M, Krueger A B. Environmental Impacts of a North American Free Trade Agreement ［J］. Social Science Electronic Publishing, 1991 (2): 223-250.

［17］Guo S, Shen G Q, Chen Z M, et al. Embodied Cultivated Land Use in China 1987-2007 ［J］. Ecological Indicators, 2014 (47): 198-209.

［18］Hawkins J, Ma C, Schilizzi S, et al. Promises and Pitfalls in Environmentally Extended Input-Output Analysis for China: A Survey of the Literature ［J］. Energy Economics, 2015 (48): 81-88.

［19］Hoekstra R. (Towards) A Complete Database of Peer-Reviewed Articles on Environmental Extended Input-Output Analysis ［R］. 2010.

［20］Hubacek K, Sun L. A Scenario Analysis of China's Land Use and Land Cover Change: Incorporating Biophysical Information into Input - Output Modeling ［J］. Structural Change and Economic Dynamics, 2001 (4): 367-397.

［21］Jorgenson A. Environment, Development, and Ecologically Unequal Exchange ［J］. Sustainability, 2016 (3): 227.

［22］Kaika D, Zervas E. The Environmental Kuznets Curve (EKC) Theory. Part B: Critical Issues ［J］. Energy Policy, 2013 (9): 1403-1411.

［23］Lan J, Malik A, Lenzen M, et al. A Structural Decomposition Analysis of Global Energy Footprints ［J］. Applied Energy, 2016 (163): 436-451.

［24］Lenzen M, Moran D, Kanemoto K, et al. Building Eora: A Global Multi-Region Input-Output Database at High Country and Sector Resolution ［J］. Economic Systems Research, 2013 (1): 20-49.

［25］Liu H, Xi Y, Guo J, et al. Energy Embodied in the International Trade of China: An Energy Input - Output Analysis ［J］. Energy Policy, 2010 (8): 3957-3964.

［26］Mi Z, Meng J, Guan D, et al. Chinese CO_2 Emission Flows have Reversed since the Global Financial Crisis ［J］. Nature Communications, 2017 (1): 1712.

［27］ Ming X, Ran L, Crittenden J C, et al. CO_2 Emissions Embodied in China's Exports from 2002 to 2008: A Structural Decomposition Analysis ［J］. Energy Policy, 2011 (11): 7381-7388.

［28］ Muradian R, O'Connor M, Martinez-Alier J. Embodied Pollution in Trade: Estimating the "Environmental Load Displacement" of Industrialised Countries ［J］. Ecological Economics, 2002 (1): 51-67.

［29］ Peng S, Zhang W, Sun C. "Environmental Load Displacement" from the North to the South: A Consumption-Based Perspective with a Focus on China ［J］. Ecological Economics, 2016 (128): 147-158.

［30］ Rothman D S. Environmental Kuznets Curves-Real Progress or Passing the Buck?: A Case for Consumption-Based Approaches ［J］. Ecological Economics, 1998 (2): 177-194.

［31］ Su B, Ang B W. Multiplicative Decomposition of Aggregate Carbon Intensity Change Using Input-Output Analysis ［J］. Applied Energy, 2015 (154): 13-20.

［32］ Tian X, Geng Y, Sarkis J, et al. Trends and Features of Embodied Flows Associated with International Trade Based on Bibliometric Analysis ［J］. Resources Conservation and Recycling, 2018 (131): 148-157.

［33］ Timmer M P, Dietzenbacher E, Los B, et al. An Illustrated User Guide to the World Input-Output Database: The Case of Global Automotive Production ［J］. Review of International Economics, 2015 (3): 575-605.

［34］ Tukker A, Dietzenbacher E. Global Multiregional Input-Output Frameworks: An Introduction and Outlook ［J］. Economic Systems Research, 2013 (1): 1-19.

［35］ Wang H, Ang B W, Su B. Assessing Drivers of Economy-Wide Energy Use and Emissions: IDA Versus SDA ［J］. Energy Policy, 2017 (107): 585-599.

［36］ Wang H, Ang B W, Su B. Multiplicative Structural Decomposition Analysis of Energy and Emission Intensities: Some Methodological Issues ［J］. Energy, 2017 (123): 47-63.

［37］ Weinzettel J, Hertwich E G, Peters G P, et al. Affluence Drives the Global

Displacement of Land Use [J]. Global Environmental Change, 2013 (2): 433-438.

[38] White D J, Hubacek K, Feng K, et al. The Water-Energy-Food Nexus in East Asia: A Tele-Connected Value Chain Analysis Using Inter-Regional Input-Output Analysis [J]. Applied Energy, 2017 (15): 550-567.

[39] Xu M, Li R, Crittenden J C, et al. CO_2 Emissions Embodied in China's Exports from 2002 to 2008: A Structural Decomposition Analysis [J]. Energy Policy, 2011 (11): 7381-7388.

[40] Xu Y, Dietzenbacher E. A Structural Decomposition Analysis of the Emissions Embodied in Trade [J]. Ecological Economics, 2014 (101): 10-20.

[41] Yan J, Su B, Liu Y. Multiplicative Structural Decomposition and Attribution Analysis of Carbon Emission Intensity in China, 2002–2012 [J]. Journal of Cleaner Production, 2018 (198): 195-207.

[42] Yu Y, Feng K, Hubacek K. Tele-Connecting Local Consumption to Global Land Use [J]. Global Environmental Change, 2013 (5): 1178-1186.

[43] Yu Y, Feng K, Hubacek K. China's Unequal Ecological Exchange [J]. Ecological Indicators, 2014 (47): 156-163.

[44] Zhang Z, Zhao Y, Su B, et al. Embodied Carbon in China's Foreign Trade: An Online SCI-E and SSCI Based Literature Review [J]. Renewable and Sustainable Energy Reviews, 2017 (68): 492-510.

[45] 陈红敏. 中国对外贸易的能源环境影响：基于隐含流的研究 [M]. 上海：复旦大学出版社，2011.

[46] 陈诗一. 中国碳排放强度的波动下降模式及经济解释 [J]. 世界经济，2011 (4): 124-143.

[47] 郭朝先. 中国二氧化碳排放增长因素分析——基于 SDA 分解技术 [J]. 中国工业经济，2010 (12): 47-56.

[48] 李方一，刘卫东，唐志鹏. 中国区域间隐含污染转移研究 [J]. 地理学报，2013 (6): 791-801.

[49] 李艳梅，付加锋. 中国出口贸易中隐含碳排放增长的结构分解分析 [J]. 中国人口·资源与环境，2010 (8): 53-57.

［50］彭水军，张文城，孙传旺. 中国生产侧和消费侧碳排放量测算及影响因素研究［J］. 经济研究，2015（1）：168-182.

［51］彭水军，张文城. 国际贸易与气候变化问题：一个文献综述［J］. 世界经济，2016（2）：167-192.

［52］王云凤，冯瑞雪，郭天宝. 我国主要农产品的虚拟土地进口效益分析［J］. 农业技术经济，2015（4）：26-35.

［53］谢建国，姜珮珊. 中国进出口贸易隐含能源消耗的测算与分解——基于投入产出模型的分析［J］. 经济学（季刊），2014（3）：1365-1392.

［54］张友国. 中国贸易含碳量及其影响因素——基于（进口）非竞争型投入产出表的分析［J］. 经济学（季刊），2010（4）：1287-1310.

第二章　研究方法和技术

进入 21 世纪以来，贸易的环境轨迹及给环境带来的潜在风险和收益引起了更加广泛的关注，全面地剖析贸易隐含流对于识别贸易中的生态盈余、利益得失具有重要意义。国内外学者多年来尝试运用不同模型方法和技术了解研究贸易隐含流方向。但是，前文文献研究表明，贸易隐含流领域不同研究结果的差异在很大程度上来自对研究方法的使用，故我们应对不同研究方法运用而产生不同研究结论保持足够的警惕。本章对书中涉及的研究方法与技术进行整体介绍，主要包括投入产出技术在贸易隐含流的规模、流向以及经济效益和资源环境效益等测算方法，更具体的差异化研究方法和数据来源及其处理方法在后续各章中如有涉及则做更进一步的介绍。在重点介绍本书主要使用的投入产出技术之前，本章首先对贸易隐含流涉及的研究方法进行了系统性的简要梳理回顾，以便对这个领域所使用的研究方法和技术有一个准确了解。

第一节　隐含流研究方法和技术简介

一、常用的两种研究方法和技术

在资源环境领域特别是隐含流的研究方向方面，目前生命周期方法和投入产出方法较为常见，两种方法也逐渐相互融合，广义投入产出分析框架则是大势所趋。

生命周期方法（Life Cycle Analysis，LCA），是一种在国际上得到较为普遍认同的环境负荷量化评价方法。该方法可以对产品"从摇篮到坟墓"的全过程中所涉及的能源、环境等问题进行有效的定量分析和评价，因而在解决面向产品的能源、区域环境、气候变化等重要问题时有较为广泛的应用。评估隐含资源要素规模时，在划定生产系统边界的基础上，LCA 法立足主要生产过程中的主要工序和材料投入，较为细致和具有针对性。具体应用时，LCA 法往往只针对特定产品或生产过程，难以包括所有的生产阶段，很难保证全生产系统的完整性，而且系统边界的确定使其先天具有系统截断误差（Lenzena，2002；Lollia，2017）。由于存在不足，生命周期方法也在积极探索与其他方法的融合，其与投入产出分析方法的融合所形成的广义投入产出分析方法可以很好地解决生产系统分割、计算过程针对性过强等缺点，广义投入产出分析方法已是用于资源环境问题的成熟方法。

自 20 世纪 70 年代西方经济学家将投入产出分析应用到环境领域以来，一系列包含环境内容的延长型投入产出模型日趋成熟。投入产出技术通过分析国民经济各部门间产品生产与消耗的数量依存关系，近年来逐渐成为联系经济活动与环境污染问题的一种行之有效的研究方法。就资源环境领域而言，基于投入产出法的经济环境模型可以分析由生产所造成的直接和间接环境影响，利用投入产出技术中的直接消耗系数和完全消耗系数可以揭示产品中的隐含资源环境流动要素含量，所以被广泛应用于各国对外贸易的隐含流研究中。

目前来看，很多学者对国际贸易中的隐含能源和隐含碳流动问题开展了较多研究，而对其他隐含资源环境要素的研究相对不足。首先，鉴于目前全球资源环境问题日益复杂，迫切需要将单一指标到多元指标体系进行转变。其次，他们的研究主要使用单个地区投入产出模型作为研究手段，而对于多区域投入产出模型的应用明显不够，大大影响了研究精度，也不能很好回答隐含资源环境要素的国家流向。再次，研究使用数据陈旧且不连续，多是基于时点数据的研究，未能形成基于长时间段连续数据的研究，数据可得性和精确度有待提升。最后，将国际贸易中的隐含流含量与所获的国内增加值联系起来的研究则更少。

基于上述不足，本书从我国对外贸易中隐含资源环境要素流动的主题出发，使用投入产出表和多区域投入产出模型来展开问题的研究。该模型可以全面地反映各个区域、各个产业之间的直接和间接联系，是进行区域之间产业结构和技术差异比较，分析区域间各产业的相互联系与影响、资源在区域间的合理配置、区域经济发展对其他区域经济的带动和溢出、反馈效应等研究的重要基础工具（郭朝先等，2010）。

二、投入产出技术及其扩展模型

投入产出技术（又称投入产出法）产生于 20 世纪 30 年代中期，创始人是华西里·列昂惕夫。1936 年他在《经济统计评论》上发表的论文《美国经济中投入与产出的数量关系》被认为是投入产出法产生的标志。投入产出技术是指基于投入产出模型的一种分析方法，它以经济学原理中的一般均衡理论为基础，全面系统地反映了国民经济中各部门产品生产与消耗之间的相互联系（包括直接联系与间接联系）。

我国投入产出法的研究和应用则是经历了一个曲折的过程，自 1973 年第一张全国型投入产出表编制成功以来，根据国务院相关规定，我国每逢尾数 7 和 2 的年份就可进行一次全国投入产出调查，编制基本投入产出表，每逢 0 和 5 的年份则编制延长投入产出表。投入产出法在设计过程中考虑了整个生产供应链，计算结果可以体现经济体生产上下游带来的影响，因此被广泛引用。近年来，我国学者在考虑时滞性的投入产出法（李鑫茹等，2017），投入产出技术在环境生态（郭朝先，2010）、劳动就业（李晖和陈锡康，2011；倪红福等，2014）、国际贸易（潘文卿和李跟强，2014；王直等，2015；祝坤福等，2013）等研究领域的应用均取得了一定成绩。

（一）投入产出表

投入产出表是投入产出理论的表现形式与具体运用的基础。它从形状上看是一张棋盘式表格，旨在描述国民经济各部门之间生产和使用、投入和产出的数量关系，投入产出表的基本格式如表 2-1 所示。

表 2-1 基本投入产出表

投入 \ 产出		中间使用				最终使用	总产出
		部门 1	部门 2	…	部门 n		
产品部门	部门 1	x_{11}	x_{12}	…	x_{1n}	Y_1	X_1
	部门 2	x_{21}	x_{22}	…	x_{2n}	Y_2	X_2
	…	…	…	…	…	…	…
	部门 n	x_{n1}	x_{n2}	…	x_{nn}	Y_n	X_n
增加值		v_1	v_2	…	v_n	—	—
总投入		X_1	X_2	…	X_n		

从表的横向来看，反映产品的分配使用去向，表现了这样的产出平衡关系：

中间使用+最终使用=总产出

一般表达式为：

$$\sum_{j=1}^{n} x_{ij} + Y_i = X_i (i=1, 2, 3, \cdots, n) \tag{2-1}$$

式（2-1）中，i 表示横行部门；j 表示纵列部门；$\sum_{j=1}^{n} x_{ij}$ 表示 i 部门提供给各个部门作生产消耗的产品数量之和，即中间产品数量；Y_i 表示 i 部门的最终使用的合计；X_i 表示 i 部门的总产出。

从表的纵向来看，反映产品部门的各种投入，表现了如下的平衡关系：

中间投入+最终投入（增加值）=总投入

一般表达式为：

$$\sum_{i=1}^{n} x_{ij} + v_j = X_j (j=1, 2, 3, \cdots, n) \tag{2-2}$$

式（2-2）中，$\sum_{i=1}^{n} x_{ij}$ 表示 j 部门生产过程中消耗的各种产品数量之和，即中间投入合计；v_j 表示 j 部门的增加值。

投入产出表体现了社会产品的实物运动或价值构成，反映了社会生产中各部门的经济技术联系，利用投入产出表及数学模型可以确定一些重要参数，在经济分析过程中能够发挥重要作用。

（二）多区域投入产出模型

多区域投入产出模型（Multi-Region Input-Output，MRIO）的基本原理与单个地区投入产出模型的基本原理是一致的。从隐含流的研究领域考虑，两者所不同的是，单个地区投入产出模型只能计算一国出口产品或进口产品的隐含资源环境要素，难以区分中间使用和最终使用；多区域投入产出模型不仅能清楚地用于分析各国各行业之间的投入产出关系，同时因为计算过程中使用的各国资源消耗系数是准确的并不存在代替现象，能够真实地反映全球贸易过程中隐含资源环境要素的流动情况。

MRIO 模型研究难点在于对区域间贸易系数的估算，该系数由于很难通过全面的调查直接获得，一般是采用空间相互作用模型估算区域间贸易流量，进而得到矩阵的方法。大部分研究是回归引力模型和最大熵模型所拥有的基本形式，尽可能多地采用地区间的运输和"距离"数据并进行相应的处理。MRIO 模型提供了追踪不同产品及供应链在多国多地区所产生影响的可能，而且几乎覆盖了上游部门产品的所有间接影响；MRIO 框架为标准经济学和资源环境测算问题建立了联系，至少在国家层面，这将会出现一个持续不断的趋势；MRIO 模型作为可计算一般均衡模型（Computable General Equilibrium，CGE）的基础工具还被广泛地用于预测与专业领域；MRIO 模型的正确使用可使全球范围内有限的资源与排放得到合理高效的分配。

由于 MRIO 分析是基于 MRIO 表而展开的，所以 MRIO 表的精准性与时效性就显得至关重要。本书以 WIOD 中 2016 年公布的世界投入产出表数据为基础，使用 MRIO 模型对隐含流的规模流向等情况进行测算和分析。

（三）非竞争型（进口）投入产出模型

根据对进口商品的处理方法的不同，投入产出模型可以分为竞争型（进口）投入产出模型和非竞争型（进口）投入产出模型两种。在竞争型投入产出模型中各生产部门消耗的中间投入部分没有区分哪些是本国生产的和哪些是进口的，而是假定两者可以完全替代，只在最终需求象限中有一个进口列向量。竞争型投入产出模型无法反映各生产部门与进口商品之间的联系。非竞争型投入产出模型的中间投入，则分为国内生产的中间投入和进口品中间投入两大部分，以此反映两者的不完全替代性。因此，非竞争型（进口）投入产出模型需要研究者单独研制进口矩阵，以区分进口产品与国内产品。一般来说，多区域投入产出模型是建立在单区域非竞争型（进口）投入产出模型基础之上的。

三、研究方法对研究结论的影响

目前来看，尽管学界在隐含流的规模与结构上存在较大共识，但受测算原则、方法以及数据等因素的影响，相关研究对隐含流的具体规模乃至流向的测算结果却呈现出巨大分歧，这一现象已成为当前贸易隐含流实证研究中的一个突出特征。以隐含碳为例，用当前主流的投入产出分析方法对2005年中国进口隐含碳进行测算，Weber（2008）、Lin和Sun（2010）使用SRIO方法测算的结果超过20亿吨，而Huimin和Ye（2010）使用BTIO方法测算的结果仅为11亿吨。运用相同的方法（MRIO）和数据（OECD的投入产出表和IEA的能源与排放数据）对2005年中国的出口隐含碳进行测算，Nakano等（2009）的测算结果是7.94亿吨，而Bruckner等（2010）的测算结果是14亿吨。

当前文献研究已经从测算原则、测算方法、数据来源及处理三个方面分析了隐含流测算结果存在重大差异的原因。

从测算原则看，目前主要有基于生产（PBE）和基于消费（CBE）两种测算原则。仍然以隐含碳为例，虽然基于生产的碳排测算原则由于未能考虑贸易交通造成的能耗和碳排以及贸易引起的碳转移等因素而广受诟病，但其作为联合国气候变化框架公约（UNFCCC）规定的测算原则的地位决定了实证研究无法忽略这一原则。在此基础上，更多的隐含流研究致力于从消费侧进行一个国家或地区的碳排放测算。消费侧排放不仅考虑供本土消费引致的本土生产部分造成的排放，而且考虑本土消费引致的境外生产部分造成的排放。由于贸易活动不仅是通过境外生产满足本土消费的主要手段，也是产业国际分工得以实现的主要手段，因此，国家间的商品贸易成为准确测算一国生产侧与消费侧隐含碳的实际排放所不可或缺的环节。一般认为，一国贸易隐含流的净值等于生产侧排放与消费侧排放之和，也等于贸易过程中的出口隐含碳与进口隐含碳之差。如图2-1所示，基于生产和消费的不同测算原则不仅造成了测算结果上的显著差异，而且这种差异在不同国家呈现出截然相反的特征，如在俄罗斯、印度和中国等资源和加工密集型产业国家，生产侧的碳排放要显著高于消费侧的碳排放，而欧美国家则刚好相反。

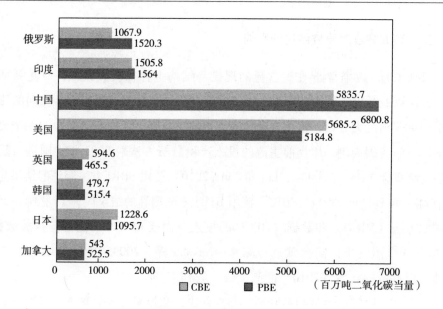

图 2-1　2009 年世界主要经济体生产和消费侧排放规模对比

资料来源：Zhang Z, Zhao Y, Su B, et al. Embodied Carbon in China's Foreign Trade：An Online SCI-E and SSCI Based Literature Review［J］. Renewable and Sustainable Energy Reviews, 2017（68）：492-510.

　　从测算方法看，除了主流的投入产出分析之外，运用于碳排测算的方法还包括可计算一般均衡（CGE）、生命周期分析（LCA），以及 MRIO-LCA 混合分析等。Zhang 等（2017）从数据复杂性、结果精确性以及碳排涵盖范围等维度对不同测算方法的优劣利弊进行了比较。目前，运用投入产出分析进行环境影响测算的方法主要有单地区投入产出分析（SRIO）、双边投入产出分析（BTIO）和多地区投入产出分析（MRIO）等。由于 SRIO 采用进口替代假设，即假定所有进口产品都用于最终消费且具有与本国生产相同的技术条件和排放系数，未能考虑不同国家和地区在生产技术和排放系数上的差异，因此容易产生较大的误差。BTIO 则因为考虑了贸易伙伴在排放系数上的差异性，并通常采用代表性贸易伙伴的排放系数进行测算，因而在测算的准确性上要明显优于 SRIO。与 SRIO 和 BTIO 相比，MRIO 的优势在于能够区分进口产品中用于最终消费和中间投入的部分，并甄别出中间投入再出口的部分，因而被认为是测算国家层面贸易隐含碳的最佳方法。当然，MRIO 在测算准确性上的相对优势，是以更高的数据复杂性为代价的

（见图2-2）。此外，MRIO假定所有进口商品的生产技术同质或碳排强度，而未能考虑不同贸易伙伴间的技术差异；MRIO虽然能准确追踪进口产品的来源国或地区，但却无法准确掌握进口产品或服务，特别是中间投入在本国产业部门间的分配，不得不借助相对粗糙的贸易份额法将进口产品分配到所有产业中去。

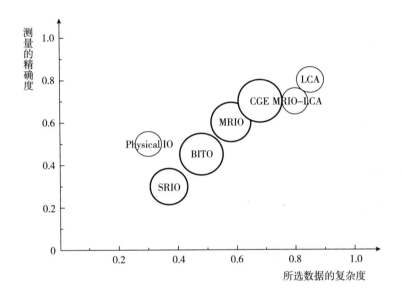

图2-2 贸易隐含碳的不同测算方法

注：圆圈代表不同方法所涵盖的贸易隐含碳的测算范围，圆圈越大代表涵盖范围越广。

资料来源：Zhang Z, Zhao Y, Su B, et al. Embodied Carbon in China's Foreign Trade: An Online SCI-E and SSCI Based Literature Review［J］. Renewable and Sustainable Energy Reviews, 2017（68）：492-510.

从数据来源及数据处理方面看，由于叠加环境要素的扩展投入产出分析作为一种数据密集型测算方法，不仅需要大量投入产出、贸易及环境相关数据，而且要根据不同研究假设对数据进行不同程度的合并、分解或者换算，因此无论是原始数据的准确性还是数据处理方法的差异都会对最终结果产生影响。例如，对进出口贸易额进行换算时，使用市场汇率抑或购买力平价会对贸易隐含碳的测算结果造成巨大差别。同样，对产业、地区差异的处理以及纳入计算的温室气体种类或来源（例如，是否仅考虑化石燃料造成的碳排放还是将生产过程产生的碳排放也纳入计算）也会对最终结果产生影响。Su和Ang（2016）考虑地区间排放强度的差异后，对中国出口隐含碳进行地区合成计算，结果表明纳入测算的地区数量与测算结果成反比，即纳入测算的地区数量越多，全国出口隐含碳的总量水平越低。Nakano 等（2009）和 Bruckner 等（2010）对 2005 年中国进口隐含碳的测算结果的差异可能也源于对行业与地区差异的处理，前者在测算中包含了 48 个生产部门和 87 个地区，而后者仅包含了 17 个生产部门和 41 个地区。

第二节　隐含流规模测算与驱动因素分解

本节内容主要包括国际贸易总体和特定流向的隐含流规模测算方法的介绍，以及使用 LMDI 分解模型对导致隐含流变化的驱动影响因素进行分解分析。

一、隐含流特定流向规模测算

本书引入隐含流的投入产出扩展模型所需的系数，以下内容所使用的字母符号均与表 2-2 所示扩展的隐含流投入产出模型相一致。

首先，计算直接消耗系数。此处以 m 国（共 n 个部门）的投入产出关系为例进行介绍，直接消耗系数表示生产 j 部门单位产品所需消耗的 i 部门产品的数量，计算公式为：

$$a_{ij} = x_{ij}^{mm} / X_j^m \tag{2-3}$$

用矩阵形式表示则为：$A^d = Q \times \hat{X}^{-1}$，$A^d$ 就是 m 国国内的直接消耗系数矩阵：

$$A^d = \begin{bmatrix} a_{11}^{mm} & \cdots & a_{1n}^{mm} \\ \cdots & \ddots & \cdots \\ a_{n1}^{mm} & \cdots & a_{nn}^{mm} \end{bmatrix}; \quad Q = \begin{bmatrix} x_{11}^{mm} & \cdots & x_{1n}^{mm} \\ \cdots & \ddots & \cdots \\ x_{n1}^{mm} & \cdots & x_{nn}^{mm} \end{bmatrix}; \quad \hat{X}^{-1} = \begin{bmatrix} \dfrac{1}{X_1^m} & \cdots & 0 \\ \vdots & \ddots & \vdots \\ 0 & \cdots & \dfrac{1}{X_n^m} \end{bmatrix} \tag{2-4}$$

其次，计算完全需求系数。根据投入产出表横向平衡关系，为求简便，可用矩阵形式表示，平衡关系如下：

$$A^d X + Y = X, \quad 则 \quad X = (I - A^d)^{-1} Y$$

其中，A^d 表示 m 国国内的直接消耗系数，则 $B = (I-A^d)^{-1}$ 即为 m 国的完全需求系数矩阵，也称"列昂惕夫"逆矩阵，其经济含义是第 j 部门每生产一单位的最终产品对第 i 部门产品的总需求，包括直接消耗和间接消耗。本书正是借助完全需求系数来计算中国对外贸易中隐含资源环境要素的流动规模的。

顺便介绍一下完全消耗系数。由于各产业在生产过程中除了与相关产业有直接联系外，还与有关产业存在间接联系，因此除了直接消耗外，还存在间接消耗，完全消耗系数正是这种直接消耗与间接消耗联系的全面反映。完全消耗系数的经济含义是指某产业部门单位产品的生产，对各产业部门产品的直接消耗系数和间接消耗量的总和，即完全消耗系数等于直接消耗系数与间接消耗系数之和，经数学推导其与完全需求系数的关系用矩阵形式可以表示为 $C = B - I$，C 是完全消耗系数矩阵，B 是完全需求系数矩阵。

再次，引入要素直接消耗系数。e_i^m 表示 m 国 i 部门的要素直接消耗系数，即单位产出的要素消耗，表达式如下：

$$e_i^m = \frac{EC_i^m}{X_i^m} \tag{2-5}$$

式（2-5）中，EC_i^m 表示 m 国 i 部门的显性要素消耗量；X_i^m 表示 m 国 i 部门的总产出。式（2-5）可用矩阵形式表示为：$e_m = EC \times \hat{X}^{-1}$，其中 $e_m = (e_1^m \quad e_2^m \quad \cdots \quad e_n^m)$，含义是包含 m 国所有部门在内的直接要素消耗系数矩阵。

最后，计算隐含流特定流向的规模。假设 a 国出口货物（或服务）到 b 国，则认为这种出口引致的出口隐含流规模为 $E_{a,b}$，用矩阵形式表示为：

$$E_{a,b} = \hat{e_a} \times B_a \times EX_{a,b} \tag{2-6}$$

式（2-6）中，$EX_{a,b}$ 表示 a 国到 b 国的出口货物矩阵；e_a 表示 a 国某种隐含要素直接消耗系数矩阵，为遵循矩阵计算法则，此处对 e_a 进行对角化处理；$B_a = (I-A^d)^{-1}$ 表示 a 国的列昂惕夫逆矩阵，A^d 表示 a 国国内的直接消耗系数矩阵。

二、隐含流总规模的测算

本节分别列出基于单国投入产出表、世界投入产出表计算一国进出口隐含流总规模的两种方法。

（一）基于单国投入产出表的测算方法

本书在利用单国表测算一国隐含流对外贸易总出口规模时，考虑 WIOD 公布的单国投入产出表中有一国各部门货物（或服务）的总出口这一列，因此与测算隐含流特定流向规模的方法大体相同，用矩阵形式表示为：

$$E_m = \hat{e}_m \times B_m \times EX_m \tag{2-7}$$

式（2-7）中，E_m 表示 m 国对外贸易总出口隐含流规模，EX_m 表示 m 国总出口矩阵；e_m 表示 m 国某种隐含流要素直接消耗系数矩阵，此处仍需对 e_m 进行对角化处理；$B_m = (I-A^d)^{-1}$ 表示 m 国的完全需求系数矩阵。

对于进口端来说，一般采用"替代法"测算一国隐含流对外贸易总进口规模。就是按照"替代效应"的原则（考虑如果不是进口外国货物，该国就需要自身在国内生产进而产生隐含资源要素的消耗，因此假设进口货物是在该国国内生产的，那么就要用该国自身的要素直接消耗系数来替代从外国进口的要素直接消耗系数，即进口国是按照该国自身技术水平进行生产的），进口贸易输入的隐含流数量也可以运用投入产出模型计算，具体计算公式如下：

$$E'_m = \hat{e}_m \times B'_m \times IM_m \tag{2-8}$$

式（2-8）中，E'_m 表示 m 国对外贸易总进口隐含流规模，$B'_m = (I-A^{im})^{-1}$ 表示 m 国进口的完全需求系数矩阵，其中 A^{im} 表示 m 国进口的直接消耗系数矩阵；IM_m 表示 m 国总出口矩阵（WIOD 公布的单国表中并没有单独一列，需要另行加总处理）。

（二）基于世界投入产出表的测算方法

在借鉴彭水军等（2015）对中国生产侧和消费侧隐含碳排放量测算的研究方法基础上，本书探索出基于世界投入产出表以及 MRIO 模型测算隐含流规模的方法。为简便起见，本书以三国间的投入产出模型为例进行说明。

$$E = \begin{pmatrix} e_1 & 0 & 0 \\ 0 & e_2 & 0 \\ 0 & 0 & e_3 \end{pmatrix} \begin{pmatrix} B_{11} & B_{12} & B_{13} \\ B_{21} & B_{22} & B_{23} \\ B_{31} & B_{32} & B_{33} \end{pmatrix} \begin{pmatrix} Y_{11} & Y_{12} & Y_{13} \\ Y_{21} & Y_{22} & Y_{23} \\ Y_{31} & Y_{32} & Y_{33} \end{pmatrix}$$

$$
=\begin{pmatrix}
e_1B_{11}Y_{11}+e_1B_{12}Y_{21}+e_1B_{13}Y_{31} & e_1B_{11}Y_{12}+e_1B_{12}Y_{22}+e_1B_{13}Y_{32} & e_1B_{11}Y_{13}+e_1B_{12}Y_{23}+e_1B_{13}Y_{33} \\
e_2B_{21}Y_{11}+e_2B_{22}Y_{21}+e_2B_{23}Y_{31} & e_2B_{21}Y_{12}+e_2B_{22}Y_{22}+e_2B_{23}Y_{32} & e_2B_{21}Y_{13}+e_2B_{22}Y_{23}+e_2B_{23}Y_{33} \\
e_3B_{31}Y_{11}+e_3B_{32}Y_{21}+e_3B_{33}Y_{31} & e_3B_{31}Y_{12}+e_3B_{32}Y_{22}+e_3B_{33}Y_{32} & e_3B_{31}Y_{13}+e_3B_{32}Y_{23}+e_3B_{33}Y_{33}
\end{pmatrix}
$$

$$(2-9)$$

式（2-9）中，第一项为能耗系数矩阵对角化的形式（e_m 同上，表示 m 国的某种要素消耗系数矩阵，此处 m＝1，2，3），第二项为列昂惕夫逆矩阵，第三项为最终需求矩阵。

扩展的资源环境投入产出模型如表 2-2 所示。

进一步说明，对角线上的元素 $e_1B_{11}Y_{11}+e_1B_{12}Y_{21}+e_1B_{13}Y_{31}$、$e_2B_{21}Y_{12}+e_2B_{22}Y_{22}+e_2B_{23}Y_{32}$、$e_3B_{31}Y_{13}+e_3B_{32}Y_{23}+e_3B_{33}Y_{33}$ 分别表示国家 1、国家 2、国家 3 自身吸收的隐含流消耗；第一行非对角线上的元素 $e_1B_{11}Y_{12}+e_1B_{12}Y_{22}+e_1B_{13}Y_{32}$、$e_1B_{11}Y_{13}+e_1B_{12}Y_{23}+e_1B_{13}Y_{33}$ 分别表示国家 1 出口到国家 2 和国家 3 的隐含流；第一列非对角线上的元素 $e_2B_{21}Y_{11}+e_2B_{22}Y_{21}+e_2B_{23}Y_{31}$、$e_3B_{31}Y_{11}+e_3B_{32}Y_{21}+e_3B_{33}Y_{31}$ 分别表示国家 1 从国家 2 和国家 3 进口的隐含流。

拓展到 m 国 n 部门的情形，对角线上的元素表示每个国家自身吸收的隐含流数量，非对角线上的元素表示其他国家吸收的隐含流。其中，非对角线元素横向加总之和表示一国隐含流对外贸易总出口规模；非对角线元素纵向之和表示一国隐含流对外贸易总进口规模。

（三）方法比较及确定

从既有研究看，出口端为计算简便起见大部分研究都采用单国表方法，与世界表计算结果相比两者差异不大；从进口端来看，可能受限于数据的可得性和处理的复杂程度，大部分研究仍在使用单国表替代法计算一国进口隐含流规模。但是，替代法的缺陷在于假设过于简单，完全忽略各国之间尤其是发达国家与发展中国家之间极大的技术差异，单纯假定进口国家的要素消耗系数与本国相同，结果必然会对发展中国家的进口隐含流规模造成较大的高估。综上所述，为了更好地捕捉各地区之间的生产技术差异，本书使用世界投入产出模型法测算中国对外贸易进出口隐含流规模。

表2-2 扩展的资源环境投入产出模型（用于测算分析国际贸易隐含流）

产出 ＼ 投入	中间使用			最终使用（每个国家或地区含居民消费，非政府部门消费，政府消费，固定资产形成，存货5列）			总产出
	国家或地区1 部门1,…,部门n	…	国家或地区m 部门1,…,部门n	国家或地区1	…	国家或地区m	
国家或地区1 部门1,…,部门n	$\begin{matrix}x_{11}^{11}&\cdots&x_{1n}^{11}\\ \vdots&\ddots&\vdots\\ x_{n1}^{11}&\cdots&x_{nn}^{11}\end{matrix}$	…	$\begin{matrix}x_{11}^{1m}&\cdots&x_{1n}^{1m}\\ \vdots&\ddots&\vdots\\ x_{n1}^{1m}&\cdots&x_{nn}^{1m}\end{matrix}$	$\begin{matrix}Y_1^{11}\\ \vdots\\ Y_n^{11}\end{matrix}$	…	$\begin{matrix}Y_1^{1m}\\ \vdots\\ Y_n^{1m}\end{matrix}$	$\begin{matrix}X_1^1\\ \vdots\\ X_n^1\end{matrix}$
…					…		
国家或地区m 部门1,…,部门n	$\begin{matrix}x_{11}^{m1}&\cdots&x_{1n}^{m1}\\ \vdots&\ddots&\vdots\\ x_{n1}^{m1}&\cdots&x_{nn}^{m1}\end{matrix}$	…	$\begin{matrix}x_{11}^{mm}&\cdots&x_{1n}^{mm}\\ \vdots&\ddots&\vdots\\ x_{n1}^{mm}&\cdots&x_{nn}^{mm}\end{matrix}$	$\begin{matrix}Y_1^{m1}\\ \vdots\\ Y_n^{m1}\end{matrix}$	…	$\begin{matrix}Y_1^{mm}\\ \vdots\\ Y_n^{mm}\end{matrix}$	$\begin{matrix}X_1^m\\ \vdots\\ X_n^m\end{matrix}$
中间投入合计	$T_1^1 \cdots T_n^1$	—	$T_1^m \cdots T_n^m$		—		
生产税净额	$P_1^1 \cdots P_n^1$	…	$P_1^m \cdots P_n^m$				
离岸到岸价价格调整	$A_1^1 \cdots A_n^1$	…	$A_1^m \cdots A_n^m$				
居民海外购买	$D_1^1 \cdots D_n^1$	…	$D_1^m \cdots D_n^m$				
非居民本土购买	$v_1^1 \cdots v_n^1$	…	$v_1^m \cdots v_n^m$				
基价增加值	$M_1^1 \cdots M_n^1$	…	$M_1^m \cdots M_n^m$				
国际运输保证金	—	—	—		—		
总投入	$X_1^1 \cdots X_n^1$	…	$X_1^m \cdots X_n^m$				
某种要素（能源、碳排放、土地、水资源）显性消耗量	$EC_1^1 \cdots EC_n^1$	…	$EC_1^m \cdots EC_n^m$				

资料来源：根据WIOD数据库公布的世界投入产出表结构编制而成。

以 1995~2009 年中国对外贸易隐含碳测算结果为例（见图 2-3），对比两种方法可以看出，虽然单国表替代法可以解释为相比于原本在中国境内生产这些进口商品而节省的碳排放，但受近似使用中国直接碳排放系数的影响，其结果大大高估了中国进口贸易隐含的碳排放，如 1995 年单国替代法测算的中国进口隐含碳排放为 5.72 亿吨，世界投入产出模型法测算的结果为 0.95 亿吨，前者是后者的 6.02 倍，2009 年单国替代法测算的中国进口隐含碳排放为 13.85 亿吨，世界投入产出模型法测算的结果为 5.94 亿吨，前者是后者的 2.33 倍。使用单国表替代法测算大大低估了中国对外贸易中的隐含碳排放净出口，进而也难以准确分析国际贸易所带来的碳排放跨国转移的真实情况。

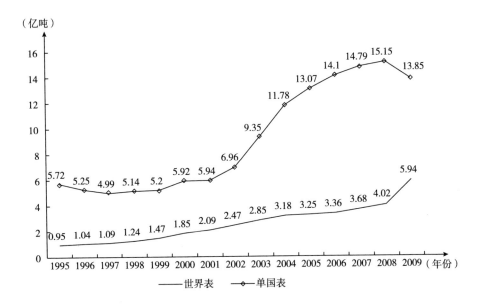

图 2-3 基于世界表与单国表方法测算中国总进口隐含碳排放结果对比

资料来源：笔者根据计算结果整理。

基于上述分析，可以认为：基于世界投入产出表的测算方法比基于单国投入产出表的测算方法要精确，在计算某国（地区）隐含流出口时，基于单国投入产出表的测算可以认为是基于世界投入产出表的一种简化计算，但是，计算某国（地区）隐含流进口时，如果采用上述简化方法，将导致较大误差。因此，本书采用世界投入产出模型法来测算国际贸易背后隐含流进出口流向和规模。

三、隐含流出口量的分解分析

从研究方法上来看，结构分解法（Structural Decomposition Analysis，SDA）凭借其系统、分解因素多等优点被广泛用于分析国际贸易中的隐含流规模变化情况（Ang et al.，2016；Su and Ang，2016；Su and Thomson，2016；Xu and Dietzenbacher，2014）。然而，袁鹏等（2012）研究认为 SDA 方法在分解过程中会产生交互项问题，即存在测算结果的不一致、因素权重的可比性不强、交互影响分解难等问题。虽然两极分解法（Xia et al.，2015）和中点权分解法（Chung and Rehee，2001）等方法均可以解决这些问题，但由于它们采用不同的方式将交互项归并到其他项中，可能导致分解结果的准确性和可靠性被降低。因此，对数平均迪氏指数分解法（Logarithmic Mean Divisia Index，LMDI）以无残差、易使用的特点逐渐被学术界接受并开始使用在隐含流影响因素分解模型上（Ang et al.，2003；Vinuya，et al.，2010；徐国泉等，2006；王锋等，2010；郭朝先，2010），显然，该方法能够很好地克服交叉项问题。本书也是采用 LMDI 分解模型对中国对外贸易隐含流贸易总量发生变化的主要影响因素进行定量分析。

总体来说，影响某隐含流出口总量变化的因素可以分解为相互关联的三个方面：规模效应、结构效应和技术效应。规模效应表示在出口结构一致、产品生产技术相同的情况下，出口规模变化对出口的具体隐含资源的影响量。结构效应表示在出口规模和生产技术均不变时，出口产品结构的差异所导致的出口隐含资源的变化量。技术效应表示在出口结构和规模相同的情况下，国内相关的技术变化对出口隐含资源的影响量。

结合完全需求系数矩阵、出口规模和行业结构等元素对一国隐含流出口贸易进行分解，用矩阵形式表示如下：

$$E = e(I-A^d)^{-1}\hat{EX} = e(I-A^d)^{-1}TG = BTG \tag{2-10}$$

式（2-10）中，EX 表示投入产出表的出口矩阵，将其对角化得到 $\hat{EX}$；B = e $(I-A^d)^{-1}$ 表示该国的完全需求系数矩阵，T 表示分行业部门的出口规模矩阵，G 表示出口行业结构矩阵。

不妨设基期各部门该隐含流的出口总量为 E_1，报告期各部门的出口总量为 E_2，两期之间该隐含流的出口变化总量为 ΔE，将其表示为该隐含流的完全消耗系数变化、出口总规模变化和出口结构变化的总和，即技术效应、规模效应和结构效应的综合影响。用公式表示为：

$$\Delta E = E_2 - E_1 = \Delta B + \Delta T + \Delta G \tag{2-11}$$

式（2-11）中，ΔB、ΔT、ΔG 分别对应技术效应变化量、规模效应变化量和结构效应变化量。根据 LMDI 模型，将该隐含流的出口总量进行分解，得到技术变化、规模变化和结构变化的效应等式：

$$\Delta B = \frac{E_2 - E_1}{\ln E_2 - \ln E_1} \times \ln \frac{B_2}{B_1} \tag{2-12}$$

$$\Delta T = \frac{E_2 - E_1}{\ln E_2 - \ln E_1} \times \ln \frac{T_2}{T_1} \tag{2-13}$$

$$\Delta G = \frac{E_2 - E_1}{\ln E_2 - \ln E_1} \times \ln \frac{G_2}{G_1} \tag{2-14}$$

同理，隐含流进口变化总量的分解与出口变化总量的分解方法类似，但根据资源种类的不同而分析必要性也有所不同，具体情况可见相关章节。

第三节　隐含流跨境流动效益分析

显性贸易的背后是资源环境的损耗与经济利益的获得，本节首先介绍了增加值贸易的计算方法，接下来提出了隐含流生产率概念和贸易条件概念，用于衡量隐含流跨境流动经济效益和资源环境效益。

一、增加值贸易计算方法

为简便起见，以三个国家（地区）间投入产出模型为例，说明增加值贸易的计算方法。表 2-3 是三国（地区）投入产出模型的表式。

表2-3　三国投入产出模型的表式

投入 \ 产出		中间使用			最终使用			总产出
		1 国	2 国	3 国	1 国	2 国	3 国	
中间投入	1 国	X_{11}	X_{12}	X_{13}	Y_{11}	Y_{12}	Y_{13}	X_1
	2 国	X_{21}	X_{22}	X_{23}	Y_{21}	Y_{22}	Y_{23}	X_2
	3 国	X_{31}	X_{32}	X_{33}	Y_{31}	Y_{32}	Y_{33}	X_3
增加值（初始投入）		VA_1	VA_2	VA_3	—	—	—	—
总投入		X'_1	X'_2	X'_3	—	—	—	—

根据投入产出表，一国（地区）总产出可以分为本国（地区）的中间使用和最终使用以及外国（地区）的中间使用和最终使用。以 X_1 为例，$X_1 = X_{11} + X_{12} + X_{13} + Y_{11} + Y_{12} + Y_{13}$，其中，$X_{11}$、$Y_{11}$ 分别为本国的中间使用和最终使用，X_{12}、Y_{12} 分别为从 1 国出口到 2 国的中间使用和最终使用，X_{13}、Y_{13} 分别为从 1 国出口到 3 国的中间使用和最终使用。

令 $A = \begin{pmatrix} A_{11} & A_{12} & A_{13} \\ A_{21} & A_{22} & A_{23} \\ A_{31} & A_{32} & A_{33} \end{pmatrix}$ 为直接系数矩阵。记：$X = \begin{pmatrix} X_1 \\ X_2 \\ X_3 \end{pmatrix}$，$Y = \begin{pmatrix} Y_1 \\ Y_2 \\ Y_3 \end{pmatrix} = \begin{pmatrix} Y_{11} + Y_{12} + Y_{13} \\ Y_{21} + Y_{22} + Y_{23} \\ Y_{31} + Y_{32} + Y_{33} \end{pmatrix}$。

用矩阵表示，就是 $AX + Y = X$。

于是有 $X = (I-A)^{-1}Y = BY$。其中，I 为单位矩阵（与矩阵 A 阶数相同），$B = (I-A)^{-1}$，为列昂惕夫逆矩阵，也可以进一步表示为：

$$\begin{pmatrix} X_1 \\ X_2 \\ X_3 \end{pmatrix} = \begin{pmatrix} i-A_{11} & A_{12} & A_{13} \\ A_{21} & i-A_{22} & A_{23} \\ A_{31} & A_{32} & i-A_{33} \end{pmatrix}^{-1} \begin{pmatrix} Y_1 \\ Y_2 \\ Y_3 \end{pmatrix}$$

$$= \begin{pmatrix} B_{11} & B_{12} & B_{13} \\ B_{21} & B_{22} & B_{23} \\ B_{31} & B_{32} & B_{33} \end{pmatrix} \begin{pmatrix} Y_1 \\ Y_2 \\ Y_3 \end{pmatrix} = \begin{pmatrix} B_{11} & B_{12} & B_{13} \\ B_{21} & B_{22} & B_{23} \\ B_{31} & B_{32} & B_{33} \end{pmatrix} \begin{pmatrix} Y_{11} + Y_{12} + Y_{13} \\ Y_{21} + Y_{22} + Y_{23} \\ Y_{31} + Y_{32} + Y_{33} \end{pmatrix} \qquad (2-15)$$

式（2-15）中，i 为单位矩阵（与矩阵 A_{ii} 阶数相同）；B_{ij}（i，j=1，2，3）为 B 的分块矩阵。

增加值出口表示一个国家（地区）在出口过程中，为满足其他国家（地区）最终需求所出口的国内增加值部分。假设 VA_1、VA_2、VA_3 为 1 国、2 国、3 国的增加值（初始投入），记 $V_1 = VA_1/X'_1$、$V_2 = VA_2/X'_2$、$V_3 = VA_3/X'_3$ 为直接增加值系数向量。[①]

则 1 国增加值出口计算方法如下：

$$VA_{1,EX} = (V_1 \quad 0 \quad 0) \begin{pmatrix} B_{11} & B_{12} & B_{13} \\ B_{21} & B_{22} & B_{23} \\ B_{31} & B_{32} & B_{33} \end{pmatrix} \begin{pmatrix} 0+Y_{12}+Y_{13} \\ 0+Y_{22}+Y_{23} \\ 0+Y_{32}+Y_{33} \end{pmatrix} \quad (2-16)$$

式（2-16）中，因为计算国外最终需求对本国增加值的拉动作用，所以，令 1 国最终需求为 0，同时，令 2 国和 3 国直接增加值系数向量为 0。

于是有：

$$VA_{1,EX} = V_1 B_{11} Y_{12} + V_1 B_{11} Y_{13} + V_1 B_{12} Y_{22} + V_1 B_{12} Y_{23} + V_1 B_{13} Y_{32} + V_1 B_{13} Y_{33}$$
$$= (V_1 B_{11} Y_{12} + V_1 B_{12} Y_{22} + V_1 B_{13} Y_{32}) + (V_1 B_{11} Y_{13} + V_1 B_{12} Y_{23} + V_1 B_{13} Y_{33})$$

$$(2-17)$$

式（2-17）中，第一个括号表示 1 国出口到 2 国的增加值（因 2 国最终需求引起），第二个括号表示 1 国出口到 3 国的增加值（因 3 国最终需求引起）。

同理，可得 2 国和 3 国增加值出口计算公式如下：

$$VA_{2,EX} = (V_2 B_{21} Y_{11} + V_2 B_{22} Y_{21} + V_2 B_{23} Y_{31}) + (V_2 B_{21} Y_{13} + V_2 B_{22} Y_{23} + V_2 B_{23} Y_{33})$$

$$(2-18)$$

$$VA_{3,EX} = (V_3 B_{31} Y_{11} + V_3 B_{32} Y_{21} + V_3 B_{33} Y_{31}) + (V_3 B_{31} Y_{12} + V_3 B_{32} Y_{22} + V_3 B_{33} Y_{32})$$

$$(2-19)$$

增加值进口表示一个国家在进口过程中，为满足本国最终需求所进口的国外增加值部分。因此，1 国增加值进口计算方法如下：

---

① 这里的增加值系数向量的元素，通过对应的增加值向量元素与总产出向量元素的点除计算而来。

$$VA_{1,IM} = \begin{pmatrix} 0 & V_2 & V_3 \end{pmatrix} \begin{pmatrix} B_{11} & B_{12} & B_{13} \\ B_{21} & B_{22} & B_{23} \\ B_{31} & B_{32} & B_{33} \end{pmatrix} \begin{pmatrix} Y_{11}+0+0 \\ Y_{21}+0+0 \\ Y_{31}+0+0 \end{pmatrix} \qquad (2\text{-}20)$$

式（2-20）中，因为计算本国最终需求对其他国家增加值的拉动作用，所以，令 2 国和 3 国最终需求为 0，同时，令本国直接增加值系数向量为 0。

于是有：

$$\begin{aligned} VA_{1,IM} &= V_2B_{21}Y_{11}+V_3B_{31}Y_{11}+V_2B_{22}Y_{21}+V_3B_{32}Y_{21}+V_2B_{23}Y_{31}+V_3B_{33}Y_{31} \\ &= (V_2B_{21}Y_{11}+V_2B_{22}Y_{21}+V_2B_{23}Y_{31})+(V_3B_{31}Y_{11}+V_3B_{32}Y_{21}+V_3B_{33}Y_{31}) \end{aligned}$$

$$(2\text{-}21)$$

式（2-21）中，第一个括号表示 1 国从 2 国进口的增加值（因 1 国最终需求引起），第二个括号表示 1 国从 3 国进口的增加值（因 1 国最终需求引起）。

同理，可得 2 国和 3 国增加值进口计算公式如下：

$$VA_{2,IM} = (V_1B_{11}Y_{12}+V_1B_{12}Y_{22}+V_1B_{13}Y_{32})+(V_3B_{31}Y_{12}+V_3B_{32}Y_{22}+V_3B_{33}Y_{32})$$

$$(2\text{-}22)$$

$$VA_{3,IM} = (V_1B_{11}Y_{13}+V_1B_{12}Y_{23}+V_1B_{13}Y_{33})+(V_2B_{21}Y_{13}+V_2B_{22}Y_{23}+V_2B_{23}Y_{33})$$

$$(2\text{-}23)$$

上述运算可以用更一般的矩阵运算表示。首先，使直接增加值系数向量对角化，得到对角矩阵如下：

$$\hat{V} = \begin{pmatrix} V_1 & 0 & 0 \\ 0 & V_2 & 0 \\ 0 & 0 & V_3 \end{pmatrix} \qquad (2\text{-}24)$$

于是，增加值生产矩阵 VA 可以表示为：

$$VA = \begin{pmatrix} V_1 & 0 & 0 \\ 0 & V_2 & 0 \\ 0 & 0 & V_3 \end{pmatrix} \begin{pmatrix} B_{11} & B_{12} & B_{13} \\ B_{21} & B_{22} & B_{23} \\ B_{31} & B_{32} & B_{33} \end{pmatrix} \begin{pmatrix} Y_{11} & Y_{12} & Y_{13} \\ Y_{21} & Y_{22} & Y_{23} \\ Y_{31} & Y_{32} & Y_{33} \end{pmatrix}$$

$$= \begin{pmatrix} V_1B_{11}Y_{11}+V_1B_{12}Y_{21}+V_1B_{13}Y_{31} & V_1B_{11}Y_{12}+V_1B_{12}Y_{22}+V_1B_{13}Y_{32} & V_1B_{11}Y_{13}+V_1B_{12}Y_{23}+V_1B_{13}Y_{33} \\ V_2B_{21}Y_{11}+V_2B_{22}Y_{21}+V_2B_{23}Y_{31} & V_2B_{21}Y_{12}+V_2B_{22}Y_{22}+V_2B_{23}Y_{32} & V_2B_{21}Y_{13}+V_2B_{22}Y_{23}+V_2B_{23}Y_{33} \\ V_3B_{31}Y_{11}+V_3B_{32}Y_{21}+V_3B_{33}Y_{31} & V_3B_{31}Y_{12}+V_3B_{32}Y_{22}+V_3B_{33}Y_{32} & V_3B_{31}Y_{13}+V_3B_{32}Y_{23}+V_3B_{33}Y_{33} \end{pmatrix}$$

$$(2-25)$$

上述矩阵对角线上的元素表示每个国家吸收的增加值，非对角线上的元素表示其他国家吸收的增加值。其中，横向非对角线元素之和表示一国出口的增加值；纵向非对角线元素之和表示一国进口的增加值（国内最终消费的外国增加值）。

进一步说明，对角线上的元素 $V_1B_{11}Y_{11}+V_1B_{12}Y_{21}+V_1B_{13}Y_{31}$、$V_2B_{21}Y_{12}+V_2B_{22}Y_{22}+V_2B_{23}Y_{32}$、$V_3B_{31}Y_{13}+V_3B_{32}Y_{23}+V_3B_{33}Y_{33}$ 分别表示国家1、国家2、国家3自身吸收的增加值；第一行非对角线上的元素 $V_1B_{11}Y_{12}+V_1B_{12}Y_{22}+V_1B_{13}Y_{32}$、$V_1B_{11}Y_{13}+V_1B_{12}Y_{23}+V_1B_{13}Y_{33}$ 分别表示国家1出口到国家2和国家3的增加值；第一列非对角线上的元素 $V_2B_{21}Y_{11}+V_2B_{22}Y_{21}+V_2B_{23}Y_{31}$、$V_3B_{31}Y_{11}+V_3B_{32}Y_{21}+V_3B_{33}Y_{31}$ 分别表示国家1从国家2和国家3进口的增加值。其余元素的含义依此类推。

一般地，上述矩阵运算可以推广至有 N 个国家的情形下的 N 国投入产出模型中。

二、隐含流生产率：国际贸易隐含流的效益指标

本书提出"隐含流生产率"（Productivity of Embodied Flow）这个概念，用于测量隐含流的经济效益和资源环境效益。"隐含流生产率"可分为"出口隐含流生产率"和"进口隐含流生产率"两种。出口隐含流生产率 P_{EX} 的计算公式如下：

P_{EX} = 增加值出口 VA_{EX}/出口隐含流 EF_{EX}

出口隐含流生产率可以理解为单位出口隐含流所蕴含的增加值。由于在国际贸易中，每一笔进出口贸易背后都是增加值贸易和隐含流贸易，因此在每一笔贸易中，贸易主体都试图获得最佳的经济效益和环境效益，即在同等条件下尽量增加增加值出口（意味着经济效益好）而减少隐含流出口（意味着减少资源消耗和环境污染）。由此可知，对于贸易主体而言，出口隐含流生产率 P_{EX} 数值越大

越好，数据上升表示经济效益或环境效益好转，反之则相反。

进口隐含流生产率 P_{IM} 的计算公式如下：

P_{IM} = 增加值进口 VA_{IM}/进口隐含流 EF_{IM}

进口隐含流生产率可以理解为单位进口隐含流所蕴含的增加值。对于贸易主体而言，进口隐含流生产率 P_{EX} 数值越小越好，数据下降表示经济效益或环境效益好转，反之则表示经济效益正在变差。

三、隐含流贸易条件：国家间贸易隐含流的效益比较

污染贸易条件（Pollution Terms of Trade，PTT）最早是由 Antweiler（1996）提出的，是指单位出口的内涵污染量与单位进口的内涵污染量的比值，PTT 大于 1 表明出口的商品要比进口的商品更"肮脏"，反之则比较"清洁"。本书将其引申至隐含流贸易条件中，分别测算隐含能源贸易条件（Energy Embodied Terms of Trade，EETT）、隐含碳贸易条件（Carbon Embodied Terms of Trade，CETT）、隐含水贸易条件（Water Embodied Terms of Trade，WETT）以及隐含土地贸易条件（Land Embodied Terms of Trade，LETT）来衡量在一定时期内一国隐含流出口相对于进口的经济效益和资源环境效益。隐含流贸易条件实质上是一种要素贸易条件。定义如下：

隐含流贸易条件指数 T = 出口隐含流生产率 P_{EX}/进口隐含流生产率 P_{IM}

对于贸易主体而言，隐含流贸易条件指数 T>1，表示对外贸易的经济效益和环境效益好，T 越大越好；T<1，表示对外贸易的经济效益和环境效益差，T 越小越差；T=1，表示中性，是对外贸易所获得的经济效益和环境效益好坏的分界点。

四、国家间贸易隐含流效益比较分析

假设有 A、B 两个国家，其出口隐含流生产率分别为 $P_{A,EX}$、$P_{B,EX}$，进口隐含流生产率分别为 $P_{A,IM}$、$P_{B,IM}$。如果 $P_{A,EX}>P_{B,EX}$，则认为 A 国隐含流（出口）所产生的效益好于 B 国。但是，如果 $P_{A,IM}>P_{B,IM}$，则认为 A 国隐含流（进口）所产生的效益劣于 B 国。

假设 A、B 两国隐含流贸易条件指数分别为 T_A、T_B，若 $T_A>T_B$，则 A 国隐含

流贸易条件好于 B 国；若 $T_A < T_B$，则 A 国隐含流贸易条件劣于 B 国；如果恰好出现 $T_A = T_B$ 的情况，则认为 A 国隐含流贸易条件与 B 国一样好。

本章参考文献

［1］Ang B, Su B, Wang H. A Spatial-Temporal Decomposition Approach to Performance Assessment in Energy and Emissions ［J］. Energy Economics, 2016（60）：112-121.

［2］Antweiler W. The Pollution Terms of Trade ［J］. Economic Systems Research, 1996（4）：361.

［3］Ang B W, Liu F L, Chew E P. Perfect Decomposition Techniques in Energy and Environmental Analysis ［J］. Energy Policy, 2003（14）：1561-1566.

［4］Bruckner M, Giljum S, Lutz C, et al. Consumption-Based CO_2 Emissions and Carbon Leakage：Results from the Global Resource AccountingModel GRAM ［R］. 2010.

［5］Chung H S, Rhee H C. A Residual-Free Decomposition of the Sources of Carbon Dioxide Emissions：A Case of the Korean Industries ［J］. Energy, 2001（1）：15-30.

［6］Huimin L, Ye Q. Carbon Embodied in International Trade of China and Its Emission Responsibility ［J］. Chinese Journal of Population, Resources and Environmen, 2010（2）：24-31.

［7］Lin B, Sun C. Evaluating Carbon Dioxide Emissions in International Trade of China ［J］. Energy Policy, 2010（1）：613-621.

［8］Lenzena M, Treloarb G. Embodied Energy in Buildings：Wood Versus Concrete - Freply to Borjesson and Gustavsson ［J］. Energy Policy, 2002（30）：249-255.

［9］Nakano S, Okamura A, Sakurai N, et al. The Measurement of CO_2 Embodiments in International Trade：Evidence from the Harmonised Input-Output and Bilateral Trade Database ［C］. Paris：OECD, 2009.

［10］Lollia N, Fufa S M, Inman M. A Parametric Tool for the Assessment of Operational Energy Use, Embodied Energy and Embodied Material Emissions in Building [J]. Energy Procedia, 2017 (111): 21-30.

[11] Shimoda T, Watanabe T, Ye Z, et al. Proceedings of the International Input-Output Meeting on Managing the Environment [Z]. 2008.

[12] Su B, Ang B. Multi-Region Comparisons of Emission Performance: The Structural Decomposition Analysis Approach Science Direct [J]. Ecological Indicators, 2016 (67): 78-87.

[13] Su B, Thomson E. China's Carbon Emissions Embodied in (Normal and Processing) Exports and Their Driving Forces, 2006-2012 [J]. Energy Economics, 2016 (59): 414-422.

[14] Vinuya F, DiFurio R, Sandoval R. A Decomposition Analysis of CO_2 Emissions in the United States [J]. Applied Economics Letters, 2000 (10): 925-931.

[15] Weber C L. Uncertainties in Constructing Environmental Multiregional Input-Output Models [Z]. 2008.

[16] Xia Y, Fan Y, Yang C. Assessing the Impact of Foreign Content in China's Exports on the Carbon Outsourcing Hypothesis [J]. Applied Energy, 2015 (150): 296-307.

[17] 陈红敏. 中国对外贸易的能源环境影响——基于隐含流的研究 [M]. 上海: 复旦大学出版社, 2011.

[18] 陈雯, 李强. 全球价值链分工下我国出口规模的透视分析——基于增加值贸易核算方法 [J]. 财贸经济, 2014 (7): 107-115.

[19] 范子杰, 张亚斌, 彭学之. 基于上游延伸的中国制造业GVCs地域特征及变化机制 [J]. 世界经济, 2016 (8): 118-142.

[20] 郭朝先, 张其仔, 白玫, 等. 经济发展方式转变: 产业升级与空间布局 [M]. 北京: 社会科学文献出版社, 2012.

[21] 郭朝先. 中国碳排放因素分解: 基于LMDI分解技术 [J]. 中国人口·资源与环境, 2010 (12): 4-9.

[22] 李晖, 陈锡康. 基于人口投入产出模型的中国人口结构预测及分析 [J]. 管理评论, 2013 (2): 29-34.

［23］李鑫茹，刘鹏，陈锡康．投入产出乘数的时滞性分析［J］．管理评论，2017（7）：29-35+92.

［24］倪红福，李善同，何建武．人口结构变化对经济结构的影响——基于投入产出模型的分析［J］．劳动经济研究，2014（3）：63-76.

［25］潘文卿，李跟强．垂直专业化、贸易增加值与增加值贸易核算——全球价值链背景下基于国家（地区）间投入产出模型方法综述［J］．经济学报，2014（4）：188-207.

［26］彭水军，张文城．贸易差额、污染贸易条件如何影响中国贸易内涵碳"顺差"——基于多国投入产出模型的分析［J］．国际商务研究，2016（1）：5-17.

［27］王锋，吴丽华，杨超．中国经济发展中碳排放增长的驱动因素研究［J］．经济研究，2010（2）：123-136.

［28］王直，魏尚进，祝坤福．总贸易核算法：官方贸易统计与全球价值链的度量［J］．中国社会科学，2015（9）：108-127，205-206.

［29］徐国泉，刘则渊，姜照华．中国碳排放的因素分解模型及实证分析：1995-2004［J］．中国人口・资源与环境，2006（6）：158-161.

［30］闫云凤，赵忠秀．中国对外贸易隐含碳的测度研究——基于碳排放责任界定的视角［J］．国际贸易问题，2012（1）：131-142.

［31］袁鹏，程施，刘海洋．国际贸易对我国 CO_2 排放增长的影响——基于 SDA 与 LMDI 结合的分解法［J］．经济评论，2012（1）：122-132.

［32］张亚雄，赵坤．区域间投入产出分析［M］．北京：社会科学文献出版社，2006.

［33］祝坤福，陈锡康，杨翠红．中国出口的国内增加值及其影响因素分析［J］．国际经济评论，2013（4）：116-127，7.

第三章 隐含能源流动规模、
流向和效益分析

　　隐含能源是"隐含流"概念的具体化，是指为了生产一定数量的产品或服务，在包括生产、加工、运输、装配等所有环节在内的整个生产过程中，所有直接或间接消耗的能源投入。以能源为代表的生产要素的稀缺性，以及环境污染、失调破坏已经成为困扰可持续发展的难题，"隐含能源""隐含水""隐含土地"等"隐含流"概念被引入研究分析当中。其中，隐含能源占有特殊地位，因为隐含能源流动规模和流向可以和直接能源贸易量进行对比分析，而其他的资源环境要素如水、土地、碳排放、"三废"排放等，因为现实很少有这方面的直接进出口贸易，无法进行进出口贸易直接流动与隐含流动的对比分析而有所不足。本书对中国国际贸易中的隐含能源流动规模、流向和效益进行分析，并将隐含能源流动规模与直接能源进出口贸易进行比较研究，以期得出有价值的结论。

第一节 文献综述

一、国内外隐含能源的研究现状

　　隐含能源概念多年来逐渐得到了理论研究界的认可，特别是在节能减排成为全球国家共同承担的发展课题后，各国都越来越重视隐含能源在经济实践中的作用。为了更加全面地理解能源问题、解决资源环境问题，国内外的专家、学者甚至是国家机构和国际组织都对隐含能源问题投入了不容小觑的研究精力，取得了不俗的研究成果。总体来看，隐含能源的国内外研究在研究内容上呈现出丰富化和精细化的趋势，在研究方法上呈现出成熟化、精确化和优势融合的趋势。

根据测算范围，隐含能源文献的研究内容主要有三大类。第一类隐含能源文献研究的是某一行业或某一类型产品的隐藏能源消耗，分析的重点不在于隐含能源的流动，而是生产材料和生产技术的进步，而这部分研究以建筑相关隐含能源的测算最为突出，研究也最多。建筑相关隐含能源的研究主要出于三种目的：第一种是单纯地测算建筑的隐含能源，建筑材料是隐含能源的最主要来源，如木制、混凝土、钢筋等材料会影响隐含能源的消耗，材料相关的隐含能源有时会占到初始隐含能源的95%以上，需要注意的是，建筑隐含能源的测算并不包括建筑运行过程中的能源消耗（Adriana et al.，2017；Pomponi and Moncaster，2016；Lenzena and Treloar，2002；Davies et al.，2015）；第二种是用于建筑能源表现的评估或评价，这种研究在测算建筑过程隐含能源的消耗外，还会结合建筑材料使用过程中的碳排，或者结合建筑运行或使用过程中的能源消耗，对建筑表现做出全面的评估（Sharma and Marwaha，2015；Lollia et al.，2017）；第三种是出于建筑设计或是现有建筑的处理，为了实现近零能耗建筑（A Nearly Zero Energy Building）的建造，通过隐含能源的测算规划建筑的低碳、低能耗设计，或者是在对现有建筑进行处理时，要考虑已经形成或可能会造成的隐含能源消耗（Chastas et al.，2017；Giordano et al.，2015；Fuertes，2017）。除了建筑行业外，新材料、新能源、加工业等产品和产业也都从隐含能源角度对其进行了进一步的分析（Zhang et al.，2012；Liu et al.，2017；Carbonaro et al.，2015），这类隐含能源的测算，多是关注材料技术、生产工序等专业技术领域，测算过程也相对专业和精细。

第二类是对隐含能源流动方向和规模的分析，并且可以根据测算对象的范围划分为两种典型的分析。第一种是行业内隐含能源的分析，一般是工业或其中某一工业部门的分析，研究内容会从隐含能源问题引申能源消耗、行业发展和外贸政策等。Qier等（2014）建立了1987~2007年中国工业领域的隐含能源流动网络，石油和煤炭相关部门是隐含能源的主要部门，并对其他部门具有一定的控制力，从新视角探索了工业部门间的关系；Liu 等（2012）则测算了 2007 年中国 29 个工业部门的隐含能源使用量，这占到了总能耗（直接能源消耗与间接能源消耗的总和）的 80.6%；Bordigoni 等（2012）还测算了欧洲制造业的隐含能源规模，并预测碳税政策的实施会使能耗和碳排的利益继续向欧洲倾斜；张雨微等（2014）则通过计算隐含能源的规模和强度，探求规制要素扭曲对隐含能源的效应。第二种则是立足单一国家或地区，分析其隐含能源的流入和流出情况，探索其隐含能源所表现出的地区特征。Tang 等（2013）就从隐含能源出发，否定英国能源消耗触顶的判断，并指出英国生产与消费之间逐渐拉大的差距得到了隐含能源的补充；Machado 等（2001）分析 1995 年巴西隐含能源的跨国流动，并与隐含碳一起来评估国际贸易的总效应，即出口一美元会比进口多隐藏 40% 的能源和 56% 的碳；Qu 等（2017）和 Liu 等（2010）等则立足中国分析隐含能源的双向流动规模或单向流出规模，或测算年度间隐含能源的规模变动，并在此基础上探索变动的因素，还会与能源进口依赖、能源贸易平衡等问题一起分析。关注点集中于单一国家或地区的隐含能源分析，一般会具备该国家或地区的经济发展特征，关注的问题也更具有地区性，而且近些年关注隐含能源问题的国家一般多为隐含能源净出口的发展中国家。

第三类是国家间或区域间的隐含能源流动和规模，这种分析一般建立在双向或多向隐含能源流动系统的基础上，系统规模的大小取决于分析区域的范围。Yang 等（2014）从能源消耗系数入手，分析中美之间隐含能源的流动情况，中国隐含能源净出口现状的改变需要技术、结构、外贸政策的调整；随着中国经济的迅猛发展，以及国内地区在资源禀赋和经济发展重点上存在差异与区别，中国国内省际或区域间的隐含能源也成为研究的一个热点，有的是从经济发达区京津冀、长江流域、珠江流域入手分析隐含能源在区域间的流动，有的则只分析京津冀三个省市间的隐含能源流动，有的则会建立所有省份的省际隐含能源流动网络（Sun et al.，2016；Wu et al.，2015；He et al.，2017）。隐含能源在不同地区间的流动，也展现出一定的规律：从国际流动看，中国、印度、俄罗斯等发展中国家和能源丰富型国家大多是隐含资源的净出口国、隐含污染的净进口国，而多数发达国家则是隐含资源的净进口国、隐含污染的净出口国，但得益于商品贸易中蕴含的隐含能源国家获得能源的种类呈现出多样化趋势（彭水军和刘安平，

2010；杨来科和张云，2012；赵忠秀等，2013；Sato et al.，2017）；在中国范围内，发达地区的经济发展依托于能源供应省份的支持，大体呈现出中西部向东部、北部向南部的流向（Sun et al.，2016）。

隐含能源领域的国内外文献研究范围不断扩充，研究内容得到了极大引申。研究范围的扩充不再局限于单一国家或地区的视角维度，从大范围来看，研究已经扩展到世界所有国家间隐含能源流动系统的建立；从小范围来看，可以精确到生产产品和生产工序的隐含能源。研究内容的引申，也已经深入隐含能源规模年度变动的原因分析、隐含能源与经济发展关系的探索、外贸政策的调整以及全球化下的贸易地位平衡问题等。

二、我国隐含能源的研究发展脉络

我国较早开展这方面的研究主要有陈迎等（2008）和顾阿伦等（2010），特点是将隐含能源与隐含碳排放结合在一起研究。陈迎等（2008）首先采用投入产出分析法测算了中国进出口产品的内涵能源，结果表明，尽管中国自1993年以来成为石油净进口国，但通过外贸商品进出口，中国是内涵能源的净出口大国。2002年，内涵能源净出口达214亿吨标准煤，约占当年我国一次能源消费总量的16%，内涵排放净出口115亿吨碳。陈迎等预计，随着中国对外贸易的快速增长，在不考虑部门投入产出结构性变化的条件下，未来中国的内涵能源净出口仍然会保持高速增长。顾阿伦等（2010）采用投入产出方法，利用中国2002年、2005年和2007年投入产出表，计算中国出口产品的内涵能源和内涵碳排放，结果显示：进出口加工贸易对于核算中国进出口内涵能源及碳排放有着重要影响；中国出口产品内涵能源（以碳当量计）由2002年的2.09亿吨增加到2005年的5.91亿吨，占全国能源消费总量的比重由13.11%增长到25.04%；同时中国进口产品内涵能源也呈增长趋势，净出口的内涵能源2007年达到2.61亿吨，占全年能源消耗总量的9.30%；中国依然是净出口内涵能源大国。

接下来的研究逐步将隐含能源与隐含碳问题分开，更多地主要集中于碳排放研究，专门研究隐含能源的文献反而较少，这方面的研究有谢建国和姜佩珊（2014）以及王磊（2015）等，主要测算了隐含能源流动规模和流向问题。谢建国和姜佩珊（2014）基于能源投入产出模型，测算了1995年、2000年和2005

年的中国隐含能源流动情况，结果表明，1995 年以来，中国一直是能源净出口国，而且基于能耗的贸易条件有恶化的趋势。王磊（2015）基于六个国家和地区共九张投入产出表对我国 2000~2013 年能源消耗的国际转移规模进行了估算，发现我国对外贸易内涵能源长期处于净出口状态，这也使我国的环境污染问题雪上加霜，2000 年对外贸易内涵能源出口净值为 0.59 亿吨标准煤，2013 年为 7.42 亿吨标准煤，年均增速近 22%。他认为，只有基于消费侧研究才能反映一国能源真实消耗规模，而我国备受指责的高能耗问题，其中相当大的比重来自为世界他国的出口产品生产消耗。

近期的研究包括韦韬和彭水军（2017）、崔连标等（2014）、刘会政和李雪珊（2017）等，除了测算隐含能源流动规模外，更加关注中国和新兴经济体与发达经济体之间隐含能源流向关系。韦韬和彭水军（2017）基于多区域投入产出模型（MRIO 模型），测算了 1995~2009 年中国国际贸易中的隐含能源转移情况，发现研究期间中国除燃气和新能源外均属于隐含能源净出口国；主要发达经济体生产侧能耗几乎没有变化，但消费侧能耗却在逐渐增加，属于隐含能源净进口国；新兴经济体的生产侧和消费侧能耗虽均大幅度增长，但发达经济体消费引致的新兴经济体隐含能源规模远大于后者自身消费引致的规模。崔连标等（2014）运用投入产出分析方法，采用 GTAP 8.0 数据库，从隐含能源的视角对全球能源消费结构重新进行了解剖，结果显示 2007 年国际贸易隐含能源约占当年世界能源总消耗的 34%；在世界能源消费重心东移的背景下，亚太地区直接能源净进口量中的 53% 会以贸易隐含能源的形式再次净出口至欧洲和北美地区；中国不再是能源净进口国，在所有国家中中国隐含能源净出口量最高；相比生产端核算原则，基于消费者统计口径，中国和印度能源消费下降，美国和日本能源消费增长。刘会政和李雪珊（2017）运用 MRIO 模型和世界投入产出数据库中的数据，测算了 2011 年我国对外贸易中的隐含能源，考察了我国隐含能源在全球范围内的流动情况。结果显示，2011 年中国净出口隐含能源超过 6 亿吨标准煤，已成为隐含能源净出口国，其中向美国输出的隐含能源最多；相比于"生产者负责原则"，我国基于"消费者负责原则"测算的能源消费量下降了 11.84%，即我国通过贸易将生产中消耗的能源用于满足其他国家的消费需要。

三、本书的创新之处

通过梳理文献，我们发现既有研究存在以下特点和不足：第一，绝大多数研究都认为中国是隐含能源净出口国，并且认为隐含能源进出口规模和净出口规模呈现增长态势，但是很少有研究将这种隐含能源国际流动与直接能源国际贸易进行对比分析。个别研究如崔连标等（2014）对比分析了隐含能源和直接能源贸易的规模，但仅对单个年度（2007 年）数据进行了对比分析，缺乏连续系统的数据分析。第二，多数研究数据陈旧，不能反映最新变化的实际。除极个别研究延展至 2013 年外，多数研究在 2009 年之前，这主要是由所能收集的世界（包括各国或地区）投入产出表限制造成的。多数研究采用 WIOD 网站公布的投入产出表，而该网站此前公布的 2013 年版世界投入产出表，主表截至 2011 年，卫星账户仅到 2009 年。第三，研究精度有待提高。前期相关研究多采用单国投入产出模型，这对于研究精度显然是不够的。后期才有部分研究采用多国投入产出模型，但即使采用多国投入产出模型，对于不同国家的能源消耗系数，由于处理比较粗糙（如简单地以出口国能源消耗系数来代替进口国，或者简单地以第三国能源消耗系数来替代），致使不同研究数据差别很大。

本书运用投入产出技术，结合 WIOD 数据库公布的单国和世界投入产出表对中国对外贸易隐含能源的进出口规模、流向及其产生的经济效益进行测算。与前人研究相比，本书的主要特色和创新之处有三点：一是研究区间更长。由于 WIOD 网站公布的卫星账户数据仅更新到 2009 年，故国内外大部分研究对隐含"流"规模的测算也仅截至 2009 年，本书设法将能源账户数据按比例系数延展至 2014 年，与 WIOD 网站 2016 年公布的世界投入产出表的行业部门进行匹配后，进而对 2000~2014 年中国对世界整体及主要国家隐含能源进出口规模展开测算。二是测算方法更精确。本书所涉及的中国对世界整体及 12 个主要国家隐含能源流动的测算方法源自对 MRIO 模型"增加值"算法的调整和改良，与单国模型测算方法相比，本书对两国间隐含能源流动过程的描述更加精准。三是分析视角更新。结合中美贸易摩擦的特殊历史背景，本书试图从两国贸易中隐含能源流动规模和流动方向的角度对"中国多年来搭乘美国的国际顺风车"的言论做出回应。本书还将隐含能源流动规模与直接能源贸易规模进行对比分析，并得出中国扮演着"资源中枢"角色的结论。

第二节　中国对外贸易隐含能源规模测算与分解

一、测算方法与数据处理

（一）测算方法

本书采用第二章第二节介绍的测算方法对中国对外贸易隐含能源的流动规模进行测算分析。由于"世界表测算方法"具有显著的优点，本书主要采用"世界表测算方法"，在测算中国出口隐含能源总体规模时则采用了"单国表测算方法"（计算简便，结果一致），并以此为基准进行下一步的因素分解分析。

（二）数据来源及处理

注意到 WIOD 网站 2016 年公布的世界和各国（地区）投入产出表在国家和行业部门分类上与之前版本存在不一致，但能源卫星账户数据却并未更新且存在后续年度（2010~2014 年）数据的缺失问题。为后续计算方便，本处先对投入产出表进行调整，使之标准化，以及对缺失能源消耗数据补充估算。

第一，国家和行业的标准化。本书使用的能源卫星账户数据是依据 ISIC/Rev.3 编码建立的 35 个行业部门的统计框架，但 2016 年 WIOD 网站公布的世界及各国（地区）投入产出表依照 ISIC/Rev.4 编码将行业划分更新至 56 个部门。为统一计算口径，本书对两类数据的行业部门进行重新整合统一。

此外，2016 年公布的世界投入产出表包含 43 个国家（地区），比 2013 年公布的能源等卫星账户表所涉的 40 个国家（地区）增加 3 个国家，为保证数据的准确性和一致性，本书主要研究对象为原始的 40 个国家（地区）。

第二，世界各国能源账户表估算延展。鉴于 WIOD 网站 2013 年公布的各国卫星账户只有截至 2009 年的能源最终消耗数据，因此，本书需要对 2010~2014 年缺失的数据进行估算。具体估算办法如下：

$$EC_{当年} = EC_{前一年} \times \frac{当年能源总使用量}{前一年能源总消耗量} \qquad (3-1)$$

式（5-1）中，当年能源总使用量、前一年能源总消耗量均由世界银行数据库公布的该年度世界各国人均能源使用量乘以人口总数得到，两者相除得到的比例系数作为能源账户表估算延展的主要依据。

同时，本书对能耗单位进行换算。WIOD 网站能源卫星账户表采用的单位是万亿焦耳（TJ），但我国国内能源测算使用的单位多为标准煤，本书的计算结果同样以标准煤为单位。换算标准为"1 万吨标准煤＝293.076 万亿焦耳"。

行业分类如表 3-1 所示。

表 3-1　行业分类

行业代码	行业部门	行业代码	行业部门
1	农、林、牧、渔业	18	汽车及摩托车的销售、维护和修理及燃油零售
2	采矿业	19	批发业（不含汽车和摩托车）
3	食品、饮料制造及烟草业	20	零售及家用产品维修
4	皮革、纺织及服装制造业	21	住宿和餐饮业
5	木材、草编及编织制品业	22	内陆运输业
6	造纸及纸制品、印刷和出版业	23	水上运输业
7	焦炭、精炼石油产品及核燃料制造业	24	航空运输业
8	化学制品业	25	其他运输业务及旅行社业务
9	橡胶塑料制品业	26	邮政与通信业
10	非金属矿物制品业	27	金融业
11	基本金属及金属制品业	28	房地产业
12	通用专用设备制造业	29	租赁及商务服务业
13	电气和光学设备制造业	30	公共管理、国防及社会保障
14	交通运输设备制造业	31	教育
15	其他制造业及废弃资源回收加工	32	卫生和社会工作
16	电力、煤气和水的生产及供应业	33	其他社区、社会及个人服务
17	建筑业	34	私人雇佣的家庭服务业

注：部分行业名称有简写。

二、中国进出口隐含能源总体规模分析

本书使用处理后的能源账户表和世界投入产出表数据，结合投入产出原理及上文所提的测算方法，计算出 2000~2014 年中国进出口贸易过程中隐含能源总体规模变化情况如图 3-1 所示。[①] 2000~2014 年中国进口、出口、净出口隐含能源消耗规模及增长率如表 3-2 所示。

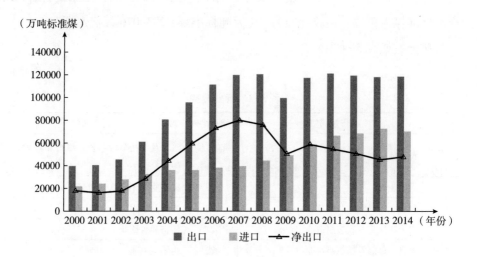

图 3-1　2000~2014 年中国进出口隐含能源消耗规模变化

表 3-2　2000~2014 年中国进口、出口、净出口隐含能源消耗规模及增长率

年份	出口隐含能源		进口隐含能源		净出口隐含能源	
	规模(万吨标准煤)	增长率(%)	规模(万吨标准煤)	增长率(%)	规模(万吨标准煤)	增长率(%)
2000	39725.40	—	21773.60	—	17951.80	—
2001	40387.10	1.67	24253.80	11.39	16133.30	-10.13
2002	45496.20	12.65	27707.60	14.24	17788.60	10.26
2003	60971.40	34.01	32528.60	17.40	28442.80	59.89
2004	80570.20	32.14	36213.00	11.33	44357.20	55.95

---

① 如无特别说明，本书数据均为笔者根据 WIOD 数据库计算所得，以下相应图表则根据笔者计算得到的数据绘制而成。

续表

年份	出口隐含能源		进口隐含能源		净出口隐含能源	
	规模(万吨标准煤)	增长率(%)	规模(万吨标准煤)	增长率(%)	规模(万吨标准煤)	增长率(%)
2005	95590.20	18.64	36033.90	-0.49	59556.30	34.27
2006	111396.70	16.54	38398.90	6.56	72997.80	22.57
2007	119798.90	7.54	39782.50	3.60	80016.40	9.61
2008	120515.70	0.60	44616.60	12.15	75899.10	-5.15
2009	99653.90	-17.31	49282.80	10.46	50371.00	-33.63
2010	117446.30	17.85	58752.10	19.21	58694.20	16.52
2011	121157.50	3.16	66575.00	13.32	54582.50	-7.01
2012	119342.60	-1.50	68636.40	3.10	50706.20	-7.10
2013	118136.50	-1.01	72768.00	6.02	45368.20	-10.53
2014	118519.60	0.32	70463.40	-3.17	48056.20	5.92

2000 年以来，我国净出口隐含能源规模变化情况可被划分成三个阶段：第一阶段是 2000~2007 年，第二阶段是 2007~2009 年，第三阶段是 2009~2014 年。第一阶段属于持续增长阶段，从 2000 年开始中国对外贸易隐含能源消耗净出口量呈现明显上升趋势，特别是出口隐含能源规模发生了量级上的变化，进口隐含能源规模相比之下则变化程度较小；第二阶段属于大规模减少阶段，受全球金融危机的影响，2008~2009 年净出口隐含能源规模出现"断崖式"滑坡，主要原因是出口规模大幅度减少尤其是高耗能产业出口锐减导致出口隐含能源量锐减，与此同时，进口隐含能源量有所增加；第三阶段属于平稳波动阶段，我国对外贸易净出口隐含能源规模在 45000 万~55000 万吨标准煤小幅度波动（除 2010 年超过 58000 万吨标准煤外），并未出现较大的上涨或跌落趋势。2013~2014 年净出口隐含能源规模都减少至 50000 万吨标准煤以下。

多年来我国是贸易顺差国家，相应地，我国出口隐含能源消耗量大于进口隐含能源消耗量，且出口隐含能源增幅大于进口隐含能源增幅，我国是隐含能源净出口国。将两者对比分析来看，我国出口总额从 2000 年的 2490 亿美元增加到 2014 年的 23422 亿美元，增长了 8.4 倍；出口隐含能源规模从 2000 年的 39725.4 万吨标准煤增加到 2014 年的 118519.6 万吨标准煤，增长了 1.98 倍。我国进口总额从 2000 年的 2250 亿美元增加到 2014 年的 19600 亿美元，增长了 7.7 倍；进口隐含能源消耗量从 2000 年的 21773.6 万吨标准煤增加到 2014 年的 70463.4 万吨标准煤，增长了 2.24 倍。注意图 3-2 中两指标变化情况，发现我国对外贸易隐含能源变化趋势与进出口贸易总额的变化趋势总体来看是一致的，如出口总额与出口隐含能源规模均在 2008 年达到一个较小的峰值，又同时在 2009 年跌入低谷。这在一定程度上可以说明贸易总量增长对隐含能源规模的增长是有促进作用的。但是，进一步比较曲线的斜率可以发现，出口隐含能源规模变化曲线整体比出口总额变化曲线更加平缓，这表示随着我国科技进步和进出口结构的优化，尤其是"两高一资"产品出口贸易的减少，降低了我国出口隐含能源总量的增速。

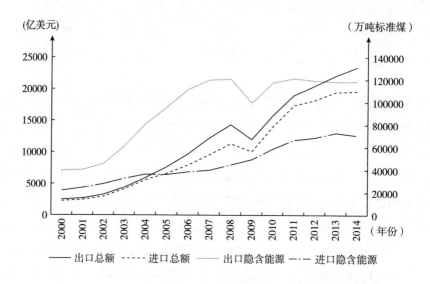

图 3-2　2000~2014 年中国进出口隐含能源和进出口总额的变化趋势

为和隐含能源相区别，我们将能源进出口称为直接能源进出口。和隐含能源净出口国的状况不同，我国是直接能源净进口国，2000 年以来，净进口规模总体上呈不断上升趋势，2011 年超过 50000 万吨标准煤，2014 年接近 70000 万吨标准煤。由此导致我国直接和隐含能源净出口之和呈现不同的变化趋势，以 2008 年为分水岭，此前，中国直接和隐含能源净出口之和为正值，且呈现逐年递增态势，2008 年之后，这两项之和急剧缩小，2011 年开始为负值，2014 年两项之和为-20997 万吨标准煤，即中国净进口超过 2 亿吨标准煤的能源。从直接和隐含能源净出口之和占国内能源消费总量比重来看，在 2008 年国际金融危机发生之前，该比重一直呈上升趋势，2007 年曾达到 19.59% 的高点，说明中国国内消耗的能源（包括直接进口的能源）有约 1/5 的份额是代替其他国家消耗的，此后该比重呈下降趋势，2014 年为 -4.93%。2000~2014 年该比重累计为 6.11%，说明这么多年来，中国国内消耗的能源有 6.11% 是为其他国家而消耗的（见表 3-3）。

表 3-3 中国隐含能源直接能源进出口规模对比情况

年份	直接能源进出口			隐含能源进出口			（直接+隐含）总净出口（万吨标准煤）	国内能源消费总量（万吨标准煤）	总净出口占比（%）
	进口（万吨标准煤）	出口（万吨标准煤）	净进口（万吨标准煤）	进口（万吨标准煤）	出口（万吨标准煤）	净进口（万吨标准煤）			
2000	14327	9327	5000	21774	39725	17952	12952	146964	8.81
2001	13471	11145	2326	24254	40387	16133	13807	150406	9.18
2002	15769	11695	4074	27708	45496	17789	13715	159431	8.60
2003	20048	12989	7059	32529	60971	28443	21384	183792	11.63
2004	26593	11646	14947	36213	80570	44357	29410	213456	13.78
2005	26823	11257	15566	36034	95590	59556	43990	261369	16.83
2006	31171	10925	20246	38399	111397	72998	52752	258676	20.39
2007	35062	9995	25067	39783	119799	80016	54949	280508	19.59
2008	36764	9955	26809	44617	120516	75899	49090	291448	16.84
2009	47313	8440	38873	49283	99654	50371	11498	306647	3.75
2010	57671	8803	48868	58752	117446	58694	9826	360648	2.72
2011	65437	8449	56988	66575	121158	54583	-2405	387043	-0.62
2012	68701	7374	61327	68636	119343	50707	-10620	402138	-2.64
2013	73420	8005	65415	72768	118136	45368	-20047	416913	-4.81
2014	77325	8271	69054	70463	118520	48057	-20997	425806	-4.93
合计	609895	148276	461619	687786	1408708	720922	259303	4245245	6.11

资料来源：直接能源进口、出口和能源消费总量来源于《中国统计年鉴》（历年）"综合能源平衡表"；隐含能源进口、出口根据作者计算而得。

结合上述数据，可以得出以下几点结论：第一，近年来我国转变经济发展方式有一定成效。突出地表现在，年度出口隐含能源增长率低于出口额增长率。第二，考虑隐含能源进出口因素，我国在大多数年份实际上是能源净出口国，只是在 2011 年之后，角色发生了反转，在直接能源净进口大幅增长而隐含能源净出口规模保持大体稳定的情况下，变成了净进口国。但汇总 2000~2014 年能源总净出口仍为正值。第三，中国一方面大量直接进口能源，另一方面又以隐含的方式大量出口能源，说明中国在资源环境进出口方面，扮演着"资源中枢"的角色。

三、隐含能源行业分布

（一）行业能耗强度分析

通过 34 部门投入产出模型得到中国各行业部门的直接能耗系数和完全能耗系数，最终本书使用直接消耗系数与完全能耗系数的比值来衡量各行业能耗强度之间的关联关系。即针对某行业来说，该比值越小，表明该行业与其他行业的关联度越大，越容易受其他行业波动的影响。由此可知，2000 年、2007 年、2009 年和 2014 年各部门直接能耗系数的平均值分别为 6.4 吨标准煤/万美元、2.8 吨标准煤/万美元、2.64 吨标准煤/万美元和 1.65 吨标准煤/万美元；各部门完全消耗系数的平均值分别为 17.17 吨标准煤/万美元、9.86 吨标准煤/万美元、8.48 吨标准煤/万美元、5.25 吨标准煤/万美元。表 3-4 详细列出了这四个时间节点[1]我国各行业部门的直接能耗系数、完全能耗系数及两者比值的变化情况。

表 3-4　2000 年、2007 年、2009 年、2014 年中国分行业能耗系数

单位：吨标准煤/万美元

代码	2000 年			2007 年			2009 年			2014 年		
	E_d	B	E_d/B	E_d	B	E_d/B	E_d	B	E_d/B	E_d	B	E_d/B
1	1.53	7.46	0.21	1.09	4.36	0.25	0.72	3.54	0.20	0.49	2.37	0.21
2	5.42	16.1	0.34	2.54	11.5	0.22	2.08	9.58	0.22	1.18	5.59	0.21
3	1.65	8.92	0.18	0.67	5.21	0.13	0.53	4.08	0.13	0.29	2.54	0.11
4	1.16	9.59	0.12	0.84	7.45	0.11	0.64	5.80	0.11	0.45	3.72	0.12

---

[1]　本书研究期的三个时间节点是根据上文净出口隐含能源变化情况的趋势分析选取的，分别为三个变化阶段的起始点和终结点，下同。

续表

代码	2000 年			2007 年			2009 年			2014 年		
	E_d	B	E_d/B	E_d	B	E_d/B	E_d	B	E_d/B	E_d	B	E_d/B
5	1.03	11.9	0.09	0.55	6.69	0.08	0.41	5.67	0.07	0.28	3.68	0.08
6	2.99	13.7	0.22	1.81	9.64	0.19	1.54	8.11	0.19	1.19	5.47	0.22
7	94.0	108	0.87	26.0	35.4	0.73	21.30	29.48	0.72	10.87	16.21	0.67
8	7.90	26.8	0.29	3.94	16.3	0.24	3.11	13.64	0.23	1.80	8.57	0.21
9	1.57	16.7	0.09	0.86	10.9	0.08	0.69	9.21	0.07	0.48	5.84	0.08
10	10.7	27.9	0.38	6.22	17.6	0.35	5.14	14.96	0.34	3.28	9.72	0.34
11	9.05	29.8	0.30	5.58	18.4	0.30	4.78	15.69	0.30	3.11	10.34	0.30
12	0.96	15.2	0.06	0.46	9.88	0.05	0.36	7.99	0.05	0.29	5.04	0.06
13	0.36	12.4	0.03	0.18	7.22	0.02	0.18	6.77	0.03	0.10	4.28	0.02
14	1.04	14.5	0.07	0.36	8.37	0.04	0.26	6.82	0.04	0.15	4.20	0.03
15	0.41	11.7	0.04	0.21	6.15	0.03	0.26	5.24	0.05	0.21	3.49	0.06
16	46.9	64.1	0.73	22.9	44.7	0.51	25.89	45.27	0.57	17.43	29.31	0.59
17	0.82	16.0	0.05	0.56	11.1	0.05	0.39	9.25	0.04	0.24	5.82	0.04
18	0.00	0.00	0.00	0.00	0.00	0.00	0.00	0.00	0.00	0.00	0.00	0.00
19	0.56	8.57	0.07	0.19	3.48	0.05	0.18	2.64	0.07	0.10	1.50	0.07
20	0.86	8.89	0.10	0.47	3.75	0.13	0.39	2.86	0.14	0.21	1.62	0.13
21	0.61	8.45	0.07	0.62	5.27	0.12	0.64	4.07	0.16	0.43	2.34	0.18
22	3.84	15.3	0.25	2.14	9.68	0.22	1.67	7.71	0.22	1.04	4.62	0.23
23	5.62	25.7	0.22	5.02	15.2	0.33	5.33	13.33	0.40	4.04	8.23	0.49
24	7.33	22.2	0.33	6.76	19.3	0.35	8.69	18.56	0.47	5.67	11.35	0.50
25	5.67	18.4	0.31	2.06	10.5	0.20	1.66	8.24	0.20	1.07	4.95	0.22
26	0.88	6.63	0.13	0.35	3.73	0.09	0.36	2.89	0.12	0.22	1.66	0.13
27	0.31	3.32	0.09	0.13	2.12	0.06	0.10	1.54	0.06	0.06	0.86	0.07
28	0.31	4.62	0.07	0.10	1.52	0.07	0.09	1.00	0.09	0.05	0.57	0.09
29	0.90	7.69	0.12	0.31	5.28	0.06	0.29	4.62	0.06	0.16	2.91	0.05
30	0.59	7.68	0.08	0.40	4.50	0.09	0.37	3.55	0.10	0.25	2.14	0.12
31	1.18	10.2	0.12	0.55	4.96	0.11	0.52	3.93	0.13	0.31	2.10	0.15
32	0.48	14.6	0.03	0.41	8.92	0.05	0.53	7.46	0.07	0.27	4.53	0.06
33	1.04	9.77	0.11	0.78	5.51	0.14	0.73	4.64	0.16	0.43	2.82	0.15
34	0.00	0.00	—	0.00	0.00	—	0.00	0.00	—	0.00	0.00	—

注：表中 E_d 代表直接能耗系数，B 代表完全能耗系数。

表3-4所列的34类行业里,完全能耗系数比较小的行业多为农业和服务业,包括农、林、牧、渔业,汽车及摩托车的销售、维护和修理及燃油零售业,批发业,零售及家用产品维修业,邮政与通信业,金融业,房地产业,公共管理、国防及社会保障和私人雇佣的家庭服务业等;完全消耗系数比较大的行业则以传统高耗能的重工业为主,包括焦炭、精炼石油产品及核燃料制造业,化学制品业,非金属矿物制品业,基本金属及金属制品业,电力、煤气和水的生产及供应业,水上运输业,航空运输业等。由以上分析结果可以看出,重化工业的能耗系数在所有行业中最大,制造业能耗系数稍小一些,农业和服务业的能耗系数最小。由此可见,我国要在降低能源消耗方面取得更好成绩,应该加大力度促进高耗能行业部门保质保量完成节能减排任务。

本书还发现研究期内大部分行业直接能耗系数占完全能耗系数的比重均小于50%(除焦炭、精炼石油产品及核燃料制造业,电力、煤气和水的生产及供应业两种高耗能行业之外),表明多数部门最终产品的生产过程中所需的大部分能源是经过多种环节被间接消耗掉了。其中,木材、草编及编织制品业,橡胶塑料制品业,通用专用设备制造业,电气和光学设备制造业,交通运输设备制造业,其他制造业及废弃资源回收加工,建筑业,批发业,零售及家用产品维修,金融业,房地产业,公共管理、国防及社会保障,教育,卫生和社会工作等以轻工业和服务业为主的行业直接能耗系数与完全能耗系数的比值不足10%,表明这些行业的能源消耗水平都与其他行业有着极高的关联度,在生产过程的上游中间产品也消耗了大量能源。

图3-3描述了2000年、2007年、2009年、2014年我国34类行业完全消耗系数的变化,各行业的完全能耗系数都呈现逐年下降的趋势,变化相对平稳。并不意外的是,其中7(焦炭、精炼石油产品及核燃料制造业)、16(电力、煤气和水的生产及供应业)、11(基本金属及金属制品业)三个重化工行业居完全能耗系数均值大小排名的前三位,但好在多年来它们能耗水平下降幅度也最为明显。

(二)各行业进出口隐含能源规模分析

接下来讨论我国34个行业部门在贸易中产生的隐含能源流动情况,2000~2014年大部分行业保持隐含能源消耗出口规模大于进口规模,表现出与总体规模相一致的隐含能源净出口态势。近年来我国各部门隐含能源进出口结构变化平稳，各部门净出口规模不存在急转直下或直上的情形，与行业自身发展趋势一致。

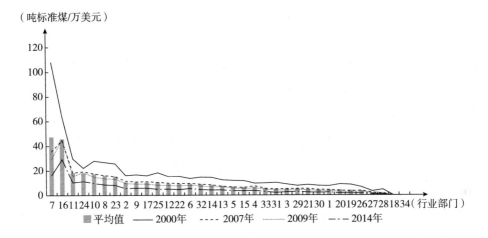

图 3-3　2000 年、2007 年、2009 年和 2014 年中国 34 类行业完全能耗系数

我国贸易隐含能源出口量均值排名前四的行业分别是：16（电力、煤气和水的生产及供应业，排名第 1）、7（焦炭、精炼石油产品及核燃料制造业，排名第 2）、11（基本金属及金属制品业，排名第 3）、8（化学制品业，排名第 4）。仅就 2014 年来看，该四类行业的隐含能源出口量之和就占到全国隐含能源总出口量的 70% 以上。不难发现，这四类产业均位列上文提及的传统高耗能产业范畴，表明我国高耗能产业最终产品向世界其他国家和地区输出了较多的隐含能源。有趣的是，我国贸易隐含能源进口量均值排名靠前的四类行业同样是以上四种，仅在具体排序上略有出入（排名第 1 的行业是焦炭、精炼石油产品及核燃料制造业）。我国很多行业部门近年来都出现了出口和进口隐含能源"同高"或"同低"的现象，且两者数值相差很小。这直接导致了 2014 年部分行业出现隐含能源净进口的反转情形，如 7（焦炭、精炼石油产品及核燃料制造业）、8（化学制品业）、15（其他制造业及废弃资源回收加工）等行业 2014 年净进口隐含能源规模都超过 500 万吨标准煤，这在一定程度上拉低了我国整体隐含能源的净出口规模。我国已经有一部分行业先于整个经济体进入了隐含能源净进口的阶段，这对于我国对外贸易隐含能源流动问题的解决具有积极意义。2000 年、2007 年、2009 年、2014 年中国 34 类行业隐含能源进出口情况如表 3-5 所示。

表 3-5　2000 年、2007 年、2009 年、2014 年中国 34 类行业隐含能源进出口情况

单位：万吨标准煤

代码	2000 年			2007 年			2009 年			2014 年		
	EX	IM	NX	EX	IM	NX	EX	IM	NX	EX	IM	NX
1	457	171	286	1409	413	996	982	523	459	1144	920	224
2	1392	799	593	3448	2244	1204	2979	2974	5	3594	3920	-326
3	283	84	199	623	215	408	562	250	312	631	425	206
4	983	150	833	2895	104	2791	2304	118	2186	2789	215	2574
5	69	73	-4	237	78	159	200	99	101	249	185	64
6	374	278	96	859	428	431	846	507	339	1101	770	331
7	11131	7792	3339	23953	12891	11062	19955	16837	3118	23285	23885	-600
8	3409	3362	47	9101	6182	2919	7388	7322	66	8473	9252	-779
9	402	696	-294	923	1068	-145	783	1354	-571	942	1960	-1018
10	1487	179	1308	2989	369	2620	2992	422	2570	4076	676	3400
11	5610	1866	3744	22249	2805	19444	17734	3424	14310	21906	4430	17476
12	222	126	96	892	215	677	759	230	529	1017	259	758
13	353	552	-199	1122	951	171	1157	1176	-19	1310	1417	-107
14	156	38	118	420	109	311	366	134	232	405	207	198
15	89	163	-74	175	674	-499	183	691	-508	251	1705	-1454
16	10830	3883	6947	41700	7775	33925	33311	9074	24237	39671	13611	26060
17	22	21	1	51	46	5	53	57	-4	86	87	-1
18	0	10	-10	0	20	-20	0	25	-25	0	41	-41
19	228	83	145	222	132	90	297	156	141	365	241	124
20	72	62	10	111	111	0	133	136	-3	163	214	-51
21	55	28	27	239	103	136	257	130	127	257	237	20
22	585	348	237	1282	728	554	1089	915	174	1300	1417	-117
23	686	484	202	2272	715	1557	2109	836	1273	2200	1245	955
24	401	239	162	1502	810	692	1986	1158	828	1907	1946	-39
25	39	54	-15	247	112	135	297	154	143	452	257	195

续表

代码	2000 年			2007 年			2009 年			2014 年		
	EX	IM	NX	EX	IM	NX	EX	IM	NX	EX	IM	NX
26	42	26	16	85	49	36	73	60	13	69	91	−22
27	34	28	6	75	45	30	76	57	19	91	93	−3
28	9	9	0	19	22	−3	18	23	−5	23	35	−12
29	152	86	66	402	207	195	452	244	208	448	381	67
30	1	22	−21	6	40	−34	18	42	−24	23	70	−47
31	11	4	7	23	11	12	26	14	12	21	20	1
32	3	3	1	27	10	17	26	11	15	12	16	−4
33	137	56	81	239	100	139	241	130	111	259	234	25
34	0	0	0	0	0	0	0	0	0	0	0	0

注：表中 EX 代表出口；IM 代表进口；NX 代表净出口。

如图 3-4 所示，从 2000 年、2007 年、2009 年、2014 年平均来看对我国净出口隐含能源贡献最大的 4 个行业部门分别是：电力、煤气和水的生产及供应业，基本金属及金属制品业，焦炭、精炼石油产品及核燃料制造业，非金属矿物制品业。在 2000 年、2007 年、2009 年和 2014 年，这四类重化工行业对我国净出口隐含能源的贡献总和分别为 85%、83%、87% 和 96%，在我国净出口隐含能源中占据重要份额并呈现增长的趋势。多年来我国对外贸易隐含能源进出口结构变化

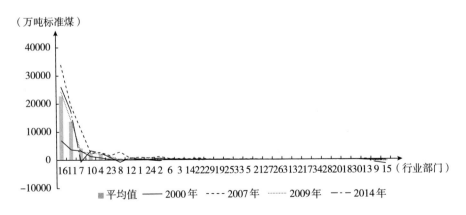

图 3-4 2000 年、2007 年、2009 年、2014 年中国 34 类行业隐含能源净出口规模变化情况

有序，集中化趋势越来越明显，个别行业有净出口和净进口交替出现的情况。同时，隐含能源净进口行业的数量有增加的趋势，2000 年仅有 7 类行业，2007 年有 5 类行业，2009 年有 7 类行业，2014 年则迅速增加到 10 余类行业。

四、出口隐含能源因素分解分析

本书采用第二章第二节介绍的 LMDI 分解模型，对驱动我国出口贸易隐含能源增长的因素贡献进行分解分析。将驱动因素分解为技术效应、规模效应和结构效应三个方面，具体考察了 2000～2007 年、2007～2009 年、2009～2014 年三个研究期间我国出口贸易隐含能源的效应分解，结果如表 3-6 所示。

表 3-6　我国出口贸易隐含能源变化的效应分解

研究期	出口隐含能源变化值（万吨标准煤）	技术效应		规模效应		结构效应	
		贡献值（万吨标准煤）	贡献度	贡献值（万吨标准煤）	贡献度	贡献值（万吨标准煤）	贡献度
2000～2007 年	100547.63	-14996.01	-0.15	112991.67	1.12	2551.97	0.03
2007～2009 年	-20256.58	-16529.99	0.82	-945.58	0.05	-2781.01	0.14
2009～2014 年	21958.26	-50425.23	-2.30	68823.99	3.13	3559.50	0.16
2000～2014 年	82389.76	-80060.02	-0.97	157815.02	1.92	4634.76	0.06

整体上看，在本书所选的四个研究期内，结构效应都促进了我国出口贸易隐含能源的增加，但幅度相对另外两种效应而言要小很多（2007～2009 年除外），说明这些期间结构因素对我国出口贸易隐含能源的变化影响比较有限；规模效应的贡献度在三类效应中一直最大且为正数，这表明出口规模的扩大导致了国内能源消耗量的显著增加；至于技术效应，在 2000～2007 年、2009～2014 年对我国出口贸易隐含能源变化的影响为负，也正是由于技术效应的这种反向作用才导致我国近年来出口贸易隐含能源的增加幅度相比 2000～2007 年明显下降，表明技术效应是促进我国出口贸易隐含能源下降的重要因素。

第三节 中国对外贸易隐含能源流向分析

本书选取澳大利亚、巴西、加拿大、德国、法国、英国、印度、意大利、日本、韩国、俄罗斯以及美国 12 个国家作为主要代表国家，通过对中国与这些国家贸易过程中产生的进出口隐含能源的测算，进一步研究中国对外贸易过程中隐含能源的流向问题。

一、中国对 12 个国家隐含能源流向分析

（一）中国对 12 国总体进出口隐含能源情况分析

2000~2014 年，中国对 12 国一共出口的隐含能源规模占中国总出口隐含能源规模的 54.41%，中国对 12 国一共进口的隐含能源规模占中国总进口隐含能源规模的 43.18%。中国对 12 国进出口隐含能源规模及占比变化情况如图 3-5 所示。

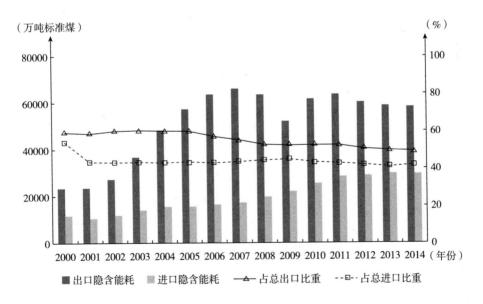

图 3-5 中国对 12 国进出口隐含能源规模及占比

从进出口隐含能源规模来看，中国对 12 国的出口隐含能源规模与前文所述中国出口隐含能源总体规模变化趋势相同，大致可划分为三个阶段：2000~2007 年，持续增加；2007~2009 年，不断下降；2009~2014 年，平稳波动。2014 年，中国对 12 国出口隐含能源总量为 58284.14 万吨标准煤，与 2000 年的 23503.26 万吨标准煤相比翻了不止一番。中国对 12 国进口隐含能源规模则一直处于稳定上升的态势。

从中国对 12 国进出口隐含能源规模占中国进出口隐含能源总体规模比重（以下简称为出口隐含能源占比和进口隐含能源占比）来看，2000~2014 年，每年中国对 12 国出口隐含能源占比都大于进口隐含能源占比。其中，出口隐含能源占比多年来都稳定在 50%~60%，2013~2014 年该比例有进一步下降的趋势，两年的数值均跌破 50% 的界限稳定在 49% 左右。进口隐含能源占比自从 2001 年下降到 43.44% 以后，多年来该比例一直在 40%~45% 波动，变化幅度非常小。

我国对 12 国净出口隐含能源规模的变动趋势与中国总净出口隐含能源规模的变动趋势基本相同，受国际经济环境和国内政策影响程度可见一斑。同样可被划分为三个阶段：第一阶段是 2000~2007 年，中国对 12 国净出口隐含能源总体规模持续增加；第二阶段是 2007~2009 年，受金融危机影响，中国对各国净出口隐含能源均不断下降；第三阶段是 2009~2014 年，净出口规模似乎在内外力因素的共同驱动下达到了某种"平衡"，在一定区间内小幅波动。2010~2013 年中国对 12 国和总体的净出口隐含能源规模都逐年下降，但 2014 年有较小幅度的上涨。据此，本书预测随着时间的推移，无论是中国对 12 国还是中国总净出口隐含能源规模都会呈现缓慢的下降趋势。此外，我们还发现中国对 12 国净出口隐含能源变化曲线比中国总净出口变化曲线稍显平滑（见图 3-6）。

（二）中国对各国进出口隐含能源情况分析

进一步进行国别分析。先观察出口端，尽管我国对各国的出口隐含能源在绝对量上存在很大差异，但从变化趋势上看可以说都与我国总出口隐含能源变化趋势相一致。即 2000 年开始大幅度增加，2007 年达到一个高点后开始迅速下降，2009 年以后停止减少又开始缓慢回升，到 2014 年前都处于稳定波动状态。每一阶段的具体变化情况则因中国与各国双边贸易情况的不同而不同。如中国对巴西、加拿大两国在 2009 年之后出口隐含能源仍在缓慢增加，而中国对法国、澳大利亚、印度等国的出口隐含能源处于逐年减少的过程。本书还发现，绝大部分国家出口隐含能源占比与规模绝对量变化趋势相统一。特别地，中国对日本出口隐含能源规模同样经历上述三个阶段，但出口隐含能源占比却呈现明显的先降低再增加的变化趋势，这表明随着中国对外贸易的不断发展，净出口隐含能源随之向别国分散，不只集中于以日本、美国等为代表的个别国家。

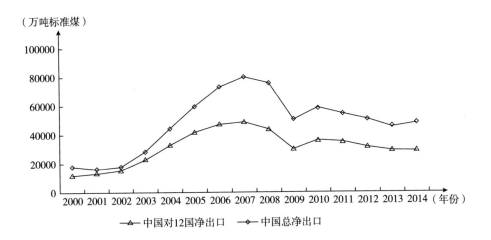

图 3-6 中国对 12 国净出口和中国总净出口隐含能源规模

再看进口端的情况，相比于出口端表现更为多变。其中，我国对澳大利亚、巴西、加拿大、德国、法国、英国、意大利、美国等国家进口隐含能源多年来无论是规模还是占比都一直保持缓慢增加的趋势；我国对印度和日本两国进口隐含能源规模多年来同样呈现缓慢增长的趋势，但进口隐含能源占比却先升高后下降，分别在 2006 年和 2007 年达到最高的占比，随后均有所下滑；我国对两个净进口隐含能源国家——韩国、俄罗斯的进口隐含能源规模不断增加，占比上却表现出先降低再增加的相反变化趋势，最近几年我国对两国的进出口隐含能源规模和占比都稳定在了一个区间范围内。

图 3-7 的气泡图显示了 2000 年、2007 年、2009 年及 2014 年中国对各国进出口及净出口隐含能源情况的阶段性特征。

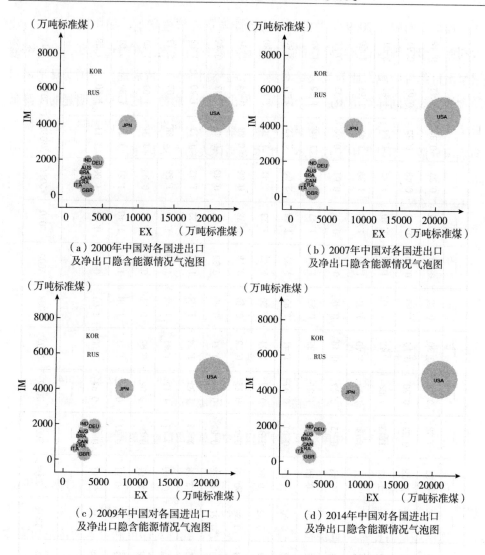

图 3-7 2000 年、2007 年、2009 年、2014 年中国对各国进出口及

净出口隐含能源情况气泡图

注：①图中横坐标 EX 表示中国对一国的出口隐含能源规模，纵坐标 IM 表示中国对一国的进口隐含能源规模，气泡的面积代表中国对该国净出口隐含能源规模大小。②USA 代表美国，JPN 代表日本，IND 代表印度，DEU 代表德国，AUS 代表澳大利亚，BRA 代表巴西，CAN 代表加拿大，FRA 代表法国，ITA 代表意大利，GBR 代表英国，KOR 代表韩国，RUS 代表俄罗斯。

　　根据图 3-7 所示中国对各国进出口及净出口隐含能源情况，本书将 12 类国家划分为四类。

第一类：进出口规模都不大，出口大于进口，净出口规模较小。这类国家在12个主要国家中居多，包括澳大利亚、巴西、加拿大、法国、印度和意大利。其中，我国对加拿大和法国两国的净出口隐含能源规模和占比都有快速上升的趋势，截至2014年，中国对两国的净出口隐含能源占比都已突破6%。

第二类：进出口规模都不大，但出口远大于进口，净出口规模较大。主要指德国和英国两国。2014年，中国对德国、英国净出口隐含能源规模分别达到2458万吨标准煤和2629万吨标准煤。

第三类：进出口规模都很大，且出口远大于进口，净出口规模很大。这类国家主要是指我国最重要的两大隐含能源净出口国日本和美国。近年来，两者变化趋势开始有些差异，我国对日本的净出口隐含能源规模在2008年金融危机时跌入谷底以后，最近几年虽有一定上升但并没有回到过去20%以上占比的绝对优势的趋势，2014年中国对日本净出口隐含能源占比为15.32%，与2000年的24.42%对比来看存在很大差距。我国对美国的净出口隐含能源变化没有呈现明显的下降规律，净出口隐含能源占比在2007年、2008年和2010年跌至30%以下后又出现了集中的上升趋势，2013年、2014年我国对美国的净出口隐含能源规模分别为15529万吨标准煤和15898万吨标准煤，占比甚至超过50%，但本书预测长时间来看该数值和比例均会下降。

第四类：进口大于出口，是我国净进口隐含能源贡献国。主要包括韩国和俄罗斯两国。中国对两国的净进口隐含能源占比均呈现"U"形趋势，即净进口隐含能源占比先减小再增大。特别地，中国分别在2006~2007年对韩国、2007~2008年对俄罗斯出现了极小规模的净出口现象。2014年，中国对韩国的净进口隐含能源规模为3099万吨标准煤，占比为10.61%；中国对俄罗斯的净进口隐含能源规模为1636万吨标准煤，占比为5.67%。

具体中国对各国隐含能源进出口情况如图3-8到图3-19和表3-7所示。

二、对主要国家隐含能源流动的进一步考察

笔者分别从中国的主要隐含能源出口国中挑选出美国、日本两国，从主要隐含能源进口国中挑选出韩国、俄罗斯两国为代表，进行分行业层次的具体分析。

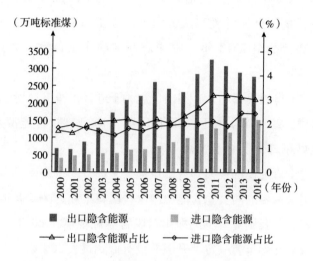

图3-8 中国对澳大利亚进出口隐含能源规模及占比

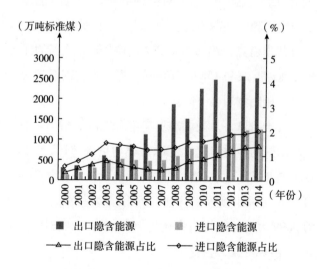

图3-9 中国对巴西进出口隐含能源规模及占比

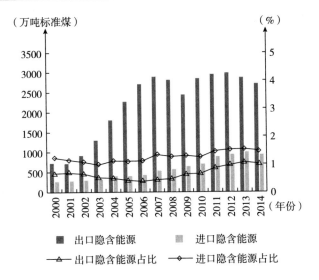

图 3-10　中国对加拿大进出口隐含能源规模及占比

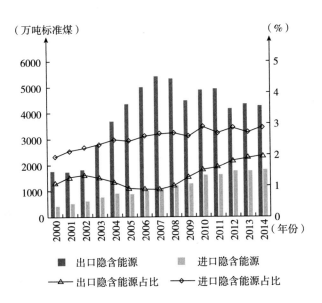

图 3-11　中国对德国进出口隐含能源规模及占比

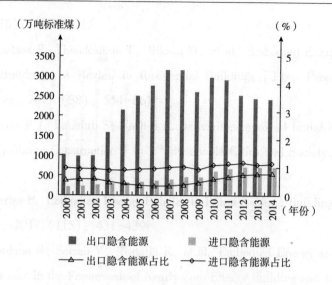

图 3-12 中国对法国进出口隐含能源规模及占比

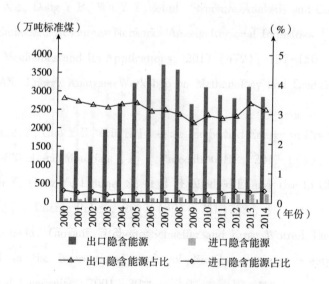

图 3-13 中国对英国进出口隐含能源规模及占比

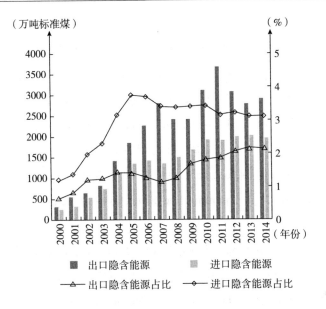

图 3-14　中国对印度进出口隐含能源规模及占比

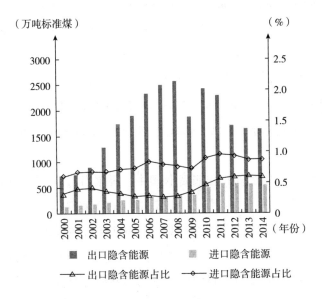

图 3-15　中国对意大利进出口隐含能源规模及占比

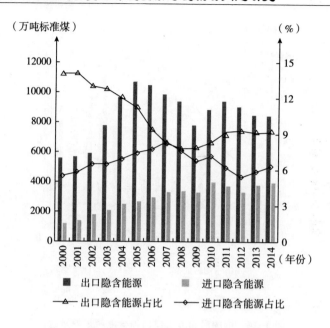

图 3-16　中国对日本进出口隐含能源规模及占比

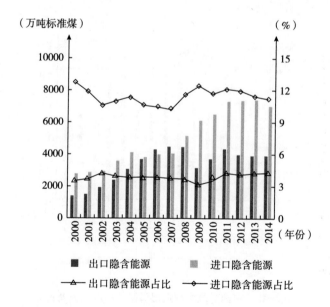

图 3-17　中国对韩国进出口隐含能源规模及占比

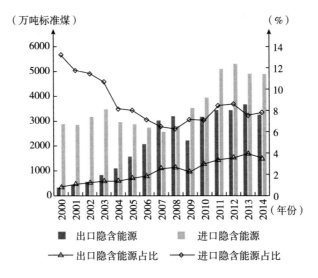

图 3-18　中国对俄罗斯进出口隐含能源规模及占比

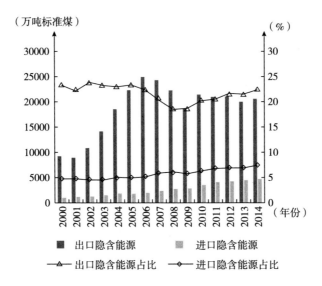

图 3-19　中国对美国进出口隐含能源规模及占比

表3-7 2000~2014年中国对世界主要国家隐含能源进出口规模

单位：万吨标准煤

国家	分类	2000年	2001年	2002年	2003年	2004年	2005年	2006年	2007年	2008年	2009年	2010年	2011年	2012年	2013年	2014年
澳大利亚	出口	676	649	864	1273	1716	2083	2200	2602	2413	2320	2844	3263	3082	2890	2772
	进口	398	471	500	539	546	648	654	752	866	990	1109	1277	1161	1591	1527
	净出口	278	178	364	734	1170	1435	1546	1850	1547	1330	1735	1986	1921	1299	1245
巴西	出口	310	356	386	601	813	863	1123	1367	1868	1511	2251	2475	2430	2562	2513
	进口	127	193	296	494	518	490	472	494	593	773	879	1025	1157	1229	1260
	净出口	183	163	90	107	295	373	651	873	1275	738	1372	1450	1273	1333	1253
加拿大	出口	727	715	915	1296	1807	2270	2706	2889	2810	2441	2845	2948	2986	2871	2715
	进口	267	278	297	317	402	399	427	531	564	641	697	884	937	995	929
	净出口	460	437	618	979	1405	1871	2279	2358	2246	1800	2148	2064	2049	1876	1786
德国	出口	1764	1733	1822	2777	3682	4348	5008	5416	5332	4482	4896	4939	4170	4348	4271
	进口	420	516	613	761	900	877	994	1059	1203	1274	1610	1626	1759	1761	1813
	净出口	1344	1217	1209	2016	2782	3471	4014	4357	4129	3208	3286	3313	2411	2587	2458
法国	出口	1022	977	992	1579	2144	2495	2749	3152	3149	2597	2960	2901	2515	2437	2414
	进口	212	230	259	292	322	337	364	398	459	455	603	666	715	709	705
	净出口	810	747	733	1287	1822	2158	2385	2754	2690	2142	2357	2235	1800	1728	1709
英国	出口	1401	1366	1491	1956	2666	3223	3443	3729	3594	2664	3127	2920	2840	3150	2880
	进口	84	77	101	78	100	104	114	128	140	133	165	199	239	241	250
	净出口	1317	1289	1390	1878	2566	3119	3329	3601	3454	2531	2962	2721	2601	2909	2630
印度	出口	318	553	650	827	1418	1851	2268	2802	2419	2419	3113	3671	3080	2785	2908
	进口	255	333	547	750	1140	1352	1424	1353	1509	1681	1922	1908	1993	2019	1959
	净出口	63	220	103	77	278	499	844	1449	910	738	1191	1763	1087	766	949

续表

国家	分类	2000年	2001年	2002年	2003年	2004年	2005年	2006年	2007年	2008年	2009年	2010年	2011年	2012年	2013年	2014年
意大利	出口	731	755	897	1285	1738	1897	2326	2493	2566	1876	2422	2289	1709	1644	1638
	进口	130	162	187	218	259	263	324	317	343	355	501	576	577	565	549
	净出口	601	593	710	1067	1479	1634	2002	2176	2223	1521	1921	1713	1132	1079	1089
日本	出口	5583	5676	5904	7775	9652	10686	10462	9847	9381	7793	8833	9404	9035	8480	8433
	进口	1200	1406	1797	2110	2506	2685	2961	3320	3384	3301	3987	3726	3326	3810	3957
	净出口	4383	4270	4107	5665	7146	8001	7501	6527	5997	4492	4846	5678	5709	4670	4476
韩国	出口	1391	1489	1925	2400	3078	3694	4295	4483	4456	3154	3714	4342	3978	3925	3923
	进口	2774	2864	2933	3579	4120	3816	4003	4060	5162	6118	6508	7316	7374	7421	7022
	净出口	-1383	-1375	-1008	-1179	-1042	-122	292	423	-706	-2964	-2794	-2974	-3396	-3496	-3099
俄罗斯	出口	327	429	560	832	1100	1577	2073	3030	3205	2218	3173	3445	3440	3672	3258
	进口	2882	2856	3183	3483	2963	2890	2751	2573	2802	3525	3948	5104	5301	4906	4895
	净出口	-2555	-2427	-2623	-2651	-1863	-1313	-678	457	403	-1307	-775	-1659	-1861	-1234	-1637
美国	出口	9253	8950	10857	14170	18517	22328	24947	24296	22280	18618	21420	20956	21007	19984	20560
	进口	1033	1151	1251	1475	1815	1774	1964	2334	2726	2832	3499	4082	4234	4456	4661
	净出口	8220	7799	9606	12695	16702	20554	22983	21962	19554	15786	17921	16874	16773	15528	15899

（一）美国

我国对美国进出口隐含能源规模及增长率的变化情况如图 3-20 所示。从总量来看，我国对美国进出口隐含能源多年来均有所增加，但是出口隐含能源自 2006 年达到峰值之后，特别是 2010 年以来出口规模的绝对量一直保持稳定，并没有出现再次大幅增长的趋势；从增速上看，出口增速 2001 年开始迅速增加，在 2003~2004 年达到最高点后开始直线下降，直到 2010 年又出现新的增速高点，之后出口增长率在 "0" 附近浮动，表明中国对美国出口隐含能源规模已经逼近了一定意义上的 "稳态"。进口增长率相对来说变化较为平缓，分别在 2004 年、2007 年和 2010 年出现三个高点，其余年份进口增长率基本在 10% 上下变动。

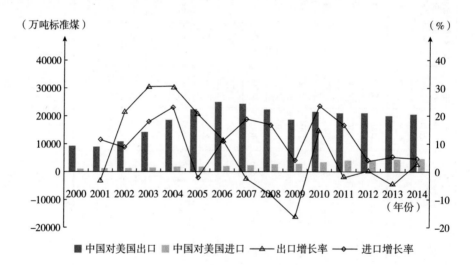

图 3-20　2000~2014 年中国对美国进出口隐含能源规模及增长率

分行业净出口隐含能源变化情况如图 3-21 所示，本书得到三点结论。

第一，2000 年、2007 年、2009 年、2014 年，中国对美国 34 类行业中的绝大多数行业的隐含能源流向都呈现净出口状态。其中，净出口能源平均规模超千万吨标准煤的行业均为常见的高耗能行业：16（电力、煤气和水的生产及供应业）、11（基本金属及金属制品业）、7（焦炭、精炼石油产品及核燃料制造业）、8（化学制品业）。特别地，净出口量最大的行业是 16（电力、煤气和水的生产及供应业），峰值时（2006～2007 年）曾超过 8000 万吨标准煤，近年来稳定在 5000 万吨标准煤以内。除上述四类行业之外，2007 年，中国对美国 34 类行业中净出口隐含能源规模超过百万吨标准煤的行业有 15 类；2014 年，中国对美国 34 类行业中净出口隐含能源规模超过百万吨标准煤的行业仅有 10 类，5 类行业净出口隐含能源规模降到了百万吨标准煤以下。特别地，24（航空运输业）2014 年由净出口状态转变为小规模的净进口状态。这从侧面反映出我国对美国的出口能源效率有一定程度的提升，大部分行业净出口隐含能源规模在逐年平稳缩小。

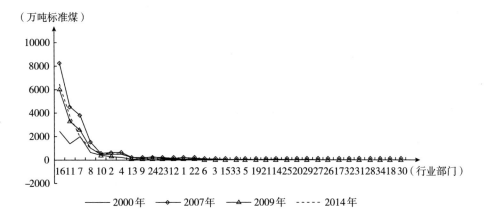

图 3-21　2000 年、2007 年、2009 年、2014 年中国对美国分行业净出口隐含能源规模

第二，2000 年、2007 年、2009 年、2014 年，中国对美国隐含能源流动一直保持净进口状态的行业仅有 18（汽车及摩托车的销售、维护和修理及燃油零售）、30（公共管理、国防及社会保障）两类，其中，公共管理、国防及社会保障的净进口隐含能源量在规模上相对可观，且逐年保持正向增长的趋势，2014 年与 2000 年相比在数量上增长约十万吨标准煤。汽车及摩托车的销售、维护和修理及燃油零售行业中国对美国净进口隐含能源规模则一直保持在万吨标准煤以下，占比非常小。

第三，中国对美国隐含能源流动状态存在一些由净出口转变成净进口的行业，包括 24（航空运输业）、29（租赁及商务服务业）、26（邮政与通信业）；仅出现过一次净进口状态的行业有：14（交通运输设备制造业）、25（其他运输业务及旅行社业务），其中交通运输设备制造业的隐含能源净进口状态出现在

2013 年，但 2014 年又恢复净出口状态，存在一定的波动情形。

综上所述，中国 34 类行业长时间内对美国仍将保持隐含能源的净出口状态，但个别行业在先于整体逐渐走向净进口的状态，随着我国对外贸企业和跨国公司提升能源使用效率、高耗能产品更新换代、优先使用替代能源等做法的重视，未来两国双边贸易中我国将会有更多行业步入隐含能源净进口状态。从能源视角进行分析，我国已经并将在中美双边贸易中逐渐担负起更多责任，不存在所谓"多年来中国一直搭乘美国的国际顺风车"的质疑。

（二）日本

日本与美国一样也是中国最重要的隐含能源出口国之一。如图 3-22 所示，总量上看，我国对日本进出口隐含能源规模多年来都呈现波动上升的趋势，除 2009 年受金融危机的影响有较大幅度的下滑之外，从 2010 年开始逐渐回升后趋于稳定；从增速上看，中国对日本的出口隐含能源增长率分别在 2009 年和 2012~2013 年出现负值，进口隐含能源增长率分别在 2009 年和 2011~2012 年为负值，其余年份中国对日本进出口隐含能源的增长率都是正的，特别是在 2014 年进出口增长率都十分接近 0，表明中国对日本净出口隐含能源规模已经逼近了一定意义上的稳定状态。

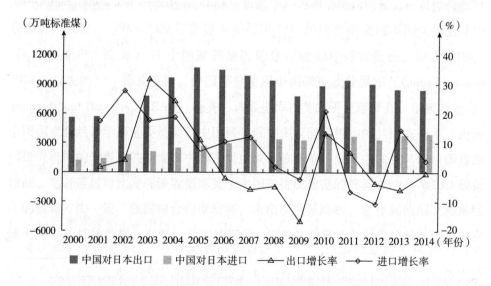

图 3-22　2000~2014 年中国对日本进出口隐含能源规模及增长率

分行业来看，图3-23表示中国对日本34类行业进出口隐含能源规模。其中，多年来中国对日本净出口隐含能源规模排名前三的行业分别是电力、煤气和水的生产及供应业（16），基本金属及金属制品业（11）和焦炭、精炼石油产品及核燃料制造业（7）。仅电力、煤气和水的生产及供应业2014年一年中国对日本净输出的隐含能源就高达2000万吨标准煤，基本金属及金属制品业净出口日本的隐含能源也接近1000万吨标准煤。尽管如此，中国仍有部分行业逐渐开始对日本净进口隐含能源，到2014年为止，34类行业中对日本净进口隐含能源行业已经达到10余种。除了建筑业（17），公共管理、国防及社会保障（30）两类多年来持续净进口隐含能源的行业之外，还有化学制品业（8）和水上运输业（23）两类行业在2014年分别有了100万吨标准煤和76万吨标准煤的净进口隐含能源规模。这表明我国一部分行业已经在逐步控制对于日本等国家的隐含能源输出规模，虽然目前日本仍然是我国占比重要的隐含能源输出国之一，但相信我国对其出口隐含规模逐渐稳定下来之后一定还会有新的局面产生。

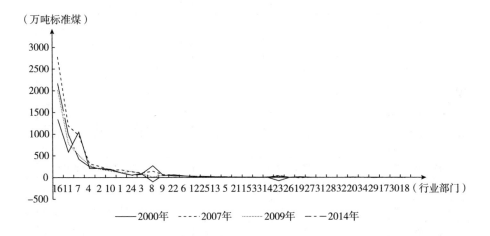

图3-23 2000年、2007年、2009年、2014年中国对日本分行业净出口隐含能源规模

（三）韩国

韩国是我国主要贸易伙伴国家中少数的隐含能源净进口国之一。通过如图3-24所示的中国对韩国进出口隐含能源规模可以发现，2000年以来我国对韩国贸易在绝大多数年份都处于隐含能源净进口状态（2006年和2007年除外），基于能源视角来看，我国为韩国国内经济环境效益的改善做出了一定贡献。特别是 2009 年以来，我国对韩国的隐含能源净进口规模基本在 3000 万吨标准煤上下浮动，其中出口隐含能源规模稳定在 3000 万吨标准煤至 4000 万吨标准煤，进口隐含能源规模则在 6000 万吨标准煤至 7000 万吨标准煤。

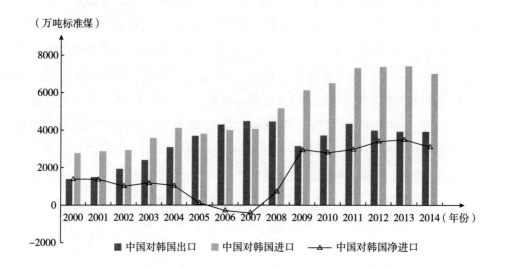

图 3-24　2000~2014 年中国对韩国进出口及净进口隐含能源规模

分行业来看，如图 3-25 所示为中国对韩国 34 类行业进出口隐含能源规模。2000 年、2007 年、2009 年、2014 年我国对韩国一直保持相当大隐含能源净进口的行业主要是焦炭、精炼石油产品及核燃料制造业（7）和化学制品业（8）两类。两类产业 2014 年中国对韩国净进口的隐含能源分别高达 2271.65 万吨标准煤和 1200.75 万吨标准煤，且 2010 年以来隐含能源进口量基本稳定，无明显的增加或减少的波动趋势。34 类行业中，我国对韩国贸易隐含能源流动处于净进口状态的行业有 20 余种。除了基本金属及金属制品业（11），电力、煤气和水的生产及供应业（16）两类行业仍然有着较大规模的隐含能源净出口，其余的行业也只是保持着数值比较小（大多数行业隐含能源年净出口规模基本在 50 万吨标准煤以内）的净出口隐含能源规模。但是，这也表明我国在金属及金属制品业，电力、煤气和水的生产及供应业两类高耗能行业上的能源利用效率及能源使用结构确实亟须提高和改善，因为不仅是对上文分析中提到的美国、日本等较大的隐含能源出口国，即使是对韩国这类的隐含能源进口国，这两类行业仍然保持着如此大的输出规模（2014 年我国这两类行业对韩国的隐含能源净出口规模分别为 382.64 万吨标准煤和 191.13 万吨标准煤）。

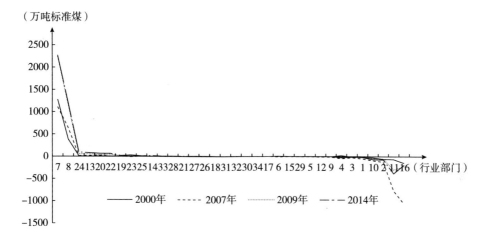

图 3-25 2000 年、2007 年、2009 年、2014 年中国对韩国分行业净出口隐含能源规模

（四）俄罗斯

俄罗斯也是我国主要的隐含能源净进口国之一，2000 年来的绝大多数年份我国都处于隐含能源净进口状态（2007 年和 2008 年除外）。参照如图 3-26 所示的我国对俄罗斯进出口隐含能源规模变化情况，大致可以分为几个阶段：2000～2003 年，我国对俄罗斯一直保持年均 2500 万吨标准煤左右的较大隐含能源净进口规模；2003～2007 年，我国对俄罗斯的隐含能源净进口规模逐年下跌；2007～2008 年，出现净出口现象；2009～2014 年，恢复至隐含能源净进口状态但是净进口量没有 2000 年时那么多，且历年的波动幅度较大。

分行业来看，图 3-27 为中国对俄罗斯 34 类行业进出口隐含能源规模。2000 年、2007 年、2009 年、2014 年我国对俄罗斯隐含能源净进口规模平均值排名前五的行业分别是焦炭、精炼石油产品及核燃料制造业（7），采矿业（2），电力、煤气和水的生产及供应业（16），化学制品业（8）和内陆运输业（22），中国这五类行业自 2000 年来对俄罗斯的隐含能源净进口规模的平均值都大于 100 万

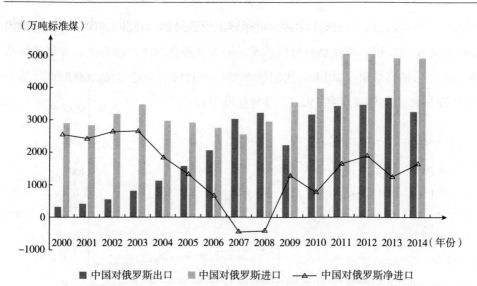

图 3-26　2000～2014 年中国对俄罗斯进出口及净进口隐含能源规模

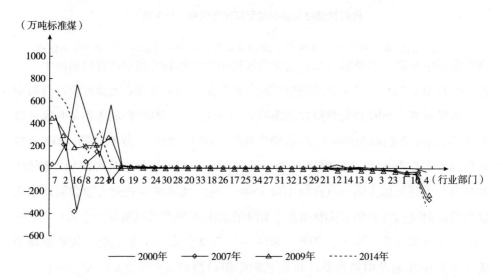

图 3-27　2000 年、2007 年、2009 年、2014 年中国对俄罗斯分行业净出口隐含能源规模

吨标准煤，但其中的电力、煤气和水的生产及供应业在 2007 年时曾短暂出现中国对俄罗斯净出口隐含能源的状态。同样地，34 类行业中也存在 10 余种行业对俄罗斯仍然处于隐含能源净出口的状态，最为突出的皮革、纺织及服装制造业（4）

在 2014 年对俄罗斯隐含能源的净出口规模高达 335.19 万吨标准煤，且大有逐年增加的态势。总体来看，基于能源视角我国绝大多数行业对俄罗斯的贸易交往是朝着有利的方向发展的，我国更多地承担了俄罗斯重要的隐含能源接收者的角色。

第四节　隐含能源跨境流动效益分析

至此，本书分国家、分行业地讨论了中国对外贸易隐含能源的流动情况，但仍旧局限在对隐含能源本身的研究，而没有将它与其他经济学变量联系起来。在本部分中引入进出口贸易的增加值数据变量，将两指标结合起来进一步衡量对外贸易中隐含能源流动所创造的经济价值及其背后的经济内涵。本节最后还结合中美贸易摩擦，对中美双边贸易隐含能源的效益进行了测算分析。

一、中国对外贸易隐含能源生产率分析

依据第二章第三节测算方法，得到中国对外贸易过程中进出口隐含能源生产率的大小变化情况如表 3-8 所示。

表 3-8　2000~2014 年中国进出口隐含能源生产率情况

单位：美元/吨标准煤

年份	出口隐含能源生产率	进口隐含能源生产率
2000	552.72	804.54
2001	587.99	789.22
2002	623.44	815.35
2003	600.64	912.61
2004	601.13	1062.28
2005	648.51	1204.45
2006	709.24	1327.20
2007	837.78	1510.23
2008	1014.42	1666.12
2009	1076.50	1481.90

续表

年份	出口隐含能源生产率	进口隐含能源生产率
2010	1154.54	1678.19
2011	1339.02	1885.95
2012	1460.16	1896.47
2013	1562.12	1911.28
2014	1680.15	1965.15

我国总体进口隐含能源生产率多年来一直高于出口隐含能源生产率，近年来两者差距有比较明显的缩小现象。具体从出口端看，一直以来我国整体出口隐含能源生产率呈现不断增加的趋势，表明我国出口隐含能源单位效益不断提高，环境效益有所改善，但出口增长速率变化并不呈现一定的规律性；从进口端看，除了2009年数值有所回落，我国进口隐含能源生产率呈现缓慢递增趋势，由于本身生产率数值高于出口端，一定程度上导致其增长水平没有出口端那么高，且近年来颇有稳定下来的态势。我国进口端隐含能源生产率的提高与世界其他国家和地区同时进行新一轮"能源革命"、倡导提高能源使用效益、提升清洁能源替代率的大背景密切相关。进口端和出口端隐含能源生产率的共同提高，表明中国与世界各国贸易有利于发挥彼此优势、减少能源消耗，提高经济效益和资源环境效益，有利于全球可持续发展。

二、隐含能源贸易条件指数分析

（一）中国总体对外贸易隐含能源贸易条件指数分析

如图3-28所示，我国总体对外贸易隐含能源贸易条件指数变化多年来呈现波动中上升的趋势，但并没有表现出明显的规律性。如2002~2009年我国总体隐含能源贸易条件指数变化出现了"U"形特征，但之后开始进入波动上升阶段，没有明显的特征可言。截至2014年，我国总体隐含能源贸易条件指数已经达到0.85，逐渐逼近于1。隐含能源贸易条件指数上升表明从能源视角来看我国整体上对外贸易所得到的经济和环境效益是不断提升的，但目前还没有达到绝对意义上"好"的程度。本书预测在未来有限时间内，我国总体隐含能源贸易条件指数将达到甚至超过"1"，达到一个绝对意义上良好的效益水平。

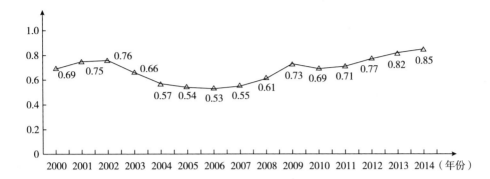

图 3-28 2000~2014 年中国进出口隐含能源生产率情况

（二）分行业隐含能源贸易条件指数分析

分行业来看，我国不同行业隐含能源贸易条件指数的变化情况并不相同，呈现多元化发展的趋势。参照如图 3-29 和图 3-30 所示的 34 类行业隐含能源贸易条件指数变化情况，我们可以得到三点结论。

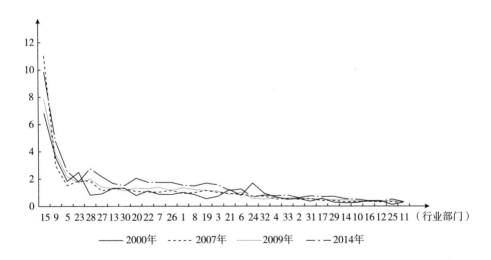

图 3-29 2000 年、2007 年、2009 年、2014 年中国 34 类
行业对外贸易隐含能源贸易条件指数

第一，从变化趋势上看，2000 年、2007 年、2009 年、2014 年，中国 34 类行业对外贸易隐含能源贸易条件指数普遍呈逐年上升的状态，表明我国各行业隐

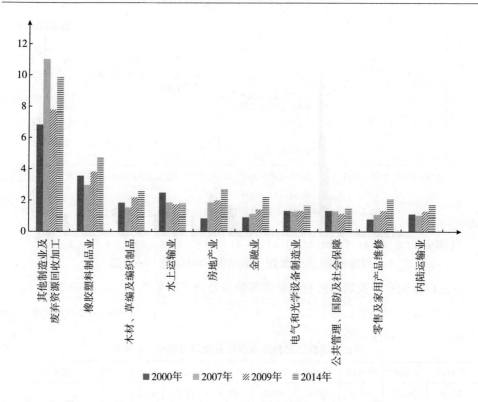

图 3-30 2000 年、2007 年、2009 年、2014 年中国对外贸易隐含能源
贸易条件指数平均值排名前 10 类行业

含能源对外贸易所获的经济效益和环境效益每年均有所增加。第二，从数值上看，截至 2014 年，共有 18 类行业的隐含能源贸易条件指数大于 1，表明中国这些行业隐含能源对外贸易的经济效益和环境效益良好。剩余 14 类行业[①]到 2014 年为止的隐含能源贸易条件指数还小于 1，表明这些行业进行贸易所获得的经济效益和环境效益比较差，好在其中大部分行业的贸易条件指数多年来都呈现波动上升的趋势。第三，我国对外贸易隐含能源贸易条件指数 2000 年、2007 年、2009 年、2014 年平均值排名第一的行业是其他制造业及废弃资源回收加工业，2014 年该行业隐含能源要素对外贸易条件指数已经达到 9.86，远远大于 1，表明

① 汽车及摩托车的销售、维护和修理及燃油零售（18）和私人雇佣的家庭服务业（34）两类行业没有可得的隐含能源贸易条件指数数据。

我国该行业在对外贸易中通过能源要素流动所获得的经济效益极大、贸易效率极高。排名第二、第三的行业是橡胶塑料制品业和木材、草编及编织制品业，截至2014年，两者的隐含能源贸易条件指数分别已经达到4.74和2.57，同样都大于1，表明两类行业对外贸易的经济环境很乐观。如图3-30所示，贸易指数排名前10的行业在2014年对外贸易隐含能源贸易条件指数都大于1.5，表明从能源视角看我国这些行业在对外贸易中所得的经济效益和环境效益都是十分可观的。

综上所述，本书认为我国能源贸易环境条件总体上看正处于不断提高的过程之中。因此，我国国内能源使用需要严谨遵循集约原则，提高各行各业对能源的利用效率，设法降低隐含能源出口规模和提高出口隐含能源生产率，从而尽可能地为我国能源直接进口以及提升隐含能源贸易水平创造条件。

三、案例：中美双边贸易隐含能源效益分析

2017年成为中美油气（能源）贸易元年，据中华人民共和国商务部统计，2017年中国从美国进口765.4万吨原油，占中国原油进口总量的1.8%，美国在中国进口来源国中占第14位；中国从美国进口液化天然气（LNG）151万吨，占中国天然气进口总量的2.3%；中国从美国进口煤炭317万吨，占煤炭进口总量的1.2%。中国能源行业熟悉贸易往来，不熟悉资本运作。美国通过贸易输出打开中国油气市场大门，可以说达到了获取能源市场和收取丰厚利润的双重目的。

2018年3月22日，依据"301调查"结果，特朗普签署总统备忘录对中国商品大规模征收关税并限制中国企业对美投资并购；2018年7月6日，美国对第一批818个类别、340亿美元的中国商品加征25%的关税；2018年9月24日，美国对2000亿美元中国输美产品加征10%的关税。实际上，中美贸易摩擦以来，特朗普政府制造的"美国贸易吃亏论""贸易不平衡论"等舆论说法甚嚣尘上，这些说法明显罔顾贸易事实，片面认为在对外经贸关系中流失工作岗位、导致经济利益受损。本部分我们讨论中美双边贸易过程中隐含能源的效益水平，试图从能源效益的视角反驳美国政府所谓"贸易吃亏论"的说法。

（一）中国对美国总体贸易隐含能源效益分析

此处笔者使用同样的方法通过测算得到中国对美国贸易中进出口隐含能源总体效益的大小变化情况（见图3-31）。

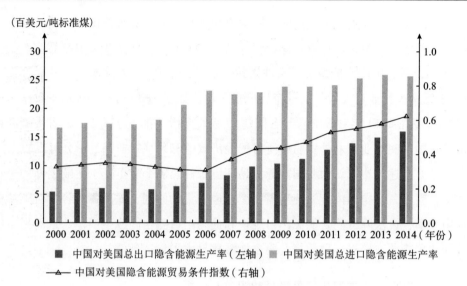

（百美元/吨标准煤）

■ 中国对美国总出口隐含能源生产率（左轴）　■ 中国对美国总进口隐含能源生产率
—△— 中国对美国隐含能源贸易条件指数（右轴）

图3-31　2000~2014年中国对美国双边贸易隐含能源总体效益变化

从隐含能源生产率的角度分析，我国对美国进口隐含能源生产率多年来一直高于出口隐含能源生产率，近年来由于出口隐含能源生产率增长较快而进口隐含能源生产率变化缓慢导致两者差距有所减少。从出口端看，我国对美国出口隐含能源生产率呈现不断增加的趋势，特别是近年来增长速率有明显提升，这表明我国在与美国双边贸易过程中所获得的出口隐含能源单位效益有一定改善，在两国贸易博弈中的主动性有所提升。从进口端看，我国从美国进口隐含能源的生产率一直保持较高水平，除2004~2006年有较大幅度增长外，其余年度特别是2009年以后我国从美国进口隐含能源生产率的增长趋势十分缓慢，近年来已经达到一个较高的稳定水平。我国对美国进出口贸易隐含能源生产效率的共同提高表明中美两国的双边贸易有利于两国各自发挥长处、减少生产消费过程中的能源资源消耗，是经济全球化环节中的重要一部分。由于我国人口、经济、地理等多方面因素，我国在与美国贸易过程中占据了体量上的优势，但从效率上看美国对我国是正向输出的。因此，虽说部分学者认为"贸易顺差反映在中国，但'利益顺差'在美国"的看法有些武断，并非毫无道理。

从隐含能源贸易条件指数的角度分析，我国对美国隐含能源贸易条件指数自

2006 年开始一直表现出比较明显的提高趋势。2014 年，中国对美国隐含能源贸易条件指数达到 0.62 的数值，这是多年来首次突破 0.6 的水平，表明从能源视角看我国与美国双边贸易中所获得的经济效益和环境效益是在不断提升的。因此，本书认为合作将为中美经济贸易带来更大效益和双赢结果，相向而行是两国未来的正确选择。

（二）分行业隐含能源效益分析

如图 3-32 所示，分行业来看，我国在与美国双边贸易中不同行业隐含能源的效益变化呈现多元的特征。

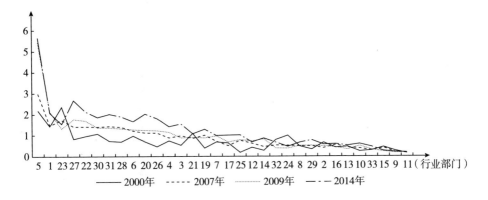

图 3-32　2000 年、2007 年、2009 年、2014 年中国 34 类行业对美国隐含能源贸易条件指数

同时，本书将我国对美国贸易中分行业隐含能源贸易条件指数变化情况及与中国对世界整体贸易的表现对比（见表 3-9），得到以下结论：

第一，除极个别行业在部分年度出现反复的情况之外，2000 年、2007 年、2009 年、2014 年，中国各行业对美国贸易的隐含能源贸易条件指数普遍表现出上升的趋势，这表明我国各行业对美国能源贸易所获得的经济和环境效益处在逐年增长的良好态势。第二，从数值上看，截至 2014 年，中国共有 15 类行业对美国的隐含能源贸易条件指数大于 1，表明从能源视角看中国这些行业对美国贸易的经济环境是适宜的，所获得的效益是可观的。同时，其余 17 类行业到 2014 年为止对美国的隐含能源贸易条件指数还小于 1，表明这些行业对美国贸易获得的经济和环境效益相对有限，但是其中大部分行业的贸易条件指数近年来有提高的态势。第三，中国对美国隐含能源贸易条件指数 2000 年、2007 年、2009 年、2014 年平均值排名第一的行业是木材、草编及编织制品业，2014 年该行业贸易条件指数已经达到 5.66，远大于 1，表明从隐含能源视角看我国的该行业对美国贸易中所获得的经济效益极大、贸易效率极高。排名第二、第三的行业是农、林、牧、渔业和水上运输业，截至 2014 年，两者的隐含能源贸易条件指数分别达到 2.08 和 1.55，表明从能源要素的视角上看我国的这两类行业对美国贸易的经济环境很乐观，但水上运输业近年来对美国隐含能源的贸易条件指数实际上是有所下降的。如表 3-9 所示，对美国贸易条件指数排名前十的行业在 2014 年对美国隐含能源贸易条件指数都大于 1.5，表明我国这些行业对美国贸易中通过能源要素的隐含流动所获得的经济和环境效益是十分可观的。第四，将中国对美国和对世界隐含能源贸易条件指数变化情况对比，平均值排名前十的行业中重复的行业多达木材、草编及编织制品业，水上运输业，房地产业，金融业，公共管理、国防及社会保障，零售及家用产品维修，内陆运输业七类，表明我国各行业对外贸易中能源要素的效益变化在各国间差异性不大，优势较为突出。

表 3-9　中国对外贸易和对美国双边贸易隐含能源条件指数大小排名前十的行业

排名	中国对外贸易		中国对美国双边贸易	
	行业	贸易条件指数（2014 年）	行业	贸易条件指数（2014 年）
1	其他制造业及废弃资源回收加工业	9.86	木材、草编及编织制品业	5.66
2	橡胶塑料制品业	4.74	农、林、牧、渔业	2.08
3	木材、草编及编织制品业	2.57	水上运输业	1.55
4	水上运输业	1.81	金融业	2.67
5	房地产业	2.77	内陆运输业	2.13
6	金融业	2.20	公共管理、国防及社会保障	1.86
7	电气和光学设备制造业	1.69	教育	2.01
8	公共管理、国防及社会保障	1.52	房地产业	1.89
9	零售及家用产品维修	2.06	造纸、印刷和出版业	1.66

续表

排名	中国对外贸易		中国对美国双边贸易	
	行业	贸易条件指数（2014年）	行业	贸易条件指数（2014年）
10	内陆运输业	1.77	零售及家用产品维修	2.02

综上所述，本书认为从能源视角看我国与美国的经济贸易整体上是互利共赢的，甚至美国基于其发达国家的优势在生产效率上占据更加有利的地位。因此，本书也对"中国搭乘美国的顺风车""美国吃亏论"等错误、片面的论断提出严重质疑，仅在能源视角看中国不仅没有搭乘美国的"顺风车"，双边贸易中反而是美国拥有相对有利的贸易条件。

正如我国2018年9月发布的《关于中美经贸摩擦的事实与中方立场》所述，美国政府"不应仅看货物贸易差额片面评判中美经贸关系得失；不应脱离世界贸易组织的互惠互利原则谈论公平贸易；不应违背契约精神指责中国进行强制技术转让；不应抹杀中国保护知识产权的巨大努力与成效；不应将中国政府鼓励企业走出去歪曲为一种推动企业通过并购获取先进技术的政府行为；不应脱离世界贸易组织规则指责中国的补贴政策"的六个"不应"做法①，中国要以灵活的方式和开放的心态处理中美贸易摩擦，有选择地汲取美国处理国际贸易合作问题的相关经验。在能源合作领域，中国需要灵活处理中美能源进出口问题，一是将能源产品多元化，增加市场转化率；二是以能源进口换取高附加值，达到某一个进口边际，可以主动向对方提出谈判，以换取融资合作、技术转让等附加值。本书认为基于能源视角分析结果只有合作才是未来中美经济贸易的最正确选择。2000~2014年中国对世界进出口隐含能源生产率及贸易条件指数（34类行业）如表3-10所示，2000~2014年中国对美国隐含能源贸易条件指数（34类行业）如表3-11所示。

---

① 具体内容见中华人民共和国国务院新闻办公室发表的《关于中美经贸摩擦的事实与中方立场》。

表3-10 2000~2014年中国对世界进出口隐含能源生产率及贸易条件指数（34类行业）

代码	指标	2000年	2001年	2002年	2003年	2004年	2005年	2006年	2007年	2008年	2009年	2010年	2011年	2012年	2013年	2014年
1	出口	37.91	38.68	38.62	38.01	41.06	40.22	42.35	54.01	78.68	81.77	86.01	98.43	107.00	114.88	120.44
	进口	36.78	35.73	36.12	39.58	42.55	44.86	49.54	57.24	64.85	59.66	66.56	77.32	75.10	77.68	77.48
	条件	1.03	1.08	1.07	0.96	0.96	0.90	0.85	0.94	1.21	1.37	1.29	1.27	1.42	1.48	1.55
2	出口	11.12	11.50	12.29	11.97	11.64	15.20	17.82	18.84	24.93	22.10	25.30	32.15	31.54	35.32	39.48
	进口	19.79	15.47	14.94	17.40	20.87	26.86	31.90	37.15	50.78	36.16	50.16	66.16	66.95	68.72	63.51
	条件	0.56	0.74	0.82	0.69	0.56	0.57	0.56	0.51	0.49	0.61	0.50	0.49	0.47	0.51	0.62
3	出口	19.19	20.10	21.63	26.00	26.40	28.05	30.56	36.74	42.83	46.45	51.49	62.89	73.31	77.12	80.34
	进口	26.01	26.61	26.51	27.46	28.47	31.09	32.07	36.19	40.43	41.53	42.96	47.81	48.29	49.35	51.08
	条件	0.74	0.76	0.82	0.95	0.93	0.90	0.95	1.02	1.06	1.12	1.20	1.32	1.52	1.56	1.57
4	出口	23.26	21.83	19.96	20.59	18.91	20.22	21.80	25.13	28.63	32.77	32.82	37.07	41.67	42.56	44.32
	进口	34.70	31.23	32.06	33.63	35.28	39.95	44.12	48.67	56.22	53.02	55.88	62.17	60.99	58.37	58.28
	条件	0.67	0.70	0.62	0.61	0.54	0.51	0.49	0.52	0.51	0.62	0.59	0.60	0.68	0.73	0.76
5	出口	26.11	29.41	33.11	30.29	32.51	29.08	35.45	44.47	44.13	58.71	51.85	63.22	73.25	79.47	82.89
	进口	14.14	14.32	14.09	15.21	17.59	23.20	25.31	29.14	30.81	26.94	28.44	30.74	32.25	32.74	32.29
	条件	1.85	2.05	2.35	1.99	1.85	1.25	1.40	1.53	1.43	2.18	1.82	2.06	2.27	2.43	2.57
6	出口	10.87	12.58	13.36	13.38	11.66	10.98	12.10	13.85	13.95	16.13	15.21	16.65	18.24	19.08	19.91
	进口	13.48	13.53	13.26	13.84	14.75	14.67	15.16	15.89	17.16	15.88	16.49	17.01	16.24	15.80	15.67
	条件	0.81	0.93	1.01	0.97	0.79	0.75	0.80	0.87	0.81	1.02	0.92	0.98	1.12	1.21	1.27
7	出口	0.27	0.30	0.31	0.30	0.37	0.45	0.55	0.76	0.96	0.92	1.32	1.21	1.24	1.29	1.33
	进口	0.31	0.32	0.34	0.39	0.47	0.57	0.62	0.73	0.81	0.66	0.75	0.83	0.85	0.81	0.76
	条件	0.87	0.94	0.92	0.77	0.79	0.79	0.89	1.04	1.19	1.39	1.76	1.46	1.46	1.59	1.75

续表

代码	指标	2000年	2001年	2002年	2003年	2004年	2005年	2006年	2007年	2008年	2009年	2010年	2011年	2012年	2013年	2014年
8	出口	3.23	3.45	3.49	3.66	4.07	4.54	4.65	5.54	6.83	6.92	7.42	8.88	9.30	9.92	10.31
	进口	3.70	3.46	3.63	4.12	4.71	5.06	5.09	5.47	5.94	5.67	6.41	6.93	6.80	6.79	6.89
	条件	0.87	1.00	0.96	0.89	0.86	0.90	0.91	1.01	1.15	1.22	1.16	1.28	1.37	1.46	1.50
9	出口	14.84	17.03	20.13	20.23	19.29	17.80	20.19	23.04	25.31	28.32	29.21	33.04	35.77	38.50	40.06
	进口	4.17	4.03	4.23	5.03	5.93	6.20	6.54	7.75	8.41	7.41	7.80	7.90	7.32	7.66	8.45
	条件	3.56	4.23	4.76	4.02	3.25	2.87	3.09	2.97	3.01	3.82	3.74	4.18	4.89	5.03	4.74
10	出口	2.80	2.70	2.46	2.50	2.19	2.53	3.33	4.53	4.43	5.45	5.27	6.53	6.89	7.51	7.83
	进口	10.59	9.49	9.04	9.57	10.54	11.16	12.02	13.57	14.05	13.53	14.17	15.54	15.18	14.99	15.45
	条件	0.26	0.28	0.27	0.26	0.21	0.23	0.28	0.33	0.32	0.40	0.37	0.42	0.45	0.50	0.51
11	出口	2.26	2.67	2.79	2.85	3.21	3.08	3.15	3.70	4.70	4.31	4.41	5.21	5.35	5.22	5.46
	进口	7.35	7.53	7.56	8.16	10.23	12.08	13.31	14.85	16.77	13.81	15.75	18.25	17.57	16.68	17.12
	条件	0.31	0.35	0.37	0.35	0.31	0.25	0.24	0.33	0.28	0.31	0.28	0.29	0.30	0.31	0.32
12	出口	29.85	31.38	31.64	33.99	36.55	36.32	42.84	51.41	58.12	64.71	61.13	70.98	70.08	74.05	77.31
	进口	74.79	72.92	68.43	83.46	112.61	131.45	142.72	162.89	184.82	166.08	185.02	217.60	213.12	212.50	217.60
	条件	0.40	0.43	0.46	0.41	0.32	0.28	0.30	0.32	0.31	0.39	0.33	0.33	0.33	0.35	0.36
13	出口	61.36	64.72	65.01	74.08	83.54	86.16	89.22	103.05	109.60	98.86	131.07	143.55	157.28	165.58	174.34
	进口	46.13	40.89	42.37	50.42	60.36	67.04	71.37	79.76	87.87	74.28	84.03	87.77	87.27	92.79	103.46
	条件	1.33	1.58	1.53	1.47	1.38	1.29	1.25	1.29	1.25	1.33	1.56	1.64	1.80	1.78	1.69
14	出口	23.32	25.65	31.45	39.66	33.06	37.33	42.55	55.01	61.18	77.10	97.99	106.50	111.06	125.85	131.30
	进口	95.20	95.31	102.25	111.12	119.59	126.45	138.14	168.47	177.39	162.79	205.66	229.10	225.02	224.25	236.96
	条件	0.24	0.27	0.31	0.36	0.28	0.30	0.31	0.33	0.34	0.47	0.48	0.46	0.49	0.56	0.55

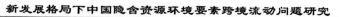

续表

代码	指标	2000年	2001年	2002年	2003年	2004年	2005年	2006年	2007年	2008年	2009年	2010年	2011年	2012年	2013年	2014年
15	出口	89.58	91.00	91.78	97.58	84.31	143.12	164.40	193.90	153.36	157.50	124.63	140.45	166.03	175.96	185.79
	进口	13.11	14.23	14.55	14.65	18.82	17.69	17.98	17.57	19.79	20.21	18.36	18.25	24.76	22.52	18.84
	条件	6.83	6.39	6.31	6.66	4.48	8.09	9.14	11.03	7.75	7.79	6.79	7.69	6.71	7.81	9.86
16	出口	0.56	0.64	0.67	0.64	0.68	0.72	0.79	0.93	0.83	0.83	0.86	0.94	0.99	1.10	1.23
	进口	1.39	1.32	1.38	1.55	1.87	2.10	2.39	2.67	2.69	2.48	2.80	3.06	3.16	3.16	3.15
	条件	0.40	0.48	0.49	0.41	0.36	0.34	0.33	0.35	0.31	0.33	0.31	0.31	0.31	0.35	0.39
17	出口	33.16	35.01	34.30	37.84	27.10	30.84	34.93	41.77	58.63	59.35	64.60	75.45	82.53	90.23	98.28
	进口	57.88	56.75	58.35	65.61	74.08	80.63	86.99	102.49	119.27	115.44	120.94	134.14	135.43	138.40	141.86
	条件	0.57	0.62	0.59	0.58	0.37	0.38	0.40	0.41	0.49	0.51	0.53	0.56	0.61	0.65	0.69
18	出口	—	—	—	—	—	—	—	—	—	—	—	—	—	—	—
	进口	120.95	111.76	112.80	119.55	145.30	158.89	174.88	191.21	205.60	204.53	215.81	247.84	233.67	226.09	228.21
	条件	—	—	—	—	—	—	—	—	—	—	—	—	—	—	—
19	出口	82.14	86.31	89.81	121.61	145.69	250.85	298.17	309.94	333.06	335.65	378.19	449.03	503.33	561.13	615.99
	进口	146.75	146.97	148.97	161.69	188.24	204.60	218.70	267.92	294.38	287.90	308.57	345.05	350.69	361.44	362.19
	条件	0.56	0.59	0.60	0.75	0.77	1.23	1.36	1.16	1.13	1.17	1.23	1.30	1.44	1.55	1.70
20	出口	53.42	57.35	59.05	69.07	74.49	55.90	64.76	128.63	149.02	155.17	174.84	207.59	232.69	259.42	284.78
	进口	66.86	64.99	64.62	71.27	80.01	89.90	102.79	116.69	124.33	115.38	124.72	138.63	138.05	139.43	138.02
	条件	0.80	0.88	0.91	0.97	0.93	0.62	0.63	1.10	1.20	1.34	1.40	1.50	1.69	1.86	2.06
21	出口	58.79	4.64	4.47	3.38	3.11	4.10	4.14	3.71	4.98	3.10	61.41	68.20	76.70	81.15	88.23
	进口	48.20	46.93	47.72	50.48	54.43	56.66	60.92	65.34	68.42	66.81	69.93	75.23	77.56	75.70	75.38
	条件	1.22	0.10	0.09	0.07	0.06	0.07	0.07	0.06	0.07	0.05	0.88	0.91	0.99	1.07	1.17

续表

代码	指标	2000年	2001年	2002年	2003年	2004年	2005年	2006年	2007年	2008年	2009年	2010年	2011年	2012年	2013年	2014年
22	出口	15.45	17.10	17.90	16.72	18.21	19.08	20.90	24.29	28.96	31.13	33.70	38.60	41.83	45.25	49.61
	进口	13.65	13.70	13.89	15.93	17.98	18.78	20.35	23.08	24.78	23.71	25.72	26.64	27.20	28.02	27.97
	条件	1.13	1.25	1.29	1.05	1.01	1.02	1.03	1.05	1.17	1.31	1.31	1.45	1.54	1.61	1.77
23	出口	7.51	7.22	6.90	6.57	7.46	7.69	7.95	8.94	9.57	8.07	7.02	8.04	8.71	9.42	10.32
	进口	3.02	3.36	3.29	3.80	4.21	4.45	4.25	4.81	5.47	4.63	4.86	5.09	5.36	5.44	5.72
	条件	2.49	2.15	2.09	1.73	1.77	1.73	1.87	1.86	1.75	1.74	1.44	1.58	1.63	1.73	1.80
24	出口	5.57	4.64	4.47	3.38	3.11	4.10	4.14	3.71	4.98	3.10	3.34	3.83	4.15	4.49	4.91
	进口	3.29	3.18	3.05	3.57	3.93	3.75	4.24	4.91	4.61	5.34	5.88	6.65	6.90	6.95	7.25
	条件	1.69	1.46	1.46	0.95	0.79	1.09	0.98	0.76	1.08	0.58	0.57	0.58	0.60	0.65	0.68
25	出口	3.97	4.69	5.55	7.33	8.98	11.56	15.62	19.93	23.52	23.55	24.13	27.62	29.93	32.37	35.49
	进口	32.70	33.55	35.25	42.34	49.28	50.78	56.46	61.58	64.65	58.19	60.52	66.48	65.80	66.68	68.35
	条件	0.12	0.14	0.16	0.17	0.18	0.23	0.28	0.32	0.36	0.40	0.40	0.42	0.45	0.49	0.52
26	出口	75.05	82.28	87.05	99.67	114.17	128.50	144.34	181.11	185.64	174.97	172.34	197.23	223.01	249.46	278.71
	进口	86.03	83.33	90.03	102.21	115.99	125.02	136.85	154.29	163.38	153.38	152.25	160.07	159.15	158.85	159.25
	条件	0.87	0.99	0.97	0.98	0.98	1.03	1.05	1.17	1.14	1.14	1.13	1.23	1.40	1.57	1.75
27	出口	238.29	245.62	251.07	278.04	294.45	353.55	407.12	545.07	645.72	670.06	722.96	840.25	953.43	1101.59	1247.24
	进口	261.55	258.18	263.68	305.28	351.60	393.73	431.85	473.12	474.62	472.24	497.62	534.74	540.19	550.70	567.23
	条件	0.91	0.95	0.95	0.91	0.84	0.90	0.94	1.15	1.36	1.42	1.45	1.57	1.76	2.00	2.20
28	出口	219.74	234.79	243.73	261.23	292.42	383.94	510.70	797.32	919.34	974.75	1087.61	1249.24	1350.17	1534.77	1616.45
	进口	262.95	266.39	270.35	307.25	314.18	290.24	325.55	429.06	543.12	485.99	503.95	547.14	546.70	577.34	584.61
	条件	0.84	0.88	0.90	0.85	0.93	1.32	1.57	1.86	1.69	2.01	2.16	2.28	2.47	2.66	2.77

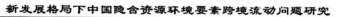

续表

代码	指标	2000年	2001年	2002年	2003年	2004年	2005年	2006年	2007年	2008年	2009年	2010年	2011年	2012年	2013年	2014年
29	出口	50.42	55.34	60.94	76.48	81.85	92.68	103.13	121.70	126.90	133.96	149.51	170.99	194.03	217.63	243.71
	进口	171.10	171.62	173.22	189.96	216.07	249.96	260.77	294.02	309.61	294.11	297.89	329.67	329.22	332.82	339.51
	条件	0.29	0.32	0.35	0.40	0.38	0.37	0.40	0.41	0.41	0.46	0.50	0.52	0.59	0.65	0.72
30	出口	76.00	84.99	97.21	96.76	87.13	95.53	108.87	138.06	146.98	148.42	144.98	157.32	173.28	194.34	217.44
	进口	56.87	60.64	56.08	65.20	78.77	87.10	96.41	104.75	120.99	128.42	136.71	147.52	146.83	141.80	142.98
	条件	1.34	1.40	1.73	1.48	1.11	1.10	1.13	1.32	1.21	1.16	1.06	1.07	1.18	1.37	1.52
31	出口	45.35	51.82	58.90	61.17	69.79	81.48	83.57	102.82	100.01	107.01	112.32	131.45	146.23	164.00	183.52
	进口	122.84	120.11	122.99	133.38	149.06	159.50	167.01	184.18	196.53	200.28	203.52	225.10	229.45	237.80	242.97
	条件	0.37	0.43	0.48	0.46	0.47	0.51	0.50	0.56	0.51	0.53	0.55	0.58	0.64	0.69	0.76
32	出口	80.11	95.32	121.45	108.13	96.66	90.22	76.83	83.30	66.56	65.15	70.04	85.72	101.31	113.63	127.11
	进口	82.80	81.78	84.29	87.95	96.44	97.72	102.87	110.51	122.91	125.42	130.97	141.62	144.80	149.72	153.44
	条件	0.97	1.17	1.44	1.23	1.00	0.92	0.75	0.75	0.54	0.52	0.53	0.61	0.70	0.76	0.83
33	出口	35.41	45.81	48.73	51.13	42.18	50.97	52.04	59.42	59.02	62.96	65.90	77.00	84.73	95.03	106.37
	进口	71.28	67.38	71.61	77.57	87.62	97.61	98.46	106.77	115.84	109.61	121.30	134.22	125.01	128.80	129.39
	条件	0.50	0.68	0.68	0.66	0.48	0.52	0.53	0.56	0.51	0.57	0.54	0.57	0.68	0.74	0.82
34	出口	0.00	0.00	0.00	0.00	0.00	0.00	0.00	0.00	0.00	0.00	0.00	0.00	0.00	0.00	0.00
	进口	0.00	0.00	0.00	0.00	0.00	0.00	0.00	0.00	0.00	0.00	0.00	0.00	0.00	0.00	0.00
	条件	—	—	—	—	—	—	—	—	—	—	—	—	—	—	—
总体	出口	5.53	5.88	6.23	6.01	6.01	6.49	7.09	8.38	10.14	10.77	11.55	13.39	14.60	15.62	16.80
	进口	8.05	7.89	8.15	9.13	10.62	12.04	13.27	15.10	16.66	14.82	16.78	18.86	18.96	19.11	19.65
	条件	0.69	0.75	0.76	0.66	0.57	0.54	0.53	0.55	0.61	0.73	0.69	0.71	0.77	0.82	0.85

表3-11 2000~2014年中国对美国隐含能源贸易条件指数（34类行业）

代码 / 年份	2000	2001	2002	2003	2004	2005	2006	2007	2008	2009	2010	2011	2012	2013	2014
1	1.43	1.54	1.69	1.23	1.21	1.24	1.32	1.47	1.90	2.15	1.99	1.83	2.08	1.87	2.08
2	0.66	0.55	0.66	0.51	0.41	0.40	0.42	0.40	0.41	0.48	0.50	0.52	0.49	0.51	0.57
3	0.53	0.53	0.56	0.70	0.74	0.74	0.81	0.97	1.07	0.87	1.05	1.34	1.45	1.51	1.54
4	0.74	0.74	0.68	0.78	0.59	0.63	0.72	0.87	0.96	1.14	1.13	1.29	1.38	1.38	1.41
5	2.19	2.45	2.60	2.19	2.13	1.74	2.33	2.99	3.65	5.41	4.58	5.51	5.90	5.80	5.66
6	0.97	1.13	1.19	1.24	1.10	1.00	1.07	1.21	1.26	1.26	1.26	1.42	1.55	1.60	1.66
7	0.68	0.57	0.82	0.51	0.50	0.45	0.56	0.71	0.75	0.97	1.25	0.86	0.83	0.96	0.99
8	0.48	0.48	0.46	0.46	0.49	0.52	0.45	0.49	0.58	0.50	0.52	0.60	0.61	0.64	0.66
9	0.27	0.26	0.34	0.22	0.20	0.17	0.20	0.21	0.18	0.17	0.18	0.20	0.19	0.20	0.21
10	0.24	0.23	0.20	0.21	0.19	0.19	0.27	0.38	0.41	0.50	0.51	0.63	0.61	0.60	0.60
11	0.15	0.18	0.18	0.18	0.18	0.15	0.15	0.16	0.20	0.19	0.19	0.20	0.19	0.19	0.19
12	0.42	0.48	0.51	0.48	0.46	0.45	0.53	0.62	0.63	0.73	0.66	0.68	0.63	0.66	0.68
13	0.46	0.56	0.49	0.44	0.42	0.37	0.33	0.43	0.38	0.33	0.42	0.46	0.47	0.50	0.51
14	0.28	0.30	0.33	0.40	0.30	0.30	0.37	0.46	0.58	0.82	0.84	0.81	0.79	0.86	0.86
15	0.44	0.39	0.39	0.31	0.24	0.36	0.37	0.41	0.25	0.23	0.18	0.21	0.23	0.25	0.26
16	0.42	0.46	0.50	0.45	0.45	0.49	0.47	0.55	0.48	0.43	0.43	0.46	0.49	0.54	0.59
17	0.63	0.67	0.68	0.68	0.45	0.43	0.46	0.50	0.69	0.68	0.81	0.92	0.93	0.97	1.00

续表

代码\年份	2000	2001	2002	2003	2004	2005	2006	2007	2008	2009	2010	2011	2012	2013	2014
18	—	—	—	—	—	—	—	—	—	—	—	—	—	—	—
19	0.39	0.41	0.44	0.57	0.61	0.90	0.99	1.00	1.07	0.87	0.95	1.06	1.11	1.20	1.28
20	0.70	0.73	0.75	0.83	0.81	0.51	0.56	1.11	1.30	1.23	1.40	1.61	1.71	1.86	2.02
21	1.08	0.09	0.08	0.06	0.05	0.06	0.06	0.05	0.07	0.05	0.92	0.97	1.01	1.03	1.07
22	0.96	0.93	1.07	0.90	1.03	1.11	1.15	1.41	1.55	1.70	1.78	1.88	1.88	2.02	2.13
23	2.35	2.05	2.12	1.72	2.08	2.12	1.57	1.74	1.65	1.32	1.22	1.42	1.57	1.50	1.55
24	0.99	0.93	0.70	0.51	0.38	0.53	0.47	0.51	0.66	0.38	0.37	0.40	0.42	0.43	0.46
25	0.18	0.20	0.23	0.26	0.30	0.41	0.52	0.75	0.79	0.78	0.78	0.86	0.88	0.94	1.01
26	0.46	0.61	0.54	0.75	0.84	0.90	0.96	1.11	1.20	1.22	1.23	1.41	1.56	1.64	1.80
27	0.82	0.76	0.78	0.90	0.91	0.91	0.95	1.41	1.92	1.77	1.88	2.09	2.12	2.47	2.67
28	0.69	0.68	0.66	0.70	0.94	1.30	1.61	1.38	0.97	1.32	1.47	1.61	1.66	1.85	1.89
29	0.34	0.35	0.35	0.44	0.43	0.42	0.42	0.49	0.48	0.52	0.57	0.61	0.65	0.72	0.78
30	1.07	1.11	1.42	1.32	1.11	1.06	1.09	1.40	1.37	1.36	1.32	1.39	1.49	1.67	1.86
31	0.72	0.85	0.96	0.99	1.03	1.12	1.09	1.42	1.33	1.36	1.40	1.57	1.64	1.85	2.01
32	0.79	0.94	1.18	1.00	0.78	0.63	0.50	0.52	0.40	0.39	0.42	0.49	0.55	0.61	0.67
33	0.29	0.38	0.36	0.38	0.27	0.28	0.28	0.30	0.30	0.32	0.32	0.37	0.38	0.42	0.46
34	—	—	—	—	—	—	—	—	—	—	—	—	—	—	—

第五节　本章小结

本节对主要观点和结论进行了归纳总结，并提出了分析研究中存在的不足和进一步研究的方向。

一、基本结论

第一，中国是隐含能源净出口国，2000~2014 年隐含能源净出口规模超过同期直接能源净进口规模。在本研究考察期间，中国隐含能源始终是净出口状态。2000~2014 年，中国通过国际贸易共出口隐含能源 140.87 亿吨标准煤，进口 68.79 亿吨标准煤，两项相抵，中国隐含能源净出口 72.08 亿吨标准煤，这个数字远大于同期中国直接能源净进口量 46.16 亿吨标准煤。因此，考虑隐含能源进出口因素，中国实际上是能源净出口国。所幸的是，在 2011 年之后，在直接能源净进口大幅增长而隐含能源净出口规模保持大体稳定的情况下，直接能源和隐含能源综合考虑下来中国变成了净进口国。总之，中国一方面大量直接进口能源，另一方面又以隐含的方式大量出口能源，说明中国在全球能源供应链中扮演着"资源中枢"的角色。

第二，规模效应是驱动中国隐含能源出口增长的主要因素，技术效应一般起反制作用，而结构效应往往也是助推隐含能源规模增长的因素。基于 LMDI 对不同年度的出口隐含能源增长进行的规模效应、结构效应和技术效应的分解分析，结果表明，规模效应的贡献度在三类效应中一直最大且为正数，表明出口规模的扩大是导致国内能源消耗量增加最直接、最显著的因素；技术效应在大多数情况下为负值，表明技术效应起到抑制出口隐含能源上涨的作用；结构效应在大多数情况下为正值，表明结构因素也是促进我国出口隐含能源增长的重要因素。从结构效应所起的作用来看，基于能源结构的视角，我国经济发展方式和外贸增长方式转型还不到位，高耗能行业在国民经济和出口贸易中仍然占据相当比重，并呈现结构"劣化"的特征。

第三，从国别流向来看，中国隐含能源主要流向发达国家。本书基于对中国与12个代表性国家隐含能源流向测算分析，可分为四类：第一类包括澳大利亚、巴西、加拿大、法国、印度和意大利，进出口规模都不大，出口大于进口，净出口规模较小。第二类指德国和英国，进出口规模都不大，但出口远大于进口，净出口规模较大。第三类指日本和美国，进出口规模都很大，且出口远大于进口，净出口规模很大。第四类包括韩国和俄罗斯，进口大于出口，是我国净进口隐含能源贡献国。由此可见，大多数发达国家是中国隐含能源主要出口国。

第四，中国隐含能源生产率提高和隐含能源贸易条件指数不断上升，中国外贸取得良好的经济效益和资源环境效益。多年来，我国出口隐含能源生产率逐步上升，表明从能源利用的视角看中国外贸出口获得越来越好的经济效益和资源环境效益。与此同时，中国进口隐含能源生产率也在缓慢上升，反映国际社会在全球能源利用效率和发展新能源方面所做的努力。进口端和出口端隐含能源生产率的共同提高，表明中国与世界各国贸易有利于发挥彼此优势、减少能源消耗，提高经济效益和资源环境效益，有利于全球可持续发展。

总体而言，我国隐含能源贸易条件指数是逐步上升态势，截至2014年，该指数已经达到0.85，逐渐逼近于1。隐含能源贸易条件指数上升表明从能源视角来看我国整体上对外贸易所得到的经济和环境效益是不断提升的，但目前还没有达到绝对意义上"好"的程度。本书预测在未来有限时间内，我国总体隐含能源贸易条件指数将达到甚至超过"1"，达到一个绝对意义上良好的效益水平。

第五，中美两国均从双边贸易中获得正向的经济效益和资源环境效益，相对而言美国获益更大。从中美两国贸易引致的隐含能源和增加值贸易利得来看，两国间出口隐含能源生产率都在提升，由于美国对中国出口隐含能源生产率更高，中国对美国隐含能源贸易条件指数2014年仅为0.62，但比2006年的低点上升了1倍多。这说明，中美贸易有利于两国，两国均从这种双边贸易中获得正向的经济效益和资源环境效益，并且，由于美国单位产品出口获得更高附加值，美国在生产效率上的优势使得其获益更大。这有力地驳斥了中美贸易中的"美国吃亏论""中国搭便车论"等论调。

二、研究展望

本章存在以下几点局限和不足，有待进一步改进和深入研究。

第一，在处理能源账户后续年度延展问题时，主要以国家层面的能源消耗比例系数为依据，并没有考虑行业因素的影响，实际上各行业每年能源消耗变化规律是存在一定差异的。后续研究时可以考虑利用中国海关数据库、中国工业企业数据库相关数据进行匹配后对各行业能源消耗数据进行更细致、准确的延展。

第二，在做我国出口贸易中隐含能源变化的效应分解时，仅考虑了规模、技术和结构三种因素的影响。其他的影响因素也可以考虑进来，还可以酌情对上述提及的三大效应进行二次分解，以求进一步了解出口隐含能源变化过程中存在的本质问题。更多的后续研究也可以从隐含能源流动的具体环节和路径（多国多部门）角度考虑对进出口贸易隐含能源流动变化情况进行分解分析。

第三，对于贸易的能源环境影响的分析只考察了产品和服务贸易中所涉及的隐含能源，并没有考虑提供这些产品和服务所需的其他支撑的隐含能源投入，其中最重要的就是与贸易相关的投资中的隐含能源含量。我们考虑，如果这些投资是由贸易驱动并为出口贸易服务的，那么这些投资所消耗的物资及其背后的隐含能源也可以被认为是间接出口的。如果将这部分的隐含能源消耗量包括进去，那么对外贸易对我国能源环境的影响将更大。但是，具体量化及测算方法存在很大难度，目前这方面的研究尚少，有待进一步推进。

本章参考文献

［1］Adriana E, Silvia V, Milan P. Analyzing Embodied Energy, Globalwarming and Acidification Potentials of Materials in Residential Buildings［J］. Procedia Engineering, 2017（180）：1675–1683.

［2］Bordigoni M, Hita A, Blanc G L. Role of Embodied Energy in the European Manufacturing Industry：Application to Short–Term Impacts of a Carbon Tax［J］. Energy Policy, 2012（43）：335–350.

［3］Carbonaro C, Cascone Y, Fantucci S, et al. Energy Assessment of a PCM–Embedded Plaster：Embodied Energy Versus Operational Energy［J］. Energy Procedia, 2015 (78): 3210-3215.

[4] Chastasa P, Theodosioua T, Bikasa D, et al. Embodied Energy and Nearly Zero Energy Buildings: A Review in Residential Buildings [J]. Procedia Environmental Sciences, 2017 (38): 554-561.

[5] Davies P J, Emmittb S, Firth S K. Delivering Improved Initial Embodied Energy Efficiency during Construction [J]. Sustainable Cities and Society, 2015 (1): 267-279.

[6] Fuertes P. Embodied Energy Policies to Reuse Existing Buildings [J]. Energy Procedia, 2017 (115): 431-439.

[7] Giordano R, Serrab V, Tortalla E, et al. Embodied Energy and Operational Energy Assessment in the Framework of Nearly Zero Energy Building and Building Energy [J]. Energy Procedia, 2015 (78): 3204-3209.

[8] He X J, Dong Y B, Wu Y Y, et al. Structure Analysis and Core Community Detection of Embodied Resources Networks Among Regional Industries [J]. Physica A: Statistical Mechanics and Its Applications, 2017 (479): 137-150.

[9] IFIAS. Energy Analysis Workshop on Methodology and Conventions [Z]. 1974.

[10] Liu Z Y, Guo Y B, Cao H J, et al. Embodied Energy in Dry Cutting Under Consumption of Tool and Materials [J]. Procedia CIRP, 2017 (61): 535-540.

[11] Liu Z, Geng Y, Lindner S, et al. Embodied Energy Use In China's Industrial Sectors [J]. Energy Policy, 2012 (49): 751-758.

[12] Machado, Giovani, Roberto Schaeffer and Ernst Worrell. Energy and carbon embodied in the international trade of Brazil: an input - output approach [J]. Ecological Economics, 2001, 39.

[13] Pomponi F, Moncaster A. Embodied Carbon Mitigation and Reduction in the Built Environment—What does the Evidence Say [J]. Journal of Environmental Management, 2016 (181): 687-700.

[14] Qier A, Haizhong A, Wei F, et al. Embodied Energy Flow Network of Chinese Industries: A Complex Network Theory Based Analysis [J]. Energy Proce-

dia，2014（61）：369-372.

[15] Qu X, Meng J, Sun X D, et al. Demand-Driven Primary Energy Requirements by Chinese Economy 2012 [J] . Energy Procedia, 2017（105）：3132-3137.

[16] Sato M, Kharrazi A, Nakayama H, et al. Quantifying the Supplier-Portfolio Diversity of Embodied Energy：Strategic Implications for Strengthening Energy Resilience [J] . Energy Policy, 2017（105）：41-52.

[17] Sharma A, Marwaha B M. A Methodology for Energy Performance Classification of Residential Building Stock of Hamirpur [J] . HBRC Journal, 2015（3）：337-352.

[18] Sun X D, Qu X, Zhang B. Embodied Energy Uses by China's Three Developed Regions [J] . Energy Procedia, 2016（104）：80-85.

[19] Tang X, Snowden S, Hoeoek M. Analysis of Energy Embodied in the International Trade of UK [J] . Energy Policy, 2013（57）：418-428.

[20] Wu S M, Lei Y L, Li L. Resource Distribution, Interprovincial Trade, and Embodied Energy：A Case Study of China [Z] . 2015.

[21] Yang R R, Long R Y, Yue T, et al. Calculation of Embodied Energy in Sino-USA Trade：1997-2011 [J] . Energy Policy, 2014（72）：110-119.

[22] Zhang M M, Wang Z F, Xu C, et al. Embodied Energy and Emergy Analyses of a Concentrating Solar Power（CSP）System [J] . Energy Policy, 2012（42）：232-238.

[23] 陈迎，潘家华，谢来辉. 中国外贸进出口商品中的内涵能源及其政策含义 [J] . 经济研究，2008（7）：11-25.

[24] 崔连标，韩建宇，孙加森. 全球化背景下的国际贸易隐含能源研究 [J] . 国际贸易问题，2014（5）：113-123.

[25] 顾阿伦，何建坤，周玲玲，等. 中国进出口贸易中的内涵能源及转移排放分析 [J] . 清华大学学报（自然科学版），2010（9）：1456-1459.

[26] 李小平，卢现祥. 国际贸易、污染产业转移和中国工业 CO_2 排放 [J] . 经济研究，2010（1）：15-26.

[27] 刘芳，郭朝先. 中国隐含能源国际流动规模测算与流向分析 [J] . 经

济研究参考，2018（25）：14-24.

[28] 刘会政，李雪珊. 我国对外贸易隐含能的测算及分析——基于 MRIO 模型的实证研究 [J]. 国际商务（对外经济贸易大学学报），2017（2）：38-48.

[29] 倪红福，李善同，何建武. 对外贸易隐含 SO_2 测算及影响因素的结构分解分析 [J]. 统计研究，2012（7）：54-60.

[30] 彭水军，刘安平. 中国对外贸易的环境影响效应：基于环境投入—产出模型的经验研究 [J]. 世界经济，2010（5）：140-160.

[31] 王磊. 中国能源消耗国际转移规模及驱动因素研究——基于完全分解均值法处理的 I-O SDA 模型 [J]. 山东财经大学学报，2015（2）：16-26.

[32] 韦韬，彭水军. 基于多区域投入产出模型的国际贸易隐含能源及碳排放转移研究 [J]. 资源科学，2017（1）：94-104.

[33] 杨来科，张云. 基于环境要素的"污染天堂假说"理论和实证研究——中国行业 CO_2 排放测算和比较分析 [J]. 商业经济与管理，2012（4）：90-97.

[34] 张雨微，赵景峰，刘航. 出口贸易能源隐含流的测算及制度性因素分析 [J]. 中国科技论坛，2014（9）：6.

[35] 章辉，蒋瑛. 基于方法改进后的中国对外贸易隐含能测算 [J]. 中国人口·资源与环境，2016（10）：94-102.

[36] 赵忠秀，王苒，闫云凤，等. 基于经典环境库兹涅茨模型的中国碳排放拐点预测 [J]. 财贸经济，2013（10）：81-88+48.

[37] 中华人民共和国国务院新闻办公室. 关于中美经贸摩擦的事实与中方立场 [N]. 人民日报，2018-09-25（010）.

[38] 朱启荣. 中国外贸中虚拟水与外贸结构调整研究 [J]. 中国工业经济，2014（2）：58-70.

第四章　隐含碳流动规模、流向和效益分析

　　2015 年，国际社会达成了气候变化《巴黎协定》，确立了全球温控长期目标，即在 21 世纪末将全球平均温升控制在工业革命前的 2℃ 以内，并努力控制在 1.5℃ 以内。众多研究表明，国际社会要实现这一目标，就必须在 21 世纪下半叶甚至 21 世纪中叶实现碳中和。2020 年 9 月 22 日，习近平在第七十五届联合国大会一般性辩论上郑重宣告，"中国二氧化碳排放力争于 2030 年前达到峰值，努力争取 2060 年前实现碳中和"（简称"双碳"目标）。中国"双碳"目标的提出，不仅与落实《巴黎协定》温升控制目标相一致，还与我国在 21 世纪中叶建成社会主义现代化强国和美丽中国的目标相契合，引起国际社会的广泛好评，提振了各方应对气候变化的信心和行动意愿。

　　本章研究中国对外贸易中隐含的碳排放的时空格局及演化规律，这有利于我们更加客观、理性地看待中国在国际贸易中扮演的角色，更好地理解中国提出"双碳"目标的意图，对于如何构建更加公平有效的、被世界各国广泛接受的国际气候新制度也具有重要意义。

第一节　文献综述

一、引言

气候变化是当今人类面临的重大挑战，从 1997 年的《京都议定书》、2007 年的《巴厘岛路线图》再到 2009 年的哥本哈根联合国气候谈判，各国都在积极为碳减排的责任和目标寻求途径和方法。2015 年 12 月 12 日在巴黎气候变化大会上通过《巴黎协定》，2016 年 11 月 4 日《巴黎协定》正式生效。《巴黎协定》确立了"各方将加强对气候变化威胁的全球应对，把全球平均气温较工业化前水平升高控制在 2℃ 之内，并为把升温控制在 1.5℃ 之内而努力"的目标，并建立了一系列机制保障目标的落实。《巴黎协定》是继 1992 年《联合国气候变化框架公约》、1997 年《京都议定书》之后，人类历史上应对气候变化的第三个里程碑式的国际法律文本，构建了 2020 年后的全球气候治理格局，为世界各国共同合作应对气候变化进一步确立了方向。

在此之前，中国已于 2015 年 6 月向《联合国气候变化框架公约》（UNFC-CC）秘书处正式递交了国家自主贡献方案（INDC）。中国的国家自主贡献方案中具体目标为二氧化碳排放 2030 年左右达到峰值并争取尽早达峰；单位国内生产总值二氧化碳排放比 2005 年下降 60%~65%，非化石能源占一次能源消费比重达到 20% 左右，森林蓄积量比 2005 年增加 45 亿立方米左右[①]。有研究证实，中国的碳减排的实际执行力度较大，近年来其年均碳强度下降率高于同期大部分发达国家，并且在 2010~2030 年，中国总的减排成本将占同期总 GDP 的比例约为 0.35%（王利宁等，2018）。中国始终秉持建设生态文明的发展理念，积极应对气候变化，充分展现了负责任的大国在解决全球问题中的不懈努力。然而，中国由于多年来具有第一位的对外贸易和温室气体排放规模，成为贸易和气候变化相

---

① 具体内容见《人民日报》文章——《强化应对气候变化行动——中国国家自主贡献》。

关谈判中的焦点，中国在应对气候变化中的地位和作用更加举足轻重。

尽管各国已在共同应对气候变化、实现碳减排目标方面达成一致，但在气候谈判中仍存在诸多分歧，这主要是因为各国对碳排放责任的界定存在巨大争议。虽然《巴黎协定》将自上而下的减排模式转为以"国家自主决定贡献（IN-DC）"为核心的减排模式，即依据各自的国情，在具体减排措施的形式、内容和数量等方面自主决定，体现出"共同但有区别的责任"的原则。但是对于一国碳排放量的核算仍然以"属地原则"（Territorial Responsibility Principle）[①] 为准。然而，随着全球经济发展和国际分工日益深化，一国可以进口他国商品和服务以满足国内的需求，同时将碳排放留在出口国境内。显然，属地原则核算的各国的碳排放责任未考虑国际贸易带来的碳排放的转移，在公平性和减排效率上存在诸多不足。

在面对巨大减排压力的同时，作为 WTO 的一员，中国因贸易不平衡等问题长期受到贸易摩擦纷扰，尤其是起始于 2018 年的中美贸易摩擦，为两国及全球经济发展带来了一定程度的负面影响。然而，中国在国际贸易中长期存在的顺差地位是由国际市场结构、中国禀赋条件、宏观经济因素等共同决定的，并且发达国家利用国际贸易的开放与便利将部分污染较高但附加值较低的生产环节和产业转移至发展中国家，而自身从附加值较高的环节获取相应利益。因此还应当看到，中国通过国际贸易承担了巨大的环境成本，但获得的增加值并不多，因而不能从单一视角衡量中国在国际贸易中的不平衡问题。

因此，在此背景下，研究中国对外贸易中隐含的碳排放的时空格局及演化规律，并分析其内在因素具有重要的意义，不仅有利于构建更加公平有效的、被世界各国广泛接受的国际气候新制度，而且有利于客观、理性地看待中国在国际贸易中扮演的角色。

二、研究现状

对外贸易中隐含碳排放的研究已成为经济学、生态学、地理学等多个领域广

---

① 联合国政府间气候变化专门委员会（IPCC）将碳排放的责任边界规定为："在国家领土和该国拥有司法管辖权的地区，包括近海海区，发生的温室气体排放和消除。"

大专家学者日益关注的话题，但较长阶段内受到贸易数据和碳排放数据可得性的限制，很难对这一问题进行彻底的回答。近年来，随着理论的发展和数据的不断丰富，国内外相关文献不断涌现。

在研究方法上，早期文献主要采用单区域投入产出模型，在进口隐含碳方面使用本国的碳排放系数代替其他国家系数（张友国，2010；李小平，2010），虽然这种方法可以理解为一国因进口而节约的国内碳排放，但不能客观地对一国国际贸易中的实际环境成本进行刻画。近年来，随着国际投入产出数据库的开发，研究者逐渐使用双边投入产出模型和世界投入产出模型对进口隐含碳进行测算。双边投入产出模型在分析两国之间的贸易时具有一定的便利性，但是忽略了中间品和最终品的差别，在分析一国在全球贸易网络内的隐含碳的总规模和流向时存在误差。然而世界投入产出模型建立了完整的中间产品贸易和最终产品贸易矩阵，逐渐成为研究贸易中环境问题的有效工具（Wiedmann，2009）。随着各种世界投入产出数据库的开发，越来越多的学者使用世界投入产出模型对国际贸易中隐含污染物的问题给出了更为准确的分析（Peters et al.，2011；张文城和彭水军，2014；彭水军等，2015）。

在研究内容上，大部分研究集中在估算中国进出口隐含碳的总体规模上，其中大部分文献的结果都表明中国已经成为一个"隐含碳排放净出口国"，即出口隐含碳明显高于进口隐含碳（Pan et al.，2008；姚愉芳等，2008；Yan and Yang，2010；闫云凤等，2013）。也有学者从生产侧和消费侧的角度对国际贸易中的隐含碳问题进行研究，Wiebe 等（2012）研究发现美国 2005 年消费侧碳排放比生产侧碳排放高 14.5%，中国消费侧碳排放比生产侧碳排放低 28%；彭水军等（2015）分析了 1995~2009 年中国生产侧和消费侧碳排放发现，中国生产侧碳排放明显高于消费侧碳排放。这些研究为回应"中国气候威胁论"的不合理性及生产者责任下的碳排放核算提供了证据。

然而，也有越来越多的学者提出，单一地从生产者责任或者消费者责任来衡量一国的碳排放责任，无法达到公平和效率的最优（Gallego and Lenzen，2005；Zhang et al.，2014），在当前国际贸易体系下，从贸易背后的隐含污染物转移和价值转移两个维度进行考虑，才能制定出更加科学合理的减排方案，最大限度地减少碳排放转移（Lenzen et al.，2007）。但是目前将环境成本和效益两者结合的研究较少，Duan 和 Jiang（2017）对"贸易污染条件"进行了改进，使用增加值贸易额代替了传统贸易额，研究发现中国污染贸易条件指数大于1，表明中国每增加一单位出口所排放的污染要多于其贸易伙伴。张文城和盛斌（2017）对1995~2009 年中国增加值出口和污染排放出口进行了测算发现，中国增加值出口排污强度出现显著的下降，但仍远高于其他出口强国。胡剑波和郭风（2017）从部门的视角研究发现中国 26 个产品部门的隐含碳污染贸易条件都大于 1。

受数据限制，以上研究大部分给出了截至 2009 年的研究结果，但 2009 年后全球贸易格局发生了巨变，中国产业结构不断优化，中国节能减排技术及执行力不断进步。此外，对于进口隐含碳的研究因其涉及国家较多，计算较为复杂，已有文献多以研究中国出口贸易中隐含碳问题为主，并且只有较少的文献进行了国际比较，但这样无法对中国的相关问题在世界中所处的位置有一个清晰的认识。因此，有必要对 2009 年后中国出口和进口贸易中隐含碳排放的时空转移给出完整的刻画，对相关驱动因素等进行分析，并进行广泛的国际比较。

三、本章创新之处

相对于已有研究，本章有四点创新之处：

第一，研究期为 1995~2014 年，时间跨度较大，能够对中国对外贸易隐含碳的时空格局给出动态的刻画，并且首次将研究期延长至 2014 年。

第二，使用世界投入产出表及各国真实的碳排放数据，分别对中国进出口隐含碳排放总规模和流向进行了更为准确的测算，并选取了世界主要国家进行了广泛的国际比较。

第三，对中国对外贸易隐含碳排放的行业分布进行了具体分析，能够对中国产业结构转型升级和迈向全球价值链高端环节的方向和具体方案制定给予参考。

第四，将对外贸易中反映环境转移的隐含碳排放和反映价值转移的增加值两个指标结合起来，提出了"隐含流生产率"的概念，不仅测算了主要国家各自的隐含碳生产率，而且从中国的角度更细致地分析了中国与主要贸易伙伴间的隐含碳生产率。

第二节　中国对外贸易隐含碳规模测算与分解

本书从中国对外贸易隐含碳总规模、行业分布、隐含碳结构分解分析、国家流向分析以及隐含碳生产率分析等方面对中国对外贸易中隐含碳排放的情况进行了测算和分析，多角度、多维度测算分析中国国际贸易中隐含碳流动情况，以及与此相联系的隐含碳排放贸易的经济效益问题，并据此讨论考虑环境成本条件下中国外贸的经济效益等问题。

一、数据来源

为了在世界投入产出框架下进行隐含碳[①]的测算，本部分主要涉及以下两部分数据：1995~2014 年世界投入产出表数据，1995~2014 年世界主要国家和地区分行业的 CO_2 排放数据。由于在本书中涉及的国家地区和年份较多，本书的数据来源也较广泛。世界投入产出数据来自 OECD 统计机构编制的 WIOD（World Input-Output Tables and Underlying Data）数据库，为缩小统计误差，尽量保持数据来源的一致性，1995~2009 年世界主要国家 CO_2 排放数据使用 WIOD 数据库中 CO_2 卫星账户，给出了 41 个国家和地区的分行业 CO_2 排放数据。对于 2010~2014 年缺失的 CO_2 排放数据，中国部分使用中国碳排放数据库（China Emission Accounts and Datasets，CEAD）补齐，该数据库在英国研究理事会、牛顿基金会、中国国家自然科学基金委员会、中国科学院等多家研究机构的共同支持下，由多国研究机构的学者，共同编纂中国多尺度碳排放清单，分析中国及其区域碳排放特征。笔者通过对比发现该数据库关于中国碳排放数据的核算方法与 WIOD 数据库的核算方法一致，数据吻合程度较高，未出现明显跳跃。世界其他国家和地区缺失的 CO_2 排放数据，在经一系列估算后，因缺失数据涉及年份较长、涉及国家

[①]　本书所研究的隐含碳排放是指隐含 CO_2 排放，不仅包括能源燃烧产生的 CO_2 排放，还包括工业过程中产生的 CO_2 排放。

和行业情况较复杂，为减少因估算造成的误差累计以及对分析结果准确性的干扰，并考虑 WIOD 数据库中世界其他国家和地区多为发达经济体，生产技术较为稳定等情况后统一使用该国和地区 WIOD 中 2009 年的碳排放系数作为替代，补齐缺失年份数据。

因不同数据的分类标准有所不同，WIOD 世界投入产出表和 CO_2 卫星账户 1995~2009 年数据按照 ISIC/Rev. 3 标准分为 42 个部门，2010~2014 年按照 ISIC/Rev. 4 标准分为 56 个部门，中国碳排放数据库（China Emission Accounts and Datasets）采用中国行业分类标准分为 47 个部门，为了使这三套数据的分类标准相匹配，对投入产出数据和 CEAD 分行业 CO_2 进行归并，最终建立包含 20 个部门的投入产出模型（见表 4-1）。

表 4-1　本书 20 个部门与 ISIC/Rev. 3、ISIC/Rev. 4 及 CAEDS 数据库行业编码对照

行业编码	名称	ISIC/Rev. 3 行业编码	ISIC/Rev. 4 行业编码	CAEDS 行业编码
1	农、牧、林、渔业	AtB	A01、A02、A03	1
2	采矿业	C	B	2~7
3	食品、饮料制造和烟草业	15t16	C10~C12	9~12
4	纺织、皮革和相关产品制造业	17t18、19	C13~C15	13~15
5	木材及木材制品、草编及编织制品业	20	C16	16、8
6	纸浆、纸和纸板的制造业	21t22	C17、C18	18、19
7	焦炭和精炼石油产品制造业	23	C19	21
8	化学品及化学制品制造业	24	C20、C21	22、23、24
9	橡胶和塑料制品制造业	25	C22	25、26
10	其他非金属矿物制品制造业	26	C23	27
11	基本金属制造业	27t28	C24、C25	28、29、30
12	通用专用设备制造业	29	C28	31、32
13	电气和光学设备制造业	30t33	C26、C27	34、35、36
14	交通运输设备制造业	34t35	C29、C30	33
15	其他制造业及废弃资源回收加工	36t37	C31~C32、C33、E37~E39	17、20、37、38

续表

行业编码	名称	ISIC/Rev. 3 行业编码	ISIC/Rev. 4 行业编码	CAEDS 行业编码
16	电力、天然气和水生产及供应业	E	D35、E36	39、40、41
17	建筑业	F	F	42
18	批发零售和住宿餐饮	50、51、52、H	G45、G46、G47、I	44
19	交通运输仓储和邮政信息	60~64	H49、H50、H51、H52、H53、J58、J59~J60、J61	43
20	其他服务业	J、70、71t74、L、M、N、O、P	K64、K65、K66、L68、J62~J63、M69~M70、M71~M75、N、O84、P85、Q、R~S、T、U	45、46、47

注：各行业编码参见本章附录。

二、中国对外贸易隐含碳排放总规模

本部分报告了 1995~2014 年中国总的贸易含碳量。如无特别说明，本章所有数据结果均为笔者测算，相应图表则根据笔者估计的数据绘制。

中国国际贸易量及其隐含碳排放量如表 4-2 所示。

表 4-2　中国国际贸易量及其隐含碳排放量

年份	出口隐含碳排放（万吨）	出口额（亿美元）	进口隐含碳排放（万吨）	进口额（亿美元）	隐含碳排放净出口（万吨）	净出口额（亿美元）
1995	59323	1487.8	9547	1320.8	49776	167
1996	54623	1510.5	10371	1388.3	44252	122.2
1997	57715	1827.9	10928	1423.7	46787	404.2
1998	58360	1837.6	12409	1401.7	45951	435.9
1999	53864	1949.3	14749	1657	39115	292.3
2000	59485	2492	18517	2250.9	40968	241.1
2001	59218	2661	20887	2435.5	38331	225.5
2002	69401	3256	24678	2951.7	44723	304.3
2003	90984	4382.3	28509	4127.6	62475	254.7
2004	118309	5933.2	31770	5612.3	86539	320.9

续表

年份	出口隐含碳排放（万吨）	出口额（亿美元）	进口隐含碳排放（万吨）	进口额（亿美元）	隐含碳排放净出口（万吨）	净出口额（亿美元）
2005	140257	7619.5	32481	6599.5	107776	1020
2006	160969	9689.4	33618	7914.6	127351	1774.8
2007	175797	12204.6	36816	9561.2	138981	2643.4
2008	176774	14306.9	40164	11325.7	136610	2981.2
2009	155601	12016.1	59422	10059.2	96179	1956.9
2010	193395	15777.5	82421	13962.4	110974	1815.1
2011	200759	18983.8	108534	17434.8	92225	1549.0
2012	203691	20487.1	116353	18184.1	87338	2303.0
2013	204924	22090.0	125752	19499.9	79172	2590.1
2014	199809	23422.9	122152	19592.3	77657	3830.6

注：进出口贸易额数据来自历年《中国统计年鉴》。

中国出口贸易隐含的碳排放指中国为满足世界其他国家和地区的需求在向其提供出口产品的同时留在中国境内的碳排放，测算结果如图4-1所示，中国向各国出口时隐含碳排放总体趋势为：1995~2001年小幅波动，2001~2008年大幅增加，2008~2009年出现大幅回落，2009~2014年小幅回升后趋于稳定。主要原因是2001年中国加入WTO后对外贸易规模大幅增加，其隐含碳排放规模也迅速增加；受2008年国际金融危机影响，中国出口贸易规模大幅缩减，因此出口隐含碳排放量大幅降低；随着世界经济复苏，中国出口规模回升，出口隐含碳排放量随之回升。不过，由于中国节能减排力度加大及清洁生产技术的提升，2010年后中国各部分碳排放系数减小，两种因素相互抵消，因此2010~2014年中国出口隐含碳排放趋于稳定。

分阶段看，1995~2001年出口隐含碳排放波动增长，从59323万吨到59218万吨小幅波动。2001~2008年出口隐含碳排放大幅增长，至2008年达到176774万吨，增加了117556万吨，并且各年均保持较高增长率，其中2003年和2004年两年增长幅度最大，2003年同比增长率最高，达到31.10%，2004年同比增长率为30.03%。2008~2009年出口隐含碳排放出现明显回落，由176774万吨下降至155601万吨，增长率为-11.99%。2010年出口隐含碳排放量出现大幅上升，增幅达到 24.29%，此后，增长态势比较平稳、波动不大。

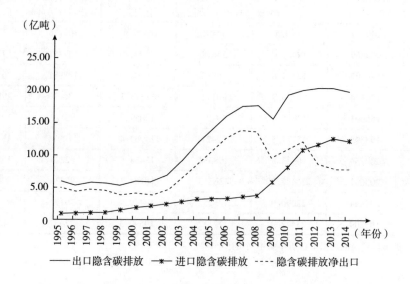

图 4-1 中国进出口贸易中隐含的碳排放量

中国进口贸易中隐含碳排放指中国进口他国商品，即他国为满足中国需求向中国出口商品而留在他国境内的碳排放，测算结果如图 4-1 所示，中国自各国进口时隐含碳排放总体趋势为：1995~2008 年中国进口隐含碳排放呈稳定增长的态势，2009~2014 年进一步快速增长。其中 1995~2004 年增幅较大，从 9547 万吨增加至 31770 万吨，增长了 232.77%，历年增速均在 10% 以上；2004 年后增长速度有所放缓，但仍保持持续上升；2009~2011 年三年出现大幅增加，增幅高达 30% 以上，由中国进口额数据可以看出中国进口规模大幅增加，因此拉动进口隐含碳排放快速增加。

对外贸易的隐含碳排放净出口指一国总出口与总进口中的隐含碳排放的差值，该差值为 0 表示对外贸易中隐含碳排放收支平衡，差值为正为碳排放顺差，意味着因为对外贸易，该国净出口了碳排放；差值为负为碳排放逆差，意味着该国净进口了碳排放。经测算可得中国对外贸易中隐含碳排放净出口为正，1995~2011 年中国隐含碳排放净出口趋势与中国出口隐含碳排放趋势基本一致，2011 年后随着进口隐含碳排放的快速增加，中国隐含碳排放净出口逐渐减少。可以看出，在对外贸易规模扩大的同时，因为中国作为"世界工厂"承担了许多中间环节的生产任务，将大量的碳排放留在了中国境内。目前的碳减排责任是按照排放的生产国而不是消费国来分配的，国际贸易带来了碳排放的跨国转移，掩盖了引致碳排放的实际责任国。不过，由于中国节能减排的努力，以及中国追求公正贸易和贸易平衡的努力，中国隐含碳排放净出口呈逐渐减少态势，2008 年之后逐步出现了这种变化。

图 4-2 给出了中国出口贸易和进口贸易隐含碳排放和隐含碳排放净出口在中国碳排放总量中所占的比例。可以看出，出口隐含碳排放占中国总碳排放的比重不断增加，2007 年达到研究期最高值 29.48%，说明中国出口贸易已经成为影响中国碳排放总量的重要因素。进口隐含碳排放从另一个角度可以解释为中国因进口其他国家产品而避免的国内碳排放，从占比来看，近年来有所增加，2014 年达到 13.48%。中国隐含碳净出口占比近年来逐年降低但始终为正，2014 年占比为 8.57%。

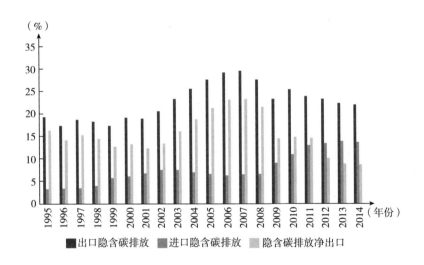

图 4-2　中国历年进出口贸易隐含碳排放在总碳排放中所占比例

三、隐含碳排放行业分布

（一）行业碳排放系数

直接碳排放系数（f）指单位产值的直接碳排放量，完全碳排放系数 C 指各部门单位产值的完全碳排放量, 为单位产值的直接碳排放量与间接碳排放量之和, 在投入产出模型中 $C=f\times(1-A^d)^{-1}$。各行业单位产值间接碳排放占完全碳排放的比重 ($1-f/C$) 可以反映出各行业的关联程度。

表4-3计算结果显示: 研究期内, 大部分行业间接碳排放与完全碳排放的比值大于50%, 甚至大于80%, 说明这些行业与其他行业的关联程度较大, 生产过程中中间产品投入比重较大, 所隐含的间接碳排放较高。

可以看出, 第二产业中各行业完全碳排放系数较高, 而第一产业及第三产业各行业完全碳排放系数较低。完全碳排放系数较高的几个行业为: 16 (电力、煤气和水的生产及供应业)、10 (非金属矿物制品业)、11 (基本金属及金属制品业)、19 (交通运输仓储和邮政信息)、7 (焦炭、精炼石油产品及核燃料制造业)、8 (化学品及化学制品业)。

由图4-3可知, 研究期内, 各行业完全碳排放系数大幅下降, 其中下降最多的行业为16 (电力、煤气和水的生产及供应业), 从1995年的33.43千克/美元下降至2014年的5.97千克/美元。这说明从20世纪90年代中期到"十二五"期间, 中国在工业生产过程中的节能减排上取得了显著的成效。

(二) 隐含碳排放行业分布

表4-4列出了中国出口贸易中隐含碳排放的行业分布, 大部分行业隐含碳排放与出口贸易总隐含碳排放趋势一致, 呈先增加后降低, 而后逐渐回升的趋势。可以看出, 中国出口贸易隐含碳排放的行业分布与中国以加工贸易为主的贸易结构, 及在全球分工中处于劳动密集型和自然资源密集型等较为低端的环节具有紧密的联系。

出口隐含碳排放前三的行业为电气和光学设备制造业、基本金属及金属制品业、纺织及服装和皮革制造业, 并且这三个行业在出口贸易中贡献了几乎一半的隐含碳排放。从行业所占份额的角度可以看出, 纺织及服装和皮革制造业, 食品、饮料制造及烟草业等传统制造业的隐含碳排放所占份额逐渐降低, 而电气和光学设备制造业、化学品及化学制品业等所占份额逐渐提高。

如表4-5所示, 中国进口贸易中电力、煤气和水的生产及供应业, 化学品及化学制品业, 基本金属及金属制品业隐含碳排放位居前三。化学品及化学制品业、基本金属及金属制品业隐含碳排放虽然逐年增加, 但其所占份额逐年降低,

表 4-3　各行业碳排放系数

行业代码	1995 年 直接（千克/美元）	1995 年 完全（千克/美元）	1995 年 1-f/C	2000 年 直接（千克/美元）	2000 年 完全（千克/美元）	2000 年 1-f/C	2005 年 直接（千克/美元）	2005 年 完全（千克/美元）	2005 年 1-f/C	2010 年 直接（千克/美元）	2010 年 完全（千克/美元）	2010 年 1-f/C	2014 年 直接（千克/美元）	2014 年 完全（千克/美元）	2014 年 1-f/C
1	0.44	1.70	0.74	0.30	1.19	0.75	0.29	0.95	0.69	0.08	0.44	0.82	0.06	0.32	0.81
2	1.65	4.98	0.67	0.91	2.97	0.69	0.62	2.58	0.76	0.31	1.42	0.78	0.16	0.92	0.83
3	0.65	2.49	0.74	0.28	1.51	0.81	0.17	1.13	0.85	0.11	0.62	0.82	0.05	0.40	0.88
4	0.46	2.55	0.82	0.29	1.69	0.83	0.21	1.51	0.86	0.08	0.78	0.90	0.03	0.51	0.94
5	0.45	2.90	0.84	0.16	1.80	0.91	0.13	1.53	0.92	0.06	0.81	0.93	0.03	0.58	0.95
6	1.13	4.29	0.74	0.50	2.26	0.78	0.31	1.86	0.83	0.25	1.20	0.79	0.10	0.76	0.87
7	1.54	4.88	0.68	1.00	2.91	0.66	0.57	2.25	0.75	0.24	1.26	0.81	0.18	0.95	0.81
8	2.71	6.96	0.61	1.26	3.98	0.68	0.60	2.82	0.79	0.28	1.52	0.82	0.17	1.11	0.85
9	0.66	4.16	0.84	0.21	2.42	0.91	0.14	2.00	0.93	0.05	1.10	0.95	0.02	0.78	0.97
10	4.55	9.03	0.50	2.89	5.79	0.50	2.80	5.57	0.50	2.39	4.10	0.42	1.52	2.78	0.45
11	1.99	6.85	0.71	1.28	4.55	0.72	0.99	3.59	0.72	1.10	2.84	0.61	0.77	2.09	0.63
12	0.55	3.87	0.86	0.19	2.41	0.92	0.10	1.96	0.95	0.08	1.29	0.94	0.04	0.92	0.96
13	0.17	3.25	0.95	0.05	1.83	0.97	0.02	1.39	0.99	0.01	1.04	0.99	0.00	0.77	1.00
14	0.34	3.45	0.90	0.16	2.19	0.93	0.08	1.63	0.95	0.02	1.04	0.98	0.01	0.75	0.99
15	0.96	3.57	0.73	0.29	1.82	0.84	0.15	1.44	0.90	0.07	0.82	0.91	0.04	0.59	0.93
16	29.92	33.43	0.10	19.65	21.75	0.10	9.97	14.85	0.33	5.08	8.30	0.39	3.69	5.97	0.38
17	0.11	4.32	0.97	0.09	2.72	0.97	0.11	2.52	0.96	0.02	1.70	0.99	0.01	1.21	0.99
18	0.19	1.93	0.90	0.09	1.22	0.93	0.04	0.90	0.96	0.06	0.47	0.87	0.04	0.30	0.87
19	1.00	2.90	0.66	0.91	2.18	0.58	0.84	1.83	0.54	0.63	1.23	0.49	0.47	0.90	0.48
20	0.32	2.19	0.85	0.14	1.31	0.89	0.09	0.94	0.90	0.05	0.50	0.90	0.03	0.35	0.91

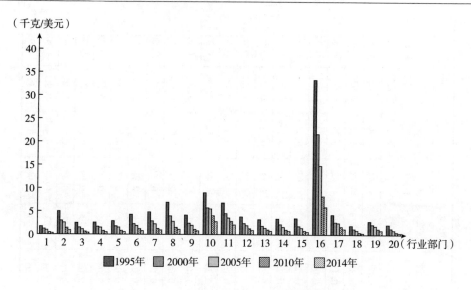

图4-3　部分年份国内各行业完全碳排放系数比较

表4-4　中国出口贸易中隐含碳排放行业结构分布

行业名称	代码	单位	1995年	1998年	2001年	2004年	2007年	2010年	2014年
农、林、牧、渔业	1	亿吨	0.11	0.06	0.05	0.06	0.07	0.06	0.04
		%	1.85	1.03	0.84	0.51	0.40	0.31	0.20
采矿业	2	亿吨	0.20	0.12	0.17	0.22	0.17	0.14	0.12
		%	3.37	2.06	2.86	1.86	0.97	0.72	0.60
食品、饮料制造及烟草业	3	亿吨	0.22	0.18	0.14	0.19	0.25	0.23	0.21
		%	3.71	3.09	2.36	1.61	1.42	1.19	1.05
纺织及服装和皮革制造业	4	亿吨	1.18	0.87	0.86	1.46	2.11	1.71	1.49
		%	19.90	14.92	14.48	12.35	12.01	8.83	7.46
木材及木材制品、草编及编织制品业	5	亿吨	0.08	0.05	0.04	0.07	0.10	0.09	0.10
		%	1.35	0.86	0.67	0.59	0.57	0.46	0.50
造纸和纸制品业、印刷和出版业	6	亿吨	0.08	0.06	0.05	0.07	0.08	0.08	0.12
		%	1.35	1.03	0.84	0.59	0.46	0.41	0.60
焦炭、精炼石油产品及核燃料制造业	7	亿吨	0.05	0.07	0.10	0.20	0.13	0.21	0.26
		%	0.84	1.20	1.68	1.69	0.74	1.08	1.30
化学品及化学制品业	8	亿吨	0.25	0.54	0.46	0.81	1.36	1.23	1.29
		%	4.22	9.26	7.74	6.85	7.74	6.35	6.46

续表

行业名称	代码	单位	1995 年	1998 年	2001 年	2004 年	2007 年	2010 年	2014 年
橡胶及塑料制品业	9	亿吨	0.28	0.28	0.24	0.39	0.62	0.43	0.46
		%	4.72	4.80	4.04	3.30	3.53	2.22	2.30
非金属矿物制品业	10	亿吨	0.34	0.35	0.28	0.49	0.61	1.02	1.28
		%	5.73	6.00	4.71	4.15	3.47	5.27	6.41
基本金属及金属制品业	11	亿吨	0.89	0.84	0.74	1.83	2.35	2.93	3.52
		%	15.01	14.41	12.46	15.48	13.38	15.13	17.63
通用专用设备制造业	12	亿吨	0.19	0.20	0.27	0.64	1.30	1.77	1.71
		%	3.20	3.43	4.55	5.41	7.40	9.14	8.56
电气和光学设备制造业	13	亿吨	1.08	1.11	1.23	3.01	5.24	5.81	5.88
		%	18.21	19.04	20.71	25.47	29.82	30.01	29.44
交通运输设备制造业	14	亿吨	0.09	0.13	0.13	0.30	0.61	0.93	0.84
		%	1.52	2.23	2.19	2.54	3.47	4.80	4.21
其他制造业及废弃资源回收加工	15	亿吨	0.16	0.14	0.20	0.27	0.45	0.40	0.56
		%	2.70	2.40	3.37	2.28	2.56	2.07	2.80
电力、煤气和水的生产及供应业	16	亿吨	0.15	0.10	0.10	0.17	0.15	0.18	0.19
		%	2.53	1.72	1.68	1.44	0.85	0.93	0.95
建筑业	17	亿吨	0.03	0.01	0.02	0.06	0.10	0.14	0.17
		%	0.51	0.17	0.34	0.51	0.57	0.72	0.85
批发零售和住宿餐饮	18	亿吨	0.07	0.24	0.28	0.42	0.38	0.60	0.58
		%	1.18	4.12	4.71	3.55	2.16	3.10	2.90
交通运输仓储和邮政信息	19	亿吨	0.33	0.27	0.35	0.81	1.08	0.96	0.77
		%	5.56	4.63	5.89	6.85	6.15	4.96	3.86
其他服务业	20	亿吨	0.15	0.21	0.23	0.35	0.41	0.44	0.38
		%	2.53	3.60	3.87	2.96	2.33	2.27	1.90

注：表中百分数为中国出口贸易中各行业隐含碳排放量在所有行业隐含碳排放量中的份额。

隐含碳排放量和其所占份额都呈波动增加趋势。电力、煤气和水的生产及供应业的隐含碳排放量及份额均逐年增加，但是在 2010 年出现了明显跳跃，这可能是受 WIOD 数据库与 CAEDS 数据库部门合并的影响，但仍可以对该部门的趋势给出参考。

表 4-5　中国进口贸易中隐含碳排放行业结构分布

行业名称	代码	单位	1995 年	1998 年	2001 年	2004 年	2007 年	2010 年	2014 年
农、林、牧、渔业	1	亿吨	0.024	0.023	0.035	0.055	0.065	0.113	0.182
		%	2.52	1.85	1.68	1.73	1.77	1.37	1.49
采矿业	2	亿吨	0.056	0.083	0.155	0.283	0.355	0.710	0.789
		%	5.87	6.68	7.42	8.91	9.64	8.61	6.46
食品、饮料制造及烟草业	3	亿吨	0.005	0.008	0.009	0.012	0.019	0.030	0.048
		%	0.52	0.64	0.43	0.38	0.52	0.36	0.39
纺织及服装和皮革制造业	4	亿吨	0.016	0.022	0.029	0.023	0.015	0.023	0.039
		%	1.68	1.77	1.39	0.72	0.41	0.28	0.32
木材及木材制品、草编及编织制品业	5	亿吨	0.002	0.003	0.004	0.005	0.006	0.008	0.016
		%	0.21	0.24	0.19	0.16	0.16	0.10	0.13
造纸和纸制品业、印刷和出版业	6	亿吨	0.014	0.018	0.024	0.029	0.028	0.032	0.039
		%	1.47	1.45	1.15	0.91	0.76	0.39	0.32
焦炭、精炼石油产品及核燃料制造业	7	亿吨	0.049	0.070	0.096	0.155	0.183	0.312	0.443
		%	5.14	5.64	4.60	4.88	4.97	3.79	3.63
化学品及化学制品业	8	亿吨	0.117	0.162	0.250	0.352	0.428	0.687	0.941
		%	12.26	13.04	11.97	11.08	11.63	8.34	7.70
橡胶及塑料制品业	9	亿吨	0.027	0.029	0.066	0.099	0.101	0.274	0.373
		%	2.83	2.33	3.16	3.12	2.74	3.32	3.05
非金属矿物制品业	10	亿吨	0.028	0.057	0.097	0.149	0.176	0.341	0.508
		%	2.94	4.59	4.65	4.69	4.78	4.14	4.16
基本金属及金属制品业	11	亿吨	0.189	0.236	0.369	0.538	0.556	0.945	1.265
		%	19.81	19.00	17.67	16.94	15.10	11.47	10.36
通用专用设备制造业	12	亿吨	0.010	0.010	0.015	0.020	0.022	0.039	0.043
		%	1.05	0.81	0.72	0.63	0.60	0.47	0.35
电气和光学设备制造业	13	亿吨	0.023	0.025	0.063	0.104	0.110	0.245	0.306
		%	2.41	2.01	3.02	3.27	2.99	2.97	2.51
交通运输设备制造业	14	亿吨	0.003	0.004	0.007	0.009	0.012	0.022	0.035
		%	0.31	0.32	0.34	0.28	0.33	0.27	0.29
其他制造业及废弃资源回收加工	15	亿吨	0.006	0.013	0.020	0.027	0.050	0.203	0.465
		%	0.63	1.05	0.96	0.85	1.36	2.46	3.81

行业名称	代码	单位	1995 年	1998 年	2001 年	2004 年	2007 年	2010 年	2014 年
电力、煤气和水的生产及供应业	16	亿吨	0.267	0.342	0.598	0.910	1.049	3.493	5.547
		%	27.99	27.54	28.64	28.65	28.50	42.38	45.41
建筑业	17	亿吨	0.002	0.001	0.002	0.003	0.004	0.008	0.012
		%	0.21	0.08	0.10	0.09	0.11	0.10	0.10
批发零售和住宿餐饮	18	亿吨	0.019	0.018	0.027	0.038	0.041	0.087	0.134
		%	1.99	1.45	1.29	1.20	1.11	1.06	1.10
交通运输仓储和邮政信息	19	亿吨	0.081	0.096	0.185	0.315	0.403	0.565	0.849
		%	8.49	7.73	8.86	9.92	10.95	6.86	6.95
其他服务业	20	亿吨	0.016	0.022	0.037	0.050	0.058	0.105	0.181
		%	1.68	1.77	1.77	1.57	1.58	1.27	1.48

注：表中百分数为中国进口贸易中各行业隐含碳排放量在所有行业隐含碳排放量中的份额。

四、出口贸易隐含碳排放因素分解分析

从表 4-6 可以看出，在 1995～2014 年整个研究阶段，中国出口贸易隐含碳排放增加 14.06 亿吨，是各因素正负效应共同作用的结果。根据 LMDI 分解分析，影响出口隐含碳排放的主要因素为技术效应、规模效应和结构效应，分别代表各部分完全碳排放系数、出口规模和出口结构的变化带来的影响。

表 4-6　中国出口隐含碳分阶段结构分解分析

时期	变动总规模（亿吨）	技术效应		规模效应		结构效应	
		贡献值（亿吨）	贡献率（%）	贡献值（亿吨）	贡献率（%）	贡献值（亿吨）	贡献率（%）
1995～2014 年	14.06	−16.09	−114.44	29.40	209.10	0.75	5.33
1995～2000 年	0.02	−0.47	−2350.00	0.50	2500.00	−0.01	−50.00
2000～2014 年	14.04	−11.21	−79.84	24.57	175.00	0.68	4.84
2000～2010 年	13.39	−7.46	−55.71	20.53	153.32	0.32	2.39
2010～2014 年	0.64	−4.05	−632.81	4.34	678.13	0.35	54.69

注：贡献率=相应的绝对量贡献/总隐含碳排放绝对变化量。负号表示该因素使得出口隐含碳排放减少。

规模效应是中国出口贸易隐含碳排放大幅度增加的主要因素。1995 年中国出口总额为 1487.8 亿美元，2014 年中国出口总额达到 23422.9 亿美元，是 1995 年的 15.74 倍。规模效应使 1995~2014 年出口隐含碳排放增加 29.40 亿吨，这一数值是 1995 年出口隐含碳排放的 4.96 倍。分阶段看，1995~2000 年规模效应为 0.50 亿吨，2000 年后规模效应在数量上明显增加，2000~2010 年规模效应使得出口隐含碳排放增加 20.53 亿吨，这与 2001 年底中国加入世界贸易组织后，中国的出口环境得到改善，释放了巨大的出口潜能密切相关。2010~2014 年规模效应为 4.43 亿吨，由于受到 2008 年全球金融危机的影响，2008~2009 年出口规模大幅收缩，拉低了这一阶段整体出口隐含碳排放的增长速度，但其贡献率高达 678.13%。

技术效应即完全碳排放系数的变化对隐含碳排放出口增长起到了主要的抑制作用，1995~2014 年使出口隐含碳排放减少 16.09 亿吨，贡献率达到 -114.44%。分阶段看，2000~2010 年为技术效应大量累积的阶段，使得出口隐含碳排放减少 7.46 亿吨；2010~2014 年技术效应仍起到较大的抑制作用，使得出口隐含碳排放减少 4.05 亿吨，贡献率在此阶段高达 -632.81%。这与"十一五"及"十二五"期间中国出台了一系列环境保护相关的规章制度，加大了各个行业节能减排力度密不可分，中国节能减排工作成效显著。

出口结构的变化使得整个研究期内出口隐含碳排放增加 0.75 亿吨，贡献率为 5.32%。由表 4-7 可以看出，中国出口产品较为集中，电气和光学设备制造业、纺织及服装和皮革制造业、基本金属及金属制品业等所占比重较大，并且近年来纺织及服装和皮革制造业等传统部门的比重逐渐降低，而通用专用设备制造业、化学品及化学制品业等部门所占比重增加，由此可以看出我国出口结构向着能源和碳密集型方向发展，因此使得出口隐含碳排放有所增加。

表 4-7　中国主要出口部门及出口比重

行业名称	代码	1995 年	2000 年	2005 年	2010 年	2014 年
电气和光学设备制造业（%）	13	20.26	24.68	35.49	33.02	31.98
纺织及服装和皮革制造业（%）	4	28.23	20.74	15.73	12.86	12.24
基本金属及金属制品业（%）	11	7.87	6.47	6.35	6.06	7.10

续表

行业名称	代码	1995 年	2000 年	2005 年	2010 年	2014 年
通用专用设备制造业（%）	12	3.03	3.63	5.21	8.05	7.82
批发零售和住宿餐饮（%）	18	2.22	8.29	6.30	7.54	8.05
化学品及化学制品业（%）	8	2.14	4.30	4.31	4.75	4.90
橡胶及塑料制品业（%）	9	4.07	3.86	3.03	2.32	2.47
食品、饮料制造及烟草业（%）	3	5.36	3.54	2.40	2.20	2.24

注：根据 WIOD 中国投入产出表计算各行业在所有行业中所占百分比。

从部门水平上，分别对 1995～2014 年整个研究期及 1995～2000 年、2000～2010 年、2010～2014 年三个阶段进行出口隐含碳分解分析，如图 4-4 所示。

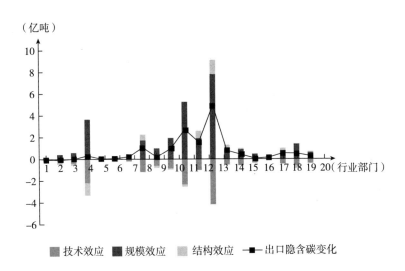

图 4-4　1995～2014 年各部门出口隐含碳变化结构分解

在 1995～2014 年整个研究期内，化学品及化学制品业、基本金属及金属制品业、通用专用设备制造业、电气和光学设备制造业出口隐含碳排放增幅较大，分别为 1.08 亿吨、2.72 亿吨、1.56 亿吨、4.95 亿吨，农、林、牧、渔业，采矿业，食品、饮料制造及烟草业出口隐含碳排放减少，其余行业小幅增加。通过分解分析可以看出，各部门规模效应均为正，技术效应均为负，结构效应有正有负。此阶段在部门层面上，大部分部门的出口隐含碳排放的增加来自规模效应与技术效应之差。

分阶段看，如图4-5所示，1995~2000年，大部分部门的出口隐含碳排放变化不大，有小幅度的增加或减少，通过分解分析可以看出，各部门规模效应均为正，技术效应均为负，结构效应有正有负。此阶段在部门层面上，大部分部门的技术效应和规模效应基本相互抵消，而结构效应即该部门出口比重的上升或下降在一定程度上决定了隐含碳排放的增减。

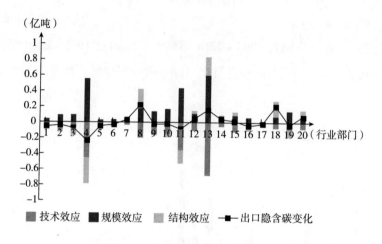

图4-5　1995~2000年各部门出口隐含碳变化结构分解

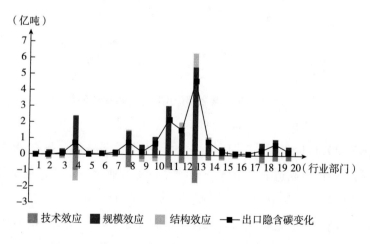

图4-6　2000~2010年各部门出口隐含碳变化结构分解

如图 4-6 所示，在 2000~2010 年，通过分解分析可以看出，各部门规模效应均为正，技术效应均为负，结构效应则有正有负。除农、林、牧、渔业，采矿业外，其他部门隐含碳排放均有所增加。在此阶段隐含碳排放增加最多的部门是基本金属及金属制品业、通用专用设备制造业、电气和光学设备制造业，可以看出规模效应是其隐含碳排放增加的主要影响因素，对其贡献率分别为 141.79%、91.15%、118.30%。

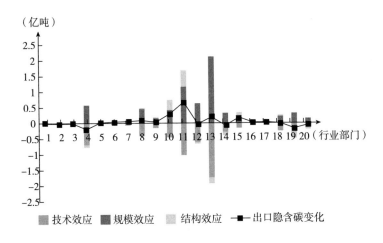

图 4-7 2010~2014 年各部门出口隐含碳变化结构分解

如图 4-7 所示，2010~2014 年，通过分解分析可以看出，部分行业出口隐含碳排放增加、部分行业出口隐含碳排放降低，所有行业规模效应均为正，技术效应均为负，结构效应有正有负。结构效应虽然引起出口隐含碳排放变化的绝对量较小，但在某些行业的隐含碳变化的正负上起到决定性的作用，如非金属矿物制品业、基本金属及金属制品业规模效应和技术效应大致相互抵消，但正向的结构效应使其出口隐含碳排放总体增加。通过分解分析可以看出，逐渐调整的贸易结构在出口隐含碳的变化中起到越来越重要的作用。

第三节　中国对外贸易隐含碳流向分析

本书测算了 1995~2014 年中国与主要贸易伙伴国之间对外贸易对中国碳排放的影响（见表 4-8），分析中国贸易含碳量的主要国别流向。本书选取的研究对象为美国、日本、英国、德国、法国、意大利、加拿大、印度、巴西、俄罗斯、韩国、澳大利亚 12 个国家，选择的研究国家地域范围较广，包含亚洲、欧洲、北美洲、南美洲和大洋洲代表性国家；国家类型丰富，既包括主要发达国家，又包括新兴经济体。

表 4-8　中国与主要贸易伙伴国贸易隐含碳排放

年份　　分类国家	1995		2000		2005		2010		2014	
	出口隐含（千万吨）	进口隐含（千万吨）	出口隐含（千万吨）	进口隐含（千万吨）	出口隐含（千万吨）	进口隐含（千万吨）	出口隐含（千万吨）	进口隐含（千万吨）	出口隐含（千万吨）	进口隐含（千万吨）
澳大利亚	1.46	0.30	1.30	0.66	3.62	0.98	4.62	2.16	4.61	3.15
巴西	0.43	0.04	0.42	0.09	1.09	0.32	3.74	0.79	4.19	1.02
加拿大	1.70	0.25	1.64	0.38	4.19	0.57	4.63	0.70	4.64	0.95
德国	4.04	0.28	3.25	0.49	6.99	0.94	8.10	1.79	7.20	2.33
法国	1.59	0.11	1.59	0.17	3.92	0.26	4.72	0.35	3.95	0.47
英国	2.34	0.25	2.76	0.27	5.24	0.37	5.10	0.21	4.75	0.43
印度	0.63	0.18	0.90	0.66	3.11	1.31	5.20	3.85	4.90	2.47
意大利	1.47	0.16	1.32	0.20	3.07	0.28	3.99	0.43	2.70	0.54
日本	10.30	0.74	8.54	1.36	15.47	2.53	14.50	3.78	14.24	3.53
韩国	1.94	0.82	2.32	1.75	5.51	2.51	6.34	4.44	6.88	7.24
俄罗斯	0.57	1.27	0.32	2.51	1.68	3.48	5.01	4.81	5.11	6.96
美国	15.91	1.06	18.51	1.37	40.25	2.09	35.00	3.08	34.22	4.51

注：为方便显示，本表仅列出 1995 年、2000 年、2005 年、2010 年和 2014 年的计算结果。

整体来看，中国对此 12 个研究国出口贸易中隐含碳排放从 1995 年的 42.38

千万吨增加至 2014 年的 97.39 千万吨，从隐含碳排放趋势看，中国向各国出口隐含碳排放趋势为：1995~2001 年小幅波动，2001~2008 年大幅增加，2008~2009 年出现大幅回落，2009~2014 年小幅回升后趋于稳定。中国自各国进口隐含碳排放呈逐年上升趋势。

从所占份额来看（见图 4-8 和图 4-9），12 个研究国占中国总出口隐含碳排放的份额从 71.43% 下降至 48.75%；中国自此 12 个研究国进口贸易中隐含碳排放从 1995 年 5.46 千万吨增加至 2014 年的 33.60 千万吨，其占中国总进口隐含碳排放的份额从 57.13% 下降至 27.52%。

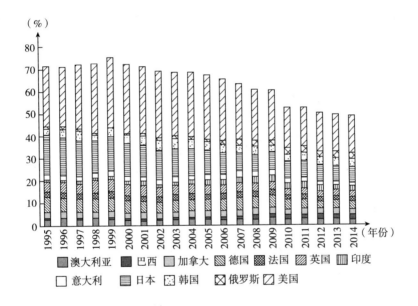

图 4-8 各研究国在中国出口隐含碳所占份额

从各国所占份额的角度来看，美国是中国出口隐含碳排放的最大对象国，其所占份额在 15%~30%，1999 年达到研究期内最高值，为 31.14%，随后逐年降低，2014 年为 17.12%。日本为第二大对象国，其所占份额从 1995 年的 17.36% 逐年降低至 2014 年的 7.13%，但仅次于美国。德国、韩国在日本之后，历年所占份额均在 3%~6% 波动。巴西、印度、俄罗斯所占份额虽然较小，但其份额基本呈逐年增加趋势。

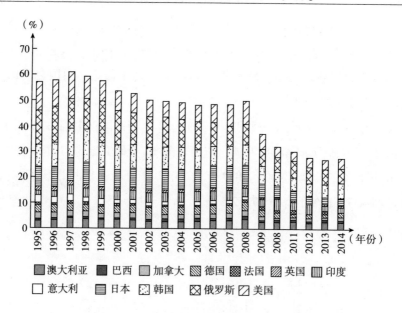

图 4-9　各研究国在中国进口隐含碳所占份额

　　从进口隐含碳各国所占份额的角度看，与出口隐含碳排放不同，进口隐含碳排放的国家分布较为均匀，主要贡献国为韩国、日本、俄罗斯、美国。其中，韩国近年来所占份额稳定在 5% 左右；日本所占份额自 1995 年的 7.77% 下降至 2014 年的 2.89%；俄罗斯所占份额从 1995 年的 13.09% 逐年降低至 2014 年的 5.70%；美国所占份额从 1995 年的 11.11% 下降至 2014 年的 3.70%。此外，巴西、印度所占份额近年来呈增加趋势。

　　为了更直观地对比中国与各国贸易中出口隐含碳排放和进口隐含碳排放的相对关系，表 4-9 提供了中国与这些国家进行贸易时出口隐含碳排放和进口隐含碳排放的比值。当此比值大于 1 时，即出口隐含碳排放大于进口隐含碳排放，中国隐含碳排放净出口为正；反之，当此比值小于 1 时，即出口隐含碳排放小于进口隐含碳排放，中国隐含碳排放净出口为负。该比值越大说明出口隐含碳排放相较进口隐含碳排放越高，中国所承担的碳排放环境成本相对越高。

　　由表 4-9 可以看出，中国在与俄罗斯贸易中，该比值多年小于 1，隐含碳排放净出口多年呈现负值，意味着对外贸易引致的中国境内的碳排放少于俄罗斯境内的碳排放；中国在与韩国贸易中，该比值 2014 年为 0.95，中国隐含碳排放净出口为负值；中国在与其他 10 个国家贸易时，该比值均大于 1，即出口引致的排放在中国境内的隐含碳排放高于进口引致的排放在其他国家境内的碳排放。

　　具体来看，以 2014 年数据为参照，根据中国与这些国家进行贸易时出口隐含碳排放和进口隐含碳排放的比值大小可将中国与 12 个主要研究国贸易中的碳排放情况分为四组：第一组为法国、英国、美国三国，该比值大于 7，与这些国家进行贸易时，中国出口隐含碳排放远高于进口隐含碳排放；第二组为巴西、加拿大、德国、意大利、日本五国，该比值在 4 左右，与这些国家进行贸易时，中国出口隐含碳排放为进口隐含碳排放的 4 倍左右；第三组为澳大利亚、印度、韩国，该比值在 1 左右，与这些国家进行贸易时，中国出口隐含碳排放与进口隐含碳排放基本相当；第四组为俄罗斯，该比值多年均小于 1，与俄罗斯进行贸易时，中国出口隐含碳排放低于进口隐含碳排放，隐含碳排放净出口为负。可见，虽然整体趋势趋同，但中国出口隐含碳排放和进口隐含碳排放的相对关系在国家间存在差异，这与中国与该国之间的贸易规模、贸易结构以及该国本身的生产技术、碳排放系数等密切相关。

表 4-9　中国对外贸易中出口隐含碳排放与进口隐含碳排放之比

年份 国家	1995	1998	2001	2004	2007	2010	2012	2014
澳大利亚	4.79	3.03	1.74	3.68	3.61	2.14	1.83	1.46
巴西	11.39	9.56	3.17	2.33	5.57	4.71	3.72	4.11
加拿大	6.78	5.93	3.98	5.99	7.16	6.59	4.70	4.87
德国	14.60	10.63	4.82	6.41	8.41	4.54	3.36	3.09
法国	14.92	13.21	7.93	14.31	17.95	13.33	9.39	8.36
英国	9.51	12.77	8.94	13.64	15.29	23.72	15.14	11.07
印度	3.59	1.82	1.23	1.74	3.60	1.35	1.73	1.98
意大利	9.30	9.10	5.58	9.79	12.42	9.32	5.43	4.96
日本	13.88	7.54	5.44	5.40	4.53	3.83	4.10	4.04
韩国	2.37	0.98	1.22	1.81	2.30	1.43	1.22	0.95
俄罗斯	0.45	0.32	0.19	0.36	1.41	1.04	0.76	0.73
美国	14.99	17.34	11.64	17.19	14.53	11.36	8.85	7.59

第四节　隐含碳跨境流动效益分析

隐含污染物总量在一定程度上反映了对外贸易中的环境成本转移，但不能反映国家之间的相对强度，如中国与美国贸易额远远大于中国与英国的贸易额，这样必然使得中国与美国的贸易隐含污染物顺差大于中国与英国的隐含污染物顺差，为了更好地反映国际贸易中的环境成本与经济效益的相对关系，本书提出"隐含流生产率"的概念，分析一定环境成本下的经济效益，其中环境成本通过前文提出的隐含流衡量，而经济效益方面使用增加值出口和增加值进口衡量，相比于传统的贸易额，增加值贸易能够更客观地反映在全球价值链下一国对外贸易的实际利得上。此部分具体分析了隐含碳的生产率，即贸易主体在出口和进口贸易中单位隐含碳所蕴含的增加值。

本部分测算了中国及其他主要国家作为贸易主体国在对外贸易中隐含碳生产率，以及基于隐含碳生产率的贸易条件，通过纵向和横向比较，客观地反映中国对外贸易隐含流生产率和贸易条件在世界主要国家中所处的位置。此外，测算了中国在与其他主要国家的贸易中，中国的出口与进口隐含碳生产率及国家间贸易条件。

一、隐含碳生产率

（一）主要国家的隐含碳生产率

图 4-10 为中国及 12 个主要研究国的单国出口隐含碳生产率，即各国作为贸易主体国向世界其他国家和地区出口时在单位碳排放下所获得的增加值。出口隐含碳生产率较高的国家为德国、法国、意大利、英国、日本等发达国家，其中2014 年法国出口隐含碳生产率高达 6.24 美元/千克，其他国家出口隐含碳生产率为 3 美元/千克至 4 美元/千克，巴西作为新兴经济体近年来出口隐含碳生产率增长迅速，2014 年高达 3.51 美元/千克；其次为美国、澳大利亚、加拿大、韩国等国，其中美国 2014 年出口隐含碳生产率为 2.86 美元/千克，其他国家为 1 美元/

千克至 2 美元/千克；出口隐含碳生产率较低的国家为印度、中国、俄罗斯，出口隐含碳生产率小于 1 美元/千克。在单国比较中，出口隐含碳生产率越高代表在相同环境成本下该国出口为本国创造的经济效益越高，进口隐含碳生产率越高代表一国进口使得其他国家在相同环境成本下获得的经济效益越高，贸易条件大于 1 则代表在相同环境成本下该国出口贸易为本国创造的经济效益小于进口贸易为世界其他国家和地区创造的经济效益。

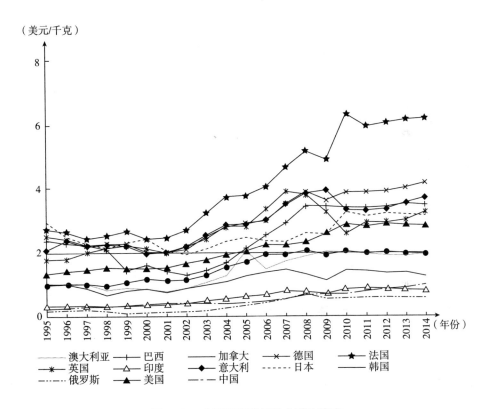

图 4-10　主要国家出口隐含碳生产率

从整体趋势看，大部分国家的出口隐含碳生产率呈波动上升趋势。涨幅较高的国家为中国、俄罗斯、印度和法国等，2014 年较 1995 年涨幅分别为 316.67%、205.26%、148.48% 和 127.74%，日本、韩国等出口隐含碳增长率较平稳。由以上分析可以看出，中国的出口隐含碳生产率从绝对量看仍处于较低水平，因此在承担了相同环境成本的条件下，中国出口贸易的实际获利水平低于发达国家，但近年来中国出口隐含碳生产率增长较快，说明中国在出口贸易中的环境效益及经济效益获得大幅提升。

图 4-11 为对中国及 12 个主要研究国测算的单国进口隐含碳生产率，即各国作为贸易主体国进口时的世界其他国家和地区在单位碳排放下获得的增加值。可以看出，世界主要国家进口隐含碳生产率 1995～2001 年较为平稳，2002～2008 年以较高增长率持续上升，2008～2010 年各国均出现不同幅度的回落，英国进口隐含碳生产率 2008～2009 年小幅下降后恢复上升，2010 年后在 2.2 美元/千克上下小幅波动，其他国家 2010 年隐含碳生产率持续小幅降低直至趋于平稳。

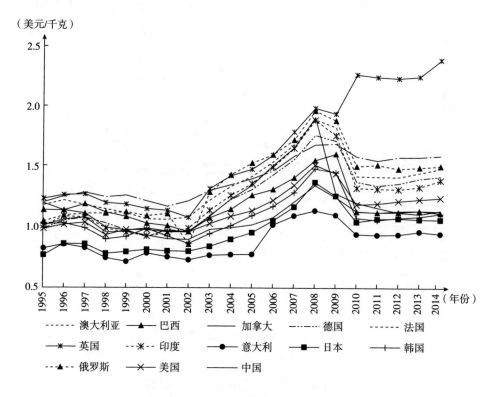

图 4-11　主要国家进口隐含碳生产率

从绝对量角度看，单国进口隐含碳生产率与出口隐含碳生产率不同，各国进口隐含碳生产率差距较小，在 0.7 美元/千克至 2.4 美元/千克波动。由以上分析可以看出，中国的进口隐含碳生产率从绝对量看仍处于中等水平，可以说明中国的进口使得世界其他国家和地区在承担了相同环境成本的条件下，获得了一定程度的经济效益。

（二）中国与主要贸易伙伴国间隐含碳生产率

前文对单国对外贸易隐含碳生产率的测算分析了中国和其他主要国家在国际贸易中的环境效益与经济效益，但给出的是一国在参与国际贸易时在世界范围内的平均情况，具体到国家之间的贸易时会根据国家间的贸易情况有所不同，因此为进一步刻画中国与主要贸易伙伴国之间的进出口贸易的环境成本和经济效益的相对关系，本部分测算了中国与他国进行贸易的国家间隐含碳生产率。以中国与X国的贸易为例，中国向X国出口隐含碳生产率越高表示相同单位成本下中国经济效益越高；中国自X国进口即为X国向中国出口，因此中国自X国进口隐含碳生产率越高代表在中国与X国贸易中，相同环境成本下X国经济效益越高；基于隐含碳生产率国家间贸易条件大于1则说明在承担相同环境的条件下，中国获得的经济效益大于X国，反之则小于X国。

由表4-10可以看出，中国向主要贸易伙伴国出口时隐含碳生产率趋势整体一致，呈逐年上升，生产率大小依出口对象不同有所区别，但差异较小。具体来看，在中国向俄罗斯出口时，出口隐含碳生产率最高，2014年达到1.24美元/千克，高于中国单国出口隐含碳生产率（详见上一部分）；其次为英国、法国、德国。在表4-10中，其他国家出口时的隐含碳生产率均低于中国单国出口隐含碳生产率，其中较低的国家为印度、韩国、巴西。由上述分析可以看出，在承担相同环境成本时，中国在向欧洲地区或美国、日本等传统发达国家出口时获得的经济效益高于向印度、巴西等新兴经济体出口时的经济效益，这主要与中国向各国出口的产品结构紧密相关。

表4-10　中国向主要贸易伙伴国出口的隐含碳生产率

国家＼年份	1995	1998	2001	2004	2007	2010	2012	2014
澳大利亚（美元/千克）	0.25	0.31	0.41	0.39	0.54	0.69	0.83	0.95
巴西（美元/千克）	0.22	0.27	0.37	0.38	0.52	0.62	0.77	0.90

续表

年份 国家	1995	1998	2001	2004	2007	2010	2012	2014
加拿大（美元/千克）	0.25	0.30	0.40	0.39	0.56	0.68	0.82	0.96
德国（美元/千克）	0.23	0.29	0.40	0.39	0.55	0.71	0.87	1.03
法国（美元/千克）	0.23	0.30	0.42	0.41	0.56	0.72	0.86	1.03
英国（美元/千克）	0.23	0.31	0.43	0.43	0.57	0.76	0.92	1.09
印度（美元/千克）	0.23	0.26	0.36	0.35	0.49	0.58	0.70	0.83
意大利（美元/千克）	0.23	0.29	0.40	0.40	0.54	0.69	0.85	1.00
日本（美元/千克）	0.25	0.32	0.42	0.40	0.56	0.70	0.86	0.99
韩国（美元/千克）	0.25	0.35	0.44	0.39	0.56	0.60	0.71	0.84
俄罗斯（美元/千克）	0.29	0.33	0.47	0.44	0.61	0.85	1.02	1.24
美国（美元/千克）	0.23	0.30	0.41	0.40	0.56	0.68	0.83	0.96

由表 4-11 可以看出，中国自主要贸易伙伴国进口时，1995～2001 年进口隐含碳生产率较为平稳，2001 年后呈逐年稳步上升趋势，并且依进口国家不同体现出较大差异。其中进口隐含碳生产率较高的国家为法国、德国、英国、巴西及意大利，高于中国单国进口隐含碳生产率（2014 年为 1.14 美元/千克），上述国家在承担相同环境成本的条件下，为满足中国进口货品和服务即向中国出口货品和服务所获得的经济效益相较其他进口国更高；进口隐含碳生产率较低的国家为俄罗斯、印度、韩国。以 2014 年数据为例，中国进口隐含碳生产率最高的国家为法国（6.40 美元/千克），是进口隐含碳生产率最低的国家俄罗斯（0.60 美元/千克）的 11 倍左右。进口隐含碳生产率之所以存在较大差异，一方面是由于法国、德国等发达国家处于价值链高端环节，为中国提供的进口品多为高附加值产品，另一方面是由于这些国家具有相对绿色的生产技术和能源结构，在新能源使用、低碳和清洁生产等方面具有先进经验，碳排放系数相对较小。

表 4-11 中国自主要贸易伙伴国进口的隐含碳生产率

年份 国家	1995	1998	2001	2004	2007	2010	2012	2014
澳大利亚（美元/千克）	1.10	0.78	0.71	1.19	1.80	2.15	1.99	1.92

续表

年份 国家	1995	1998	2001	2004	2007	2010	2012	2014
巴西（美元/千克）	2.20	1.93	1.24	1.46	2.66	3.24	3.40	3.48
加拿大（美元/千克）	0.99	0.82	1.02	1.34	1.86	1.92	1.89	1.96
德国（美元/千克）	2.81	2.47	2.22	3.49	4.35	4.54	4.54	4.90
法国（美元/千克）	3.63	3.27	3.07	4.37	5.21	6.61	5.98	6.40
英国（美元/千克）	1.71	2.16	2.30	2.95	4.75	4.86	4.87	4.39
印度（美元/千克）	0.32	0.28	0.34	0.40	0.63	0.55	0.66	0.79
意大利（美元/千克）	2.49	2.39	2.25	3.32	4.08	4.01	3.80	4.05
日本（美元/千克）	3.40	2.26	2.18	2.60	2.58	2.92	2.87	2.88
韩国（美元/千克）	0.98	0.64	0.72	1.08	1.50	1.52	1.44	1.34
俄罗斯（美元/千克）	0.14	0.16	0.13	0.25	0.55	0.54	0.61	0.60
美国（美元/千克）	1.35	1.55	1.67	2.12	2.36	2.69	2.66	2.64

二、隐含碳贸易条件

为了更直接地分析各国作为贸易主体国的出口和进口行为的隐含碳生产率的相对关系，本书计算了隐含碳贸易条件，即单国出口隐含碳生产率和进口隐含碳生产率的比值。由表4-12的结果可以看出，法国、意大利、德国、日本等发达国家和巴西贸易条件较高，美国、澳大利亚、韩国等国家贸易条件次之，中国、印度、俄罗斯三国贸易条件近年来虽有所增加但仍小于1。在相同的环境成本下，中国作为贸易主体国向世界其他国家和地区出口所获得的经济效益低于中国自世界其他国家和地区进口（其他国家向中国出口）时为其他国家创造的经济效益。中国较低的出口隐含碳生产率一方面反映了中国为满足世界其他国家和地区的需求而承担了巨大的环境成本，这是因为中国作为"世界工厂"尚处于价值链的低端环节，出口多以附加值较低、碳排放密集度较大的加工贸易产品为主；另一方面拓展了评价中国在出口贸易中利得的视角，在传统贸易核算中我国虽处于贸易顺差的地位，但在共同考虑环境成本和经济效益的相对关系的贸易条件中，中国出口的贸易利得低于通过进口为世界其他国家和地区创造的利得。

表 4-12　世界主要国家国际贸易中单国隐含碳贸易条件

年份 国家	1995	1998	2001	2004	2007	2010	2012	2014
澳大利亚	0.97	0.87	0.87	1.28	1.44	1.77	1.69	1.74
巴西	2.10	1.88	1.40	1.47	2.08	3.04	3.07	3.13
加拿大	0.82	0.76	0.96	1.15	1.22	1.29	1.28	1.23
德国	2.55	2.21	2.06	2.28	2.26	2.83	2.89	2.96
法国	2.31	2.21	2.33	2.82	2.78	4.47	4.30	4.19
英国	1.44	1.79	1.75	1.99	2.19	1.15	1.32	1.38
印度	0.33	0.32	0.39	0.44	0.48	0.65	0.66	0.59
意大利	2.53	3.06	2.69	3.74	3.21	3.56	3.60	3.96
日本	3.87	2.77	2.57	2.64	2.01	3.14	3.02	2.98
韩国	0.99	0.74	0.82	1.08	1.15	1.35	1.26	1.13
俄罗斯	0.16	0.15	0.13	0.19	0.32	0.38	0.40	0.39
美国	1.35	1.65	1.59	1.78	1.66	2.44	2.40	2.30
中国	0.20	0.31	0.43	0.33	0.34	0.59	0.76	0.88

中国与主要贸易国间贸易条件与单国贸易条件的含义有所不同，单国贸易条件由单国隐含碳生产率得出，反映的是在与世界其他国家和地区进行出口与进口贸易时的平均情况，而国家间的贸易条件更能从中国的角度直观地刻画中国在与各国进行贸易时在承担相同碳排放成本下的经济效益对比情况，贸易条件大于1代表中国向该国出口的隐含碳生产率高于该国向中国出口的隐含碳生产率，贸易条件小于1代表中国向该国出口的隐含碳生产率小于该国向中国出口的隐含碳生产率。由表 4-13 和图 4-12 可以看出，中国除与俄罗斯、印度的贸易条件大于1外，与其他国家的贸易条件均小于1。其中中国与俄罗斯贸易条件自 1995 年呈现先下降后回升的趋势，2014 年达到 2.06，这与俄罗斯向中国出口时隐含碳排放较高有关；中国与印度的贸易条件多年在 1 上下波动，2014 年达到 1.05，这与中国和印度作为后发追赶国家具有相似的产业和贸易结构相关；贸易条件指数较小的国家为德国、法国、英国和美国等发达国家，可见中国在向这类国家出口时单位碳排放成本所获得的经济效益较低，更多地承担了为满足他国消费而转移至中国境内的环境成本。

表 4-13　中国与主要贸易国间隐含碳贸易条件

国家＼年份	1995	1998	2001	2004	2007	2010	2012	2014
澳大利亚	0.23	0.40	0.58	0.33	0.30	0.32	0.42	0.50
巴西	0.10	0.14	0.30	0.26	0.20	0.19	0.23	0.26
加拿大	0.25	0.37	0.39	0.29	0.30	0.35	0.43	0.49
德国	0.08	0.12	0.18	0.11	0.13	0.16	0.19	0.21
法国	0.06	0.09	0.14	0.09	0.11	0.11	0.14	0.16
英国	0.14	0.14	0.19	0.15	0.12	0.16	0.19	0.25
印度	0.71	0.94	1.04	0.88	0.78	1.05	1.06	1.05
意大利	0.09	0.12	0.18	0.12	0.13	0.17	0.22	0.25
日本	0.07	0.14	0.19	0.15	0.22	0.24	0.30	0.34
韩国	0.25	0.55	0.61	0.36	0.37	0.40	0.49	0.63
俄罗斯	2.09	2.11	3.68	1.78	1.11	1.59	1.68	2.06
美国	0.17	0.19	0.24	0.19	0.24	0.25	0.31	0.36

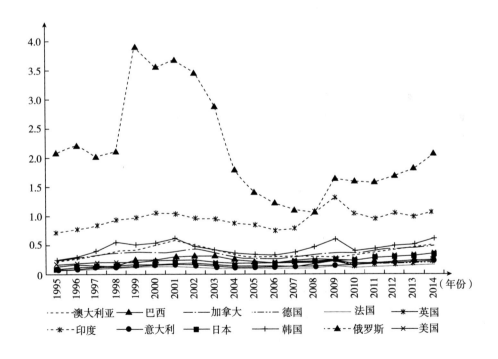

图 4-12　中国与主要贸易国间隐含碳贸易条件

第五节　本章小结

本章从碳排放的角度测算和分析了中国国际贸易中隐含资源要素流动的过程，得出以下结论：

第一，中国出口隐含碳排放规模较大，在经历数年的波动上升后已达到较大的规模，2014 年为 19.98 亿吨，占中国总碳排放的 22.05%，即为满足对世界其他国家和地区的需求，中国作为"世界工厂"将碳排放留在本国境内。然而，目前的碳减排责任是按照排放的生产国而不是消费国来分配的，国际贸易带来了碳排放的跨国转移，掩盖了碳排放的实际责任国。另外，中国隐含碳排放净出口为正，虽近年来有所回落但数额仍较大，2014 年达到 7.77 亿吨。

第二，从碳排放系数来看，中国各行业完全碳排放系数逐年降低，且降幅较大，这说明中国从 20 世纪 90 年代中期到"十二五"期间，中国在工业生产过程中的节能减排上取得了显著的成效，节能减排技术进步明显。完全碳排放系数最高的几个行业为：电力、煤气和水的生产及供应业，非金属矿物制品业，基本金属及金属制品业，交通运输仓储和邮政信息，焦炭、精炼石油产品及核燃料制造业，化学品及化学制品业。

第三，从行业分布来看，中国出口隐含碳排放行业分布与中国在全球价值链中所处环节及以加工贸易为主的贸易结构紧密相关。出口隐含碳排放排名前三的行业为电气和光学设备制造业、基本金属及金属制品业、通用专用设备制造业，这三个行业总隐含碳排放所占份额在 50% 左右。从行业所占份额的角度可知，纺织及服装和皮革制造业、橡胶及塑料制品业、造纸和纸制品业等传统低技术行业的隐含碳排放所占份额逐渐降低，而电气和光学设备制造业、通用专用设备制造业等高技术行业所占份额逐渐提高。中国进口贸易中电气和光学设备制造业、基本金属及金属制品业、通用专用设备制造业隐含碳排放位居前三，化学品及化学制品业、基本金属及金属制品业隐含碳排放虽然逐年增加，但其所占份额逐年降低，与出口贸易不同的是，农、林、牧、渔业在进口贸易隐含碳排放中占据了较大的份额，这与中国进口品需求紧密相关。

第四，从出口隐含碳排放因素分解分析得出：规模效应是中国出口贸易隐含碳排放大幅度增加的主要因素，技术效应即完全碳排放系数的变化对碳排放增长起到主要的抑制作用，出口结构的变化没有固定的方向，但近年来在总隐含碳排放中起到越加重要的作用。

第五，从中国与主要国家对外贸易隐含碳排放具体流向分析得出：美国是中国出口隐含碳排放的最大对象国，其所占份额在15%～30%，日本为第二大来源国，德国、韩国次之。进口隐含碳排放的国家分布较为均匀，主要贡献国为韩国、日本、俄罗斯、美国。中国在与俄罗斯贸易中，隐含碳排放净出口多年来呈现负值，意味着对外贸易引致的中国境内的碳排放少于俄罗斯境内的碳排放，但中国在与其他国家进行贸易时，隐含碳排放净出口均为正值（2014年的韩国例外）。

第六，从单国（平均）隐含碳生产率的角度可以得出：单国（平均）出口隐含碳生产率较高的国家为德国、法国、意大利、英国、日本等发达国家，其中2014年法国出口隐含碳生产率高达6.24美元/千克，出口隐含碳生产率较低的国家为中国、印度、俄罗斯，出口隐含碳生产率小于1美元/千克。因此，中国的出口隐含碳生产率从绝对量看仍处于较低水平，因此在承担了相同环境成本的条件下，中国出口贸易的实际获利水平低于发达国家，但近年来中国出口隐含碳生产率增长较快，说明中国在出口贸易中的环境效益及经济效益获得大幅提升。中国的进口隐含碳生产率从绝对量看仍处于中等水平，可以说明中国的进口使得世界其他国家和地区在承担了相同环境成本的条件下，获得了一定程度的经济效益。

第七，从中国与主要贸易伙伴国贸易间的隐含碳生产率得出：在承担相同环境成本时，中国在向发达国家出口时获得的经济效益高于向印度、巴西等新兴经济体出口时的经济效益，这主要与中国向各国出口的产品结构紧密相关。中国自主要贸易伙伴国进口时，进口隐含碳生产率依国家不同体现出较大差异，其中进口隐含碳生产率较高的国家为法国、德国、英国、巴西及意大利，高于中国单国进口隐含碳生产率（2014年为1.14美元/千克），上述国家在承担相同环境成本的条件下，为满足中国进口货品和服务即向中国出口货品和服务所获得的经济效益相较其他中国进口国更高；进口隐含碳生产率较低的国家为俄罗斯、印度、韩国。

以上结论表明：从碳排放角度来说，中国为满足世界其他国家和地区需求进行出口所承担的碳排放远大于因进口世界其他国家和地区商品而引致的他国境内碳排放。因此，在参与国际气候谈判的过程中，可以从隐含碳的视角出发，揭示中国巨额贸易顺差所隐含的碳排放，指出我国巨大的本土排放实际上是对其他国家排放的一种替代，着重强调发达国家对于我国温室气体排放所应负有的责任。从贸易利得的角度来说，在相同的环境成本下，中国作为贸易主体国向世界其他国家和地区出口所获得的经济效益，低于中国自世界其他国家和地区进口（其他国家向中国出口）时为其他国家创造的经济效益。中国较低的出口隐含碳生产率一方面反映出中国作为"世界工厂"尚处于价值链的低端环节，出口多以附加值较低、碳排放密集度较大的加工贸易产品为主，因此推动产业升级、迈向全球价值链高端环节迫在眉睫；另一方面，在传统贸易核算中中国虽处于贸易顺差的地位，但在考虑了环境成本和经济效益的相对关系的贸易条件中，中国出口的贸易利得低于通过进口为世界其他国家和地区创造的利得，因此应拓展视角来评价中国在国际贸易中的利得。

本章附录

附表 4-1　CAEDS 数据库行业分类对照

编码	行业英文名称	行业中文名称
1	Farming, Forestry, Animal Husbandry, Fishery and Water Conservancy	农林渔牧业
2	Coal Mining and Dressing	煤炭开采业
3	Petroleum and Natural Gas Extraction	石油和天然气开采业
4	Ferrous Metals Mining and Dressing	黑色金属矿采选业
5	Nonferrous Metals Mining and Dressing	有色金属矿采选业
6	Nonmetal Minerals Mining and Dressing	非金属矿采选业
7	Other Minerals Mining and Dressing	其他采矿业
8	Logging and Transport of Wood and Bamboo	木材、竹材开采运输业
9	Food Processing	食品生产

编码	行业英文名称	行业中文名称
10	Food Production	食品制造
11	Beverage Production	饮料制造业
12	Tobacco Processing	烟草制造业
13	Textile Industry	纺织业
14	Garments and Other Fiber Products	服装及其他纤维制品制造业
15	Leather, Furs, Down and Related Products	皮革、毛皮和羽绒制造业
16	Timber Processing, Bamboo, Cane, Palm Fiber & Straw Products	木材竹材等加工制造业
17	Furniture Manufacturing	家具制造业
18	Papermaking and Paper Products	造纸及纸制品业
19	Printing and Record Medium Reproduction	印刷和复印业
20	Cultural, Educational and Sports Articles	文化、教育和体育用品
21	Petroleum Processing and Coking	石油加工及炼焦业
22	Raw Chemical Materials and Chemical Products	化工原料及化工品制造
23	Medical and Pharmaceutical Products	医药制造业
24	Chemical Fiber	化学纤维制造
25	Rubber Products	橡胶制品业
26	Plastic Products	塑料制品业
27	Nonmetal Mineral Products	非金属矿物制品业
28	Smelting and Pressing of Ferrous Metals	黑色金属冶炼和压制
29	Smelting and Pressing of Nonferrous Metals	有色金属冶炼和压制
30	Metal Products	金属制品业
31	Ordinary Machinery	通用设备制造业
32	Equipment for Special Purposes	专用设备制造业
33	Transportation Equipment	交通设备制造业
34	Electric Equipment and Machinery	电气机械及器材制造业
35	Electronic and Telecommunications Equipment	电子及通信设备制造业
36	Instruments, Meters, Cultural and Office Machinery	仪器仪表和文化办公器械
37	Other Manufacturing Industry	其他制造业
38	Scrap and Waste	废弃物处理
39	Production and Supply of Electric Power, Steam and Hot Water	电力、蒸汽和热水的生产和供应
40	Production and Supply of Gas	气的生产和供应
41	Production and Supply of Tap Water	自来水的生产和供应

续表

编码	行业英文名称	行业中文名称
42	Construction	建筑业
43	Transportation, Storage, Post and Telecommunication Services	交通仓储及邮政电信
44	Wholesale, Retail Trade and Catering Services	批发零售和餐饮
45	Others	其他
46	Urban	城市部门
47	Rural	农村部门

本章参考文献

［1］Duan Y, Jiang X. Temporal Change of China's Pollution Terms of Trade and its Determinants［J］. Ecological Economics, 2017（132）: 31-44.

［2］Gallego B, Lenzen M. A Consistent Input-Output Formulation of Shared Producer and Consumer Responsibility［J］. Economic Systems Research, 2005（4）: 365-391.

［3］Lenzen M, Murray J, Sack F, et al. Shared Producer and Consumer Responsibility—Theory and Practice［J］. Ecological Economics, 2007（1）: 27-42.

［4］Wiedmann T. A Review of Recent Multi-Region Input-Output Models Used for Consumption-Based Emission and Resource Accounting［J］. Ecological Economics, 2009（2）: 211-222.

［5］Pan J, Phillips J, Chen Y. China's Balance of Emissions Embodied in Trade: Approaches to Measurement and Allocating International Responsibility［J］. Oxford Review of Economic Policy, 2008（2）: 354-376.

［6］Yan Y F, Yang L K. China's Foreign Trade and Climate Change: A Case Study of CO_2 Emissions［J］. Energy Policy, 2010（1）: 350-356.

［7］Peters G P, Hertwich E G. Post-Kyoto Greenhouse Gas Inventories: Production Versus Consumption［J］. Climatic Change, 2008（1-2）: 51-66.

［8］Peters G P, Minx J C, Weber C L, et al. Growth in Emission Transfers Via International Trade From 1990 to 2008［J］. Proceedings of the National Academy of

Sciences of the United States of America, 2011 (21): 8903-8908.

[9] Wiebe K S, Bruckner M, Giljum S, et al. Calculating Energy-Related CO_2 Emissions Embodied in International Trade Using a Global Input-Output Model [J]. Economic Systems Research, 2012 (2): 113-139.

[10] Zhang Z, Guo J, Hewings G J D. The Effects of Direct Trade within China on Regional and National CO_2, Emissions [J]. Energy Economics, 2014 (46): 161-175.

[11] Koopman R, Powers W, Wang Z, et al. Give Credit Where Credit is Due: Tracing Value Added in Global Production Chains [C]. Boston: National Bureau of E-conomic Research, 2011.

[12] 张友国. 碳排放视角下的区域间贸易模式: 污染避难所与要素禀赋 [J]. 中国工业经济, 2015 (8): 5-19.

[13] 郭朝先. 中国二氧化碳排放增长因素分析——基于 SDA 分解技术 [J]. 中国工业经济, 2010 (12): 47-56.

[14] 张友国. 中国贸易含碳量及其影响因素——基于（进口）非竞争型投入产出表的分析 [J]. 经济学（季刊）, 2010 (4): 1287-1310.

[15] 姚愉芳, 齐舒畅, 刘琪. 中国进出口贸易与经济、就业、能源关系及对策研究 [J]. 数量经济技术经济研究, 2008 (10): 56-65, 86.

[16] 张文城, 盛斌. 中国出口的环境成本: 基于增加值出口污染强度的分析 [J]. 数量经济技术经济研究, 2017 (8): 105-119.

[17] 李富佳. 区际贸易隐含碳排放转移研究进展与展望 [J]. 地理科学进展, 2018 (10): 1303-1313.

[18] 张文城, 彭水军. 南北国家的消费侧与生产侧资源环境负荷比较分析 [J]. 世界经济, 2014 (8): 126-150.

[19] 彭水军, 张文城, 卫瑞. 碳排放的国家责任核算方案 [J]. 经济研究, 2016 (3): 137-150.

[20] 彭水军, 张文城. 国际贸易与气候变化问题: 一个文献综述 [J]. 世界经济, 2016 (2): 167-192.

[21] 卫瑞, 张文城, 张少军. 全球价值链视角下中国增加值出口及其影响

因素［J］. 数量经济技术经济研究，2015（7）：3-20.

　　［22］闫云凤，赵忠秀，王苒. 基于 MRIO 模型的中国对外贸易隐含碳及排放责任研究［J］. 世界经济研究，2013（6）：54-58，86，88-89.

　　［23］胡剑波，郭风. 中国进出口产品中的隐含碳污染贸易条件变化研究［J］. 国际贸易问题，2017（10）：109-118.

　　［24］李小平. 国际贸易中隐含的 CO_2 测算——基于垂直专业化分工的环境投入产出模型分析［J］. 财贸经济，2010（5）：66-70.

　　［25］王文举，李峰. 国际碳排放核算标准选择的公平性研究［J］. 中国工业经济，2013（3）：59-71.

　　［26］邓光耀，韩君，张忠杰. 产业结构升级、国际贸易和能源消费碳排放的动态演进［J］. 软科学，2018（4）：35-38+48.

　　［27］乔小勇，李泽怡，相楠. 中间品贸易隐含碳排放流向追溯及多区域投入产出数据库对比——基于 WIOD、Eora、EXIOBASE 数据的研究［J］. 财贸经济，2018（1）：84-100.

　　［28］韩中，陈耀辉，时云. 国际最终需求视角下消费碳排放的测算与分解［J］. 数量经济技术经济研究，2018（7）：114-129.

　　［29］陈艺丹，蔡闻佳，王灿. 国家自主决定贡献的特征研究［J］. 气候变化研究进展，2018（3）：295-302.

　　［30］王利宁，杨雷，陈文颖，等. 国家自主决定贡献的减排力度评价［J］. 气候变化研究进展，2018（6）：613-620.

　　［31］钟声. "国家自主贡献"彰显中国担当［N］. 人民日报，2015-07-02（021）.

第五章　隐含土地流动规模、
流向和效益分析

本章首先对隐含土地资源的实证研究文献进行梳理，在总结研究进展、主要发现及存在问题的基础上，运用 WIOD 数据库和投入产出技术，就 1995~2014 年我国对外贸易隐含土地的规模、流向以及资源代价与经济效益之间的投入产出问题进行测算和比较分析，并根据我们的研究发现提出相关政策建议，以期对未来隐含土地问题研究及相关决策提供有益参考。

第一节　文献综述

作为世界上人口规模最大，而人均耕地面积不到世界平均水平 1/2 的新兴经济体，随着人民生活水平的不断提高和消费结构的不断升级，中国在粮食需求方面的对外依存度越来越高（世界银行，2015）。联合国粮食及农业组织统计显示，2013 年，中国的食物净进口已占其全部食品消费的 6.7%（Ali et al.，2017）。与此同时，中国作为"世界工厂"的经济地位意味着，其稀缺的土地资源又以隐含在各种出口商品中的方式源源不断地输到世界各地。中国为满足日益增长的本土和国际市场的消费需求而不断提高对土地资源的需求，不仅对本国土地资源的可持续利用构成严峻挑战，也对全球土地资源的配置格局产生了重要影响。因此，准确测算中国与其他国家或地区的贸易隐含土地资源的流动状况及其变化发展趋势，已经成为有效评价在全球化背景下中国与世界土地资源供需结构现状、存在的问题并判断其未来走势的重要前提。

20世纪末以来，随着中国人地矛盾问题及其对外部世界造成的外溢效应日益突出，以及数据可得性的提高和计算能力的增强，从消费或贸易隐含角度评估中国土地资源消耗的实证研究得到重视并取得了重要进展。但从笔者掌握的文献情况看，目前尚未有针对上述研究进展进行专门总结和评述的文献面世。本章试图对这一时期以来与中国相关的隐含土地资源的实证研究文献进行梳理，在总结研究进展及主要研究发现的基础上，讨论现有研究特别是在研究方法上存在的主要问题，以及相关研究发现的政策含义，以期对未来隐含土地问题研究及相关决策提供有益参考。

一、研究现状概述

随着经济全球化程度的不断加深，国际贸易已经成为众多国家通过境外生产来满足和改善本土消费的重要渠道，国际贸易不仅造成生产和消费的异地化程度不断提高，还导致生产环节的配置也越来越呈现全球化的趋势。一辆出口海外的中国本土装配的汽车，其零配件可能来自世界各地。在这种格局下，传统的基于本土直接投入来测算资源消耗的方法已经无法准确评价一个单一国家的生产和消费活动造成的资源消耗状况，研究和决策者需要一套从生产到消费的整个供应链、涵盖资源的直接和间接消耗的评价方法才能更好地把握一国满足自身消费需求所实际消耗的本土资源，以及对境外资源的依赖程度。在此背景下，一些致力于从最终需求而不是生产角度评价其引致的直接和间接土地资源消耗的概念框架及测算方法开始兴起。

尽管早在20世纪60年代，就有学者提出了"幽灵面积"（Ghost Acreage）的概念，用于描述隐藏在农产品贸易背后的看不见的土地资源消耗（Han and Chen，2018）；但针对土地使用，特别是隐含在贸易活动中土地使用的实证研究，是从20世纪末左右随着区域和全球维度上粮食生产和贸易数据的日渐完善而开始大大增加的。从概念界定角度看，研究者相继提出了生态足迹（Ecological Footprint，EF）、土地足迹（Land Footprint）、虚拟土地（Virtual Land）、隐含土地（Embodied or Embedded Land）等概念用于描述人类消费行为造成的土地资源影响。例如，在 20 世纪 90 年代就有人提出了"生态足迹"的概念，并将之定义为"地球上能连续满足既定人口的资源消费需求，并吸纳其制造垃圾的具有生产力的土地和水域面积的总和"（Guo et al.，2014）。Bruckner 等提出，"土地足迹"相关指标旨在从消费视角刻画基于土地的商品供应链条以及与此关联的土地系统。Yu 等用"隐含土地"概念指代产品生产过程中直接和间接使用的土地资源，并认为对隐含土地的测算作为一种基于消费而不是生产的土地使用测算方法，更有助于考察本地消费对整个供应链条沿线造成的资源环境影响。中文文献则普遍使用"虚拟土"或"虚拟土地"概念指代"商品和服务生产过程中所需要的土地资源数量"，并强调其以虚拟形式隐形或隐含于产品中的特性（罗贞礼等，2004；严志强等，2007）。由此可见，部分中文文献虽未直接使用"隐含土地"的概念，但对其隐含于产品中的虚拟特性的描述表明，虚拟土地与隐含土地具有一致的内涵。Habucek 和 Feng（2016）也认为虚拟土地和隐含土地概念可交替使用，均指溯及全供应链的直接和间接土地消耗的总和。

从对消费或贸易隐含土地的测算和评估办法看，自 20 世纪 90 年代后期开始，Wackernagel 和 Rees 自主开发了国家足迹账户（National Footprint Account）方法用来测算各个空间维度的生态足迹。2003 年他们建立国际智库全球足迹网络（GFN），对外发布全球近 150 个国家和地区的生态足迹，其方法和数据在学术界得到了广泛运用（Guo et al.，2014）。与此同时，运用实物量测算土地足迹的方法也开始出现，这一方法通常根据单位农林产品的土地需求（或土地消耗系数）及其在特定区域和时期内的产量及贸易量来测算其对土地资源的占用或消耗情况，因而主要涵盖农林等初级产品及粗加工产品生产造成的直接土地消耗。由于生态足迹或基于实物量的测算方法无法追踪所有农林产品的最终用途，而投入产出分析（IOA）却因为可以借助产业间的投入产出关系来追溯所有资源消耗的最终需求源头，进而能清晰把握不同经济体之间的土地资源的转移活动和相互依存程度，因此更受到学术界的青睐。自 1998 年 Bicknell 等将 IOA 运用于新西兰土地使用评估以来，从不同空间维度运用 IOA 进行土地资源消耗评估的实证研究陆续开展起来，2010 年后更是呈现出强劲增长的势头（Chen and Han，2015）。

就以中国为研究对象的成果来看，Hubacek 和 Sun（2001）最早运用 IOA 对中国未来土地需求进行了情景模拟分析，根据中国经济社会状况（如技术进步、城市化、消费结构变化、人口增长等）变动趋势预测了 2025 年中国的土地需求状况。在此基础上，Guo 等（2014）、Chen 和 Han（2015）、Han 和 Chen（2018）等基于不同数据来源，对 20 世纪 80 年代中期以来中国土地或耕地资源的消耗规模、强度、结构及其对外贸易的变动状况和发展趋势进行了时间序列分析。基于对中国粮食对外依存问题的关切，Qiang 等（2013）、Ali 等（2017）主要根据粮食生产和贸易数据，运用实物量测算方法揭示了中国对外开放以来粮食贸易规模和结构的变化及其对中国及世界土地资源使用的影响。Weinzettel 等（2013）、Yu 等（2013）等根据土地资源的全球流动状况，揭示了土地用途置换加剧全球土地资源不均衡配置的格局，以及中国在全球土地资源流动网络中所扮演的特殊角色。

从中文文献的情况看，自 20 世纪初开启对虚拟土地及其战略的研究以来，粮食安全问题始终是相关研究的焦点，关于虚拟土地的实证研究几乎都是围绕中国粮食或农产品贸易展开的。从研究内容看，除了对粮食或农产品贸易中隐含的虚拟土地规模、流向进行测算之外（成丽等，2008；马博虎和张宝文，2010；强文丽等，2013；唐洪松等，2016；张燕林和郑礼明，2009；赵姚阳和杨炬烽，2010），还涉及对虚拟土地贸易的驱动因素（刘红梅等，2007），以及虚拟土地贸易的经济、环境和社会效益的评估（王云凤等，2015）等方面。值得一提的是，从笔者掌握的文献情况看，目前尚未从中文文献中看到运用 IOA 进行虚拟土地测算的研究成果发布，这在很大程度上是由于中文文献主要集中于农产品和粮食贸易中隐含的土地资源评估，基于实物量测算的方法能更好地满足这一研究需要。

二、主要研究发现

通过梳理有关中国外贸隐含土地实证研究的既有文献，发现主要研究结论有四点：

第一，单就粮食外贸而言，中国是隐含土地资源的净进口国。随着粮食对外依存度不断提高，中国粮食贸易隐含土地由净出口转变为净进口。作为人口大国与土地资源稀缺国家，随着对外开放程度的不断加深，国际贸易已经成为满足国内粮食消费需求的重要渠道，粮食贸易规模及结构的变化对中国本国及全球的土地资源配置产生了重要影响。根据联合国粮食及农业组织统计，2013 年中国的食物净进口已占其全部食品消费的 6.7%。Qiang 等（2013）运用联合国粮食及农业组织的粮食产量及贸易数据，测算了 1986~2009 年中国粮食贸易及其隐含土地使用规模及结构的变动情况。测算结果表明，一方面，中国粮食的外贸依存度不断提高，中国隐含在粮食及粮食加工产品贸易中土地交易规模已从 1986 年净出口 4420000 公顷转为 2009 年净进口 28900000 公顷；另一方面，受生活水平提高、饮食结构改善、贸易政策变化（如加入世界贸易组织后放开粮食进口）等因素影响，粮食贸易的产品和地区结构发生重要转变，进口结构从以谷物为主变为以油料为主，进口国家和区域更趋多元化，从以北美为主向北美、南美并重转变。由于油料作物在中国的生产率要远低于美国、巴西、阿根廷等进口国，因此从境外进口油料作物较大程度上节约了中国和全球的土地资源消耗。Ali 等（2017）运用不同国家和年份每吨粮食产出所需虚拟水含量和虚拟土地含量参数，测算了 2000~2015 年中国六大粮食作物和三大畜禽产品对外贸易隐含的水和土地规模，得出了与 Qiang 等（2013）相近的结论。他们发现，2000~2015 年，中国通过粮食与畜禽产品进口节约的土地资源增加了 13 倍，土地节约比重从 2000 年的 2.8% 提高到 2015 年的 34.6%。

　　第二，从全部商品、服务贸易角度看，多数研究证实中国是隐含土地的净出口国。尽管粮食进口的增加使中国贸易隐含土地进口大量增加，但是占据绝对主导地位的工业制成品的大规模出口，却成为中国贸易隐含土地大量出口的重要驱动因素。Guo 等（2014）运用国家统计局历年发布的投入产出表和原农业部的农业年鉴数据测算了 1987~2007 年中国为满足消费与贸易需求的隐含土地使用的变动状况。测算结果表明，20 年间，虽然中国的土地使用效率有了大幅提高，千元产值的土地消耗从 1987 年的 7.12 公顷下降到 2007 年的 0.43 公顷，但受出口规模扩大以及出口结构变化（从农产品向工业制成品转变）等因素影响，中国始终是贸易隐含土地的净出口国（贸易隐含土地净值始终为正）。从行业结构看，最大的隐含土地净进口行业是农业，最大的净出口行业是纺织业。Chen 和 Han（2015）运用国家统计局的投入产出表和原国土资源部土地资源统计年鉴数据，分析 2002~2010 年中国虚拟土地使用规模与结构变动情况后，得出了与 Guo 等（2014）相同的结论，即中国虽然是粮食净进口国，但由于工业制成品，如纺织品出口增加，导致工业隐含使用土地增加，使中国成为虚拟土地的净出口国。

然而值得高度注意的是，Han 和 Chen（2018）运用不同年份（2012 年）不同数据（EORA 的投入产出表及联合国粮食及农业组织的耕地数据）对中国外贸隐含土地进行投入产出分析后，却得出了与其之前研究相反的结论。研究发现，2012 年中国出口隐含土地 27180000 公顷，进口 48350000 公顷，因此是隐含土地的净进口国（净进口 21170000 公顷）。针对这一测算结果，从贸易结构角度做出了分析与解释，即从全球供应链角度区分中国进出口贸易中用于中间投入和最终消费的部分后，发现中间品贸易比重远远高于最终消费品（根据同一数据库 2010 年数据测算结果表明，当年中国为满足最终需求的隐含土地净出口 596000 公顷，而为满足中间需求的隐含土地净进口 15811000 公顷），中国的对外贸易呈现出生产型进口和消费型出口的特征，即大量进口商品并没有服务于本国的最终消费，而是作为中间品投入生产后再出口而服务于境外的最终消费。在这一供应链条上，缅甸、澳大利亚、俄罗斯及非洲等国家或地区是中国中间品需求的主要供应方，而美国、日本和欧盟则是中国最终产品的主要需求方。这一研究发现支持了其他贸易隐含资源环境要素研究所揭示的一个相同现象（Peng et al.，2016；Yu et al.，2014），即中国在全球产业链条上所处的加工制造地位（所谓的"世界工厂"），决定了中国需要在生产环节消耗大量资源环境要素，但这些资源环境要素的最终消费者却不是中国，而是人均资源消耗水平远远高于世界平均水平的发达国家。

第三，中国人均土地资源消耗水平（土地足迹）显著低于世界平均水平。中国对境外土地总体需求上升，但人均土地资源消耗水平仍显著低于世界平均水平。从总量上看，中国为满足自身及出口的巨大需求已使其成为全球土地资源的消耗大国。根据 Weinzettel 等（2013）的测算，2004 年中国土地消耗总量占到全球土地消耗总规模的 12%，位居第三（排名前二位的欧盟和美国分别占 16% 和 13%），中国的对外土地依存度已经达到 25%，居日本、欧盟和美国之后，排名第四。但从人均土地资源消耗水平（土地足迹）看，不仅中国的人均水平显著低于世界平均水平，发达国家与发展中国家之间在土地资源消耗水平上呈现出显著不均衡格局。Weinzettel 等（2013）的测算表明，2004 年全球人均土地资源消耗为 1.2gha，其中人均水平最低的孟加拉国和巴基斯坦仅为 0.4gha，水平最高的芬兰为 6.7gha，两者差距高达近 17 倍。从世界主要经济体情况看，欧盟、美国、日本的人均土地资源消耗水平分别为 2.5 gha、3.5 gha 和 2 gha，而两个最大的发展中国家中国和印度的人均土地资源消耗水平仅为 0.77 gha 和 0.55 gha。

第四，中国在隐含土地国际流动中扮演着"资源中枢"的角色。境外土地用途置换（Displacement of Land Use）成为经济发达国家满足本土消费需要的重要渠道。Weinzettel 等（2013）使用混合投入产出模型对全球贸易隐含土地及具有生态产出能力的海洋面积的规模及流动状况进行测算的结果表明，2004 年，隐含在国际贸易中的土地资源流动规模达 18 亿 gha，占到全球土地使用规模的 24%。其中，尽管 OECD 国家的人均生态承载力（Per Capita Biocapacity）是非 OECD 国家的将近 2 倍，但前者通过从后者进口实现的土地净置换规模占到全球贸易隐含土地流动规模的 25%。对土地资源消费的驱动因素进行回归分析后发现，人均收入水平与人均土地资源消耗之间成正相关关系，人均收入水平提高一倍，其消费在土地和海洋中留下的生态足迹增加 1/3，而新增加的这部分土地消耗很大程度上是通过从低收入国家进口或隐含土地置换的形式实现的。通过数据对比揭示：一个国家或地区的富裕程度、人均土地资源消耗水平及土地资源净进口规模之间的正相关关系，即欧盟、美国、日本等高收入国家和地区，不仅其人均土地足迹要明显高于全球平均水平，其进口隐含土地资源的规模也明显高于出口。Yu 等（2013）运用不同年份同一数据来源，支持了 Weinzettel 等（2013）的基本发现，即发达国家的消费已构成境外土地用途变化的重要驱动因素。根据测算，日本、欧盟和美国作为对外土地依存度最高的三大经济体对外土地依存度（即从境外获取土地资源以满足本土消费的比重）分别为 92%、50% 和 33%，其通过对外贸易消耗的土地资源总和超过全球外贸隐含土地资源的一半以上。在巴西和阿根廷，其 47% 和 88% 的耕地都服务于欧盟、中国等地的境外消费者。与上述经济发达国家和资源供给型国家不同，以中国为代表的加工制造大国在全球土地供应链条上很大程度上扮演了"资源中枢"的角色，即从其他发展中国家进口的大量初级产品并没有在中国消费，而是经过二次加工后以制成品形式再出口到发达国家。

三、研究方法及其对结果的影响

鉴于能从全供应链维度测算贸易活动的资源环境影响，目前投入产出分析（IOA）已经成为测算贸易隐含土地或耕地流动状况的主流方法。研究者通常根据研究对象的范围采用单地区（SRIO）或多地区投入产出模型（MRIO），如测算某一特定国家外贸隐含土地通常用 SRIO，测算全球维度的贸易隐含土地则用 MRIO。除运用投入产出分析之外，也有相当多的研究者根据农林产品的产量及贸易数据进行实物维度的测算。近年来一些学者试图综合上述两种方法的优势，采用投入产出分析与实物量测算相结合的方法以提高土地足迹测算的准确程度（Weinzettel et al.，2013）。

从数据来源方面看，根据实物量的测算方法通常采用联合国粮食及农业组织（FAO）的相关数据，其每年发布的供应—使用账户（Supply - Utilization Accounts）涵盖了每一个国家农林部门超过 200 种农林及初加工产品的供应和使用的平衡状况，是时间跨度最长（1961 年迄今）、地区覆盖面最广的全球维度的农林产品的生产和贸易数据库。专门针对中国的国别研究通常采用原农业部或原国土资源部的粮食或土地相关统计数据。投入产出分析按照研究对象的范围（如国别研究或全球研究），或者采用国别的如国家统计局的投入产出表，或者采用不同国际组织或研究机构提供的全球维度的投入产出表。Bruckner 等（2015）详细梳理和比较了现有的全球维度的五大投入产出表（EXIOBASE、WIOD、OECD、GTAP、EORA）的优劣特征，如 GTAP、EORA 以涵盖国家广、农林部门分解程度高（前者将农林部门分解为 13 个行业，后者根据不同国别分解程度为 1~17 个行业不等）见长，但其非官方与多元化数据来源降低了数据的可靠性和一致性；WIOD 和 OECD 的官方数据来源可以确保数据的一致性，但其缺点是涵盖国家和地区少，而且部门分解程度是所有数据库中最低的，农林生产通常被归入一个部门（2016 年最新发布的 WIOD 数据库将农林生产细分为 3 个行业：种植、畜禽养殖、狩猎及相关服务活动，林业及伐木活动，渔业及水产养殖），对测算精度造成了较大影响。

鉴于研究方法、数据来源以及研究范围等方面存在的诸多差异，现有针对贸易隐含土地的测算研究，与其他贸易隐含资源要素测算一样，存在一个共同的问题，即测算结果不仅在数值上存在较大差异，甚至出现了截然相反的结论（Sato，2014；Zhang et al.，2017）。笔者整理了针对中国外贸隐含土地的8项最新研究的测算结果，其中有4项研究发现中国是贸易隐含土地的净出口国，而另外4项研究则发现中国是净进口国（见表5-1）。

表5-1　2004~2015年中国外贸隐含土地净值测算结果

作者	测算方法	数据来源	数据年份	数据范围	隐含土地净值（公顷）
Weinzettel 等（2013）	混合投入产出模型	GTAP v. 7；FOA（2010）	2004	GTAP 数据库中包含的 57 个部门	-8000000
Yu 等（2013）	多地区投入产出模型	GTAP v. 8；FAO（2010；2012）；WRI（2000）；EEA（2011）	2007	GTAP 数据库中包含的 57 个部门	-17000000
Guo 等（2014）	单地区投入产出模型	《中国国家统计局投入产出表》（1987~2007 年）；《中国国土资源统计年鉴》（2005~2013 年）；《农业发展报告》（2001~2013 年）；《中国农业年鉴》（1980~2013 年）	2007	投入产出表中包含的 42 个部门	-8050000
Chen 和 Han（2015）	单地区投入产出模型	《中国国家统计局投入产出表》（2002~2010 年）；《中国国土资源统计年鉴》（2001~2013 年）	2010	投入产出表中包含的 42 个部门	-820000
Kastner 等（2014）	实物贸易计量方法	FAO（2012）	2004	450 种农畜产品	23000000
Qiang 等（2013）	实物贸易计量方法	FAOSTAT（1986~2009 年）	2009	六类 116 种农产品	29900000
Ali 等（2017）	实物贸易计量方法	FAOSTAT（2016）	2010、2015	六大粮食作物和三大畜禽产品	19400000（2010）；31600000（2015）
Han 和 Chen（2018）	多地区投入产出模型	EORA(2012、2013)；FAOSTAT（2012）	2012	EORA 数据库中包含的 26 个部门	21170000

资料来源：笔者整理。

Kastner 等（2014）针对稍早的文献研究发现，凡是用实物方法测算的结果均显示中国是隐含土地的净进口国，而用投入产出分析方法的都显示为净出口国。这在一定程度上与实物方法的测算范围相对较窄有关，即目前根据实物量进行测算的方法只能涵盖农林产品及其初加工贸易，一旦将所有经济部门的贸易数据纳入测算范围，则研究结论就可能发生逆转（Bruckner et al.，2015；Hubacek and Feng，2016；Kastner et al.，2014）。然而，Han 和 Chen（2018）运用 MRIO 及 EORA 数据进行的最新测算，却得出了与实物测算一致的结论，也就是说，即便将所有经济部门中隐含的土地使用状况包含在内，中国也仍然是贸易隐含土地的净进口国。

包含土地在内的贸易隐含资源环境要素测算在结果上呈现出的相互冲突的特征，充分反映了现有测算方法、数据质量及数据处理方法等方面存在的缺陷。Guo 等（2014）在其研究中列举了方法及数据上可能影响其测算精度的相关因素。例如，尽管不同农产品的土地消耗强度不同，但由于所有农产品都归入农业生产部门并使用单一的土地使用强度，这必然会影响测算精度。又如，单地区投入产出模型假定进口产品与国内产品具有相同的土耗系数，以及由于部门价格指标缺失而不得不使用 GDP 指标来进行部门价格折算，这些因素都会影响测算结果的准确性。Yu 等（2013）也强调，由于全球维度部门或行业土地使用数据的缺失，不得不通过标杆国家数据来代替周边国家数据，因此也必然影响结果的精确程度。

四、本章的创新之处

相对于已有研究，本章的创新之处有三点：

第一，在投入产出框架下，以 WIOD 数据库为基础测算中国隐含土地跨境流动的规模及流向，并将测算数据从 2009 年延展至 2014 年。在国别的选择上，选取了 12 个主要国家，其中包括新兴经济体以及发达国家，分析更为全面。

第二，以 MRIO 模型为基础，并通过加入土地要素，进行编制扩展的世界投入产出表，并通过 LMDI 分解法对驱动因素进行分析，测量规模、技术以及结构对其的贡献度。

第三，在研究视角上，本章通过扩展的世界土地资源—环境—经济投入产出表，将经济效益以及环境效益纳入同一分析框架，创造性地提出"隐含土地生产率"以及"隐含土地贸易条件"等概念。

第二节 中国对外贸易隐含土地规模测算与分解

一、各行业完全土地资源消耗系数

在实际生产过程中，各个部门之间的消耗关系非常复杂，除了直接消耗各部门的产品，造成土地资源的直接消耗外，还要通过中间需求消耗某些产品，这种消耗称为间接消耗，随之造成土地资源间接消耗。其中土地资源的直接消耗以及间接消耗之和为土地资源的完全消耗。

根据公式 $H = e_a (I-A^d)^{-1}$，其中 H 表示 a 国某产业的土地资源完全消耗系数（完全土耗系数），e_a 为土地资源直接消耗系数（直接土耗系数），$(I-A^d)^{-1}$ 为 a 国的完全需求系数矩阵。结合 WIOD 数据库卫星账户中土地资源消耗量和中国投入产出表分别计算了 1995 年至 2014 年中国 35 个行业直接土耗系数以及其完全消耗系数，选取其中的 1995 年、2002 年、2009 年以及 2014 年作为代表年份具体分析完全土耗系数的变化（见表 5-2）。在计算的过程中发现历年土地资源的直接消耗系数全部都集中在农、林、牧、渔业，所以分析 1995~2014 年中国农、林、牧、渔业直接土耗系数以及完全土耗系数的结构变化。

表 5-2 代表性年份中国各部门完全土耗系数

单位：平方米/美元

部门名称	1995 年	2002 年	2009 年	2014 年
农、林、牧、渔业	34.3	23.7	9.0	4.7
采矿业	1.3	0.4	0.2	0.1
食品、饮料制造及烟草业	16.5	9.1	4.1	2.1
纺织及服装制造业	6.0	3.5	1.8	1.1
皮革及鞋类制品业	6.9	4.2	2.2	0.9
木材及木材制品、草编及编织制品业	6.2	3.8	1.9	1.1

续表

部门名称	1995 年	2002 年	2009 年	2014 年
造纸和纸制品业、印刷和出版业	3.8	1.5	1.0	0.6
焦炭、精炼石油产品及核燃料制造业	0.8	0.3	0.2	0.1
化学品及化学制品业	3.0	1.2	0.7	0.5
橡胶及塑料制品业	3.4	1.9	0.7	0.4
非金属矿物制品业	1.2	0.5	0.3	0.2
基本金属及金属制品业	0.9	0.4	0.2	0.1
通用专用设备制造业	0.9	0.5	0.2	0.2
电气和光学设备制造业	1.0	0.4	0.3	0.2
交通运输设备制造业	1.0	0.4	0.3	0.2
其他制造业及废弃资源回收加工	3.6	2.0	1.0	0.4
电力、煤气和水的生产及供应业	0.7	0.3	0.2	0.1
建筑业	1.4	2.2	0.4	0.2
汽车及摩托车的销售、维护和修理及燃油零售	0.0	0.0	0.0	0.0
批发业（不含汽车和摩托车）	1.6	0.9	0.2	0.1
零售（不含汽车和摩托车）及家用产品维修	1.6	0.9	0.2	0.1
住宿和餐饮业	10.0	5.6	2.3	1.2
内陆运输业	0.6	0.3	0.2	0.1
水上运输业	0.8	0.3	0.2	0.1
航空运输业	1.4	0.6	0.4	0.2
其他运输配套业务及旅行社业务	1.3	3.1	0.9	0.4
邮政与通信业	0.6	0.3	0.2	0.1
金融业	0.7	0.4	0.2	0.1
房地产业	0.4	0.3	0.1	0.0
租赁及商务服务业	2.0	0.6	0.4	0.2
公共管理、国防及社会保障	1.4	0.8	0.3	0.2
教育	1.1	0.7	0.3	0.2
卫生和社会工作	1.6	0.6	0.5	0.3
其他社区、社会及个人服务	1.8	1.2	0.5	0.3
私人雇佣的家庭服务业	0.0	0.0	0.0	0.0

资料来源：笔者根据 WIOD 数据库数据整理计算。

从行业上看，中国土地资源完全消耗系数排名前十的部门依次为：农、林、牧、渔业，食品、饮料制造及烟草业，住宿和餐饮业，纺织及服装制造业，皮革及鞋类制品业，木材及木材制品、草编及编织制品业，造纸和纸制品业、印刷和出版业，其他制造业及废弃资源回收加工，橡胶及塑料制品业和化学品及化学制品业。其中农、林、牧、渔业的完全土耗系数远高于其他部门，但与其他部门的差距逐年缩小。通过分析可以发现中国完全土耗系数高的部门主要集中在低产出、高消耗以及高污染的产业。从时间上看，中国各部门完全土耗系数虽然下降的速率有所不同，但总体上都呈平稳下降趋势，其中下降速度最快的两大部门分别为农、林、牧、渔业和食品、饮料制造及烟草业，1995~2014 年平均降幅高达9%以上，其中农、林、牧、渔业和食品、饮料制造及烟草业降幅分别在 2008 年和 2007 年达到峰值 22%和 23%。主要原因在于中国产业结构调整和优化效果显著，以及政策的积极导向。

二、中国隐含土地进出口总规模

根据 WIOD 数据库卫星账户中土地消耗量和中国投入产出表数据，运用第二章第二节提供的投入产出测算方法，计算了 1995~2014 年中国进出口隐含土地总体规模。

如图 5-1 所示，从隐含土地进出口规模角度看，以 2000 年为界，中国已从隐含土地的净出口国转变为净进口国。究其原因，主要与世纪之交中国采取的两大政策有关：一是自 1999 年开始中国推行退耕还林等土地资源保护政策，对土地密集型产品出口产生了一定影响。相关数据显示，1999~2008 年，全国累计实施退耕还林任务 4.03 亿亩，其中退耕地造林 1.39 亿亩（Ali et al., 2017）。二是顺应加入世界贸易组织的趋势，中国自 20 世纪 90 年代末期以来大幅降低农产品进口关税，大幅增加了境外农产品等土地密集型产品的进口。从隐含土地进出口的具体变动态势看，1995~1999 年，中国隐含土地贸易顺差逐渐缩小，中国隐含土地净出口规模由 2765.0 万公顷下降为 305.2 万公顷。2000~2007 年，隐含土地贸易逆差波动相对较小，中国隐含土地净进口规模的波动区间为 1062.8 万~3790.0 万公顷。直到 2007 年后，隐含土地的贸易逆差急剧扩大，2014 年中国隐含土地净进口规模达到峰值 22494.0 万公顷。

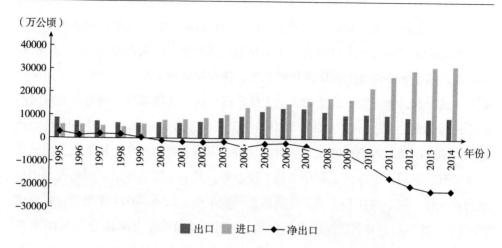

图 5-1 1995~2014 年中国进出口隐含土地规模

从中国隐含土地出口的角度来看，1995~2014 年中国向其他国家出口隐含土地总体趋势可以分为三个阶段。第一阶段为 1995~2001 年，中国向其他国家出口隐含土地的总量缓慢下降。第二阶段为 2001~2007 年，中国向其他国家出口隐含土地的总量上升较快，主要原因在于中国 2001 年加入 WTO，中国成为"世界工厂"，出口贸易总额扩大。第三阶段，受 2008 年金融危机的影响，2007~2014 年中国向其他国家出口隐含土地总量急剧下降。

从中国隐含土地进口的角度来看，中国从其他国家进口隐含土地总体趋势是波动上升。具体分为三个阶段，第一阶段为 1995~1998 年，中国从其他国家进口隐含土地的总量缓慢下降。第二阶段为 1998~2008 年，中国从其他国家进口隐含土地的总量以不同速率增加，其中由于退耕还林政策的实施，1998~2000 年中国从其他国家进口隐含土地的增速较快；2000~2002 年中国从其他国家进口隐含土地的增速下降；由于中国加入 WTO 以及隐含土地多的产业的特性，2002~2004 年中国从其他国家进口隐含土地的增速加快；2004~2008 年中国从其他国家进口隐含土地的增速平稳。第三阶段为 2008~2014 年，中国从其他国家进口隐含土地的总量大致呈上升趋势，其中 2008~2009 年由于金融危机的影响，中国进口隐含土地总量小幅度下降。2009~2014 年由于全球经济逐渐复苏，中国进口隐含土地总量大幅上升。

三、分行业隐含土地规模分析

从中国各行业隐含土地出口的角度来看，1995~2014 年中国大部分行业隐含土地的出口量呈波动下降的趋势（见表 5-3）。中国隐含土地的出口集中在农、林、牧、渔业，食品、饮料制造及烟草业，纺织及服装制造业，皮革及鞋类制品业以及电气和光学设备制造业五大行业。值得注意的是，这五大行业中除了农、林、牧、渔业，其他四大行业都属于制造业，而其中仅电气和光学设备制造业属于高技术制造业。具体来说，农、林、牧、渔业出口的隐含土地规模大体上趋于下降，从 1995 年的 2320.0 万公顷下降到 2014 年的 656.4 万公顷；食品、饮料制造及烟草业的隐含土地出口量总体来说比较稳定，其隐含土地出口规模在 1000 万公顷上下波动；纺织及服装制造业隐含土地的出口量波动上升，由 1995 年的 2271.6 万公顷上升到 2014 年的 2626.7 万公顷；皮革及鞋类制品业由 1995 年的 651.1 万公顷增加到 2009 年的 727.0 万公顷。2009 年后，受金融危机、我国产业结构调整等因素影响，后两大产业部门隐含土地的占比有所下降，其中纺织及服装制造业由 29%（2009 年）下降到 28.6%（2014 年），而皮革及鞋类制品业由 7.1%（2009 年）下降至 5.4%（2014 年）。相比之下，电气和光学设备制造业隐含土地出口规模和行业占比均呈稳步上升态势，其隐含土地出口规模自 1995 年的 337.9 万公顷增加至 2014 年的 1197.0 万公顷，19 年间增长了 2.5 倍；其行业占比由 3.9% 上升至 13.0%。这在较大程度上反映了我国出口产品结构由传统的轻工纺织逐渐向机械电子等技术密集型产业转变的特征。

表 5-3　中国进出口贸易隐含土地行业分布

行业名称	1995 年		2002 年		2009 年		2014 年	
	出口（万公顷）	进口（万公顷）	出口（万公顷）	进口（万公顷）	出口（万公顷）	进口（万公顷）	出口（万公顷）	进口（万公顷）
农、林、牧、渔业	2320.0	4611.1	1349.6	6965.7	1075.1	13333.7	656.4	20921.1
采矿业	49.9	27.7	28.0	54.2	13.8	238.1	15.0	707.3
食品、饮料制造及烟草业	1482.5	603.3	994.6	946.3	1335.5	2159.7	1158.1	3970.0

续表

行业名称	1995 年		2002 年		2009 年		2014 年	
	出口（万公顷）	进口（万公顷）	出口（万公顷）	进口（万公顷）	出口（万公顷）	进口（万公顷）	出口（万公顷）	进口（万公顷）
纺织及服装制造业	2271.6	81.4	1815.7	106.4	2964.9	59.0	2626.7	566.4
皮革及鞋类制品业	651.1	38.7	559.3	77.1	727.0	89.2	495.8	
木材及木材制品、草编及编织制品业	182.3	180.2	99.3	142.3	144.6	173.5	198.2	383.4
造纸和纸制品业、印刷和出版业	75.1	36.4	46.8	132.3	53.3	147.3	96.0	222.4
焦炭、精炼石油产品及核燃料制造业	8.1	9.0	14.2	7.7	12.2	15.1	33.3	112.6
化学品及化学制品业	108.1	61.6	177.5	132.5	456.6	169.2	597.6	1063.1
橡胶及塑料制品业	233.3	6.7	222.8	16.4	270.8	25.7	270.7	121.5
非金属矿物制品业	47.7	0.1	26.3	1.6	46.2	2.2	79.9	21.6
基本金属及金属制品业	115.7	12.6	82.6	30.8	173.2	49.3	249.2	381.9
通用专用设备制造业	45.6	10.5	70.8	22.3	223.3	25.9	299.3	76.8
电气和光学设备制造业	337.9	31.2	407.6	103.9	1235.3	109.2	1197.0	945.6
交通运输设备制造业	26.5	3.1	34.5	6.4	161.1	11.1	175.4	42.4
其他制造业及废弃资源回收加工	167.6	4.0	342.6	21.8	504.8	58.3	375.4	471.8
电力、煤气和水的生产及供应业	2.9	0.1	1.7	0.3	2.1	1.0	3.5	3.7
建筑业	10.8	5.1	25.5	10.2	20.4	11.5	32.2	36.7
汽车及摩托车的销售、维护和修理及燃油零售	0.0	0.0	0.0	0.0	0.0	0.0	0.0	1.3
批发业（不含汽车和摩托车）	0.0	1.6	206.3	10.2	103.1	22.3	132.7	69.8
零售（不含汽车和摩托车）及家用产品维修	0.0	0.3	42.7	1.4	21.3	1.5	27.5	18.3

行业名称	1995 年		2002 年		2009 年		2014 年	
	出口（万公顷）	进口（万公顷）	出口（万公顷）	进口（万公顷）	出口（万公顷）	进口（万公顷）	出口（万公顷）	进口（万公顷）
住宿和餐饮业	374.0	211.3	235.6	5.0	242.4	158.7	112.5	1063.1
内陆运输业	13.3	1.4	14.5	5.6	19.4	19.0	32.5	60.2
水上运输业	10.8	0.1	20.0	0.2	57.4	0.2	44.0	10.1
航空运输业	31.5	0.7	29.1	1.3	76.7	5.3	46.5	98.8
其他运输配套业务及旅行社业务	51.4	1.2	43.2	0.3	31.8	1.8	17.4	5.7
邮政与通信业	4.4	0.4	5.9	2.7	11.0	7.0	2.0	5.2
金融业	2.1	0.3	0.7	3.8	2.1	0.9	7.0	16.5
房地产业	0.0	0.0	0.0	0.0	0.0	0.0	0.0	0.1
租赁及商务服务业	21.2	4.6	60.2	13.8	182.4	41.0	187.5	148.5
公共管理、国防及社会保障	2.5	0.9	2.5	0.7	2.1	8.1	2.0	12.4
教育	1.6	0.0	1.1	0.6	1.2	2.0	1.7	10.9
卫生和社会工作	1.6	0.7	0.0	0.1	2.6	1.5	2.2	14.3
其他社区、社会及个人服务	61.2	0.9	142.4	8.4	45.6	20.1	24.7	110.5
私人雇佣的家庭服务业	0.0	0.0	0.0	0.0	0.0	0.0	0.0	0.0

从隐含土地进口角度来看，中国隐含土地进口行业具有十分显著的集中化特征，主要集中在农、林、牧、渔业领域。从规模看，农、林、牧、渔业隐含土地进口规模呈稳步上升，由 1995 年的 4611.1 万公顷增加到 2014 年的 20921.1 万公顷；但其行业占比则呈波动下降趋势，由 77.5%（1995 年）下降至 66.0%（2014 年）。食品、饮料制造及烟草业占比稳定在 10% 左右。木材及木材制品、草编及编织制品业以及住宿和餐饮业也是隐含土地进口行业占比相对较大的部门。

从隐含土地的贸易净值看，农、林、牧、渔业的隐含土地贸易始终处于逆差状态，隐含土地净进口规模较大且呈上升趋势，1995～2014 年，净进口规模从

2291.1 万公顷增加到 20264.7 万公顷，增长了近 8 倍。从净出口行业看，2011 年以前（包括 2011 年）中国隐含土地净出口的行业一直保持在 20 个以上（行业总数为 34 个）①，是名副其实的"世界工厂"；2011 年以后，中国隐含土地净出口行业数量下降到 10 个以上，按照净出口规模依次为纺织及皮革制造业、电气和光学设备制造业、通用专用设备制造业、橡胶及塑料制品业、交通运输设备制造业、非金属矿物制品业、租赁及商务服务业、水上运输业以及其他运输配套业务及旅行社业务等。中国隐含土地净出口增速最快的行业为通用专用设备制造业，由 1995 年的 35.1 万公顷上升到 2014 年的 222.5 万公顷。

综上所述，中国隐含土地净进口行业分布主要集中于农、林、牧、渔业；隐含土地净出口行业分布较为分散。值得注意的是，食品、饮料制造及烟草业由顺差变为逆差，中高技术制造业以及服务业隐含土地的净出口呈现上升态势。

四、中国隐含土地出口因素分解分析

运用 LMDI 分解分析法，将影响中国隐含土地出口的因素分解为技术因素，即隐含土地消耗强度、规模效应以及结构效应。分析这三个基本因素对中国隐含土地出口贸易的影响程度并对其贡献率进行比较分析。图 5-2 是根据第二章第二节提供的公式计算得到的 1995~2014 年中国出口隐含土地变化以及各影响因素的贡献。

由图 5-2 可知，1995~2014 年，技术效应对于历年中国隐含土地出口的变化均为负，即土地生产率等技术的提高有利于减少中国出口隐含土地的规模。值得一提的是，2006~2007 年和 2007~2008 年的技术效应特别显著，减少隐含土地出口规模均在 3000 万公顷左右。规模效应和结构效应对中国出口隐含土地的影响可分为 1995~2008 年、2008~2009 年以及 2009~2014 年三个阶段，具体来看，1995~2008 年，出口的规模效应为正，即出口规模的扩大导致隐含土地出口的增加，且规模效应增加隐含土地出口的力度在增大。结构效应对中国隐含土地出口的影响为负，相较于技术效应和规模效应影响程度的大幅度变化，结构效应对中国出口隐含土地变化相对来说比较稳定，并且以负作用为主，即中国出口结构的

---

① 在表 5-3 的分析中将纺织及服装制造业、皮革及鞋类制品业合并为纺织及皮革制造业。

变化有利于中国隐含土地出口减少，这意味着相对来说，中国出口产品中，土地消耗较高的产品出口比重在下降。2008~2009 年，受 2008 年金融危机的影响，2009 年出口的规模效应为负，也就是说进出口贸易量呈断崖式下降，使得隐含土地出口的减少，在此期间，结构效应对中国隐含土地出口的变化为正。2009~2014 年，由于世界经济的逐渐复苏，出口规模的扩大导致隐含土地出口规模的增加，但是规模效应对隐含土地出口的影响力度开始逐渐缩小。在这一阶段技术效应和结构效应基本上都为负（除了 2010~2011 年以及 2012~2013 年结构效应出现为正的情况），而且技术效应在促使中国隐含土地出口向有利方向变化的程度上开始占主导地位，即技术的进步对于减少出口隐含土耗的重要性与日俱增。

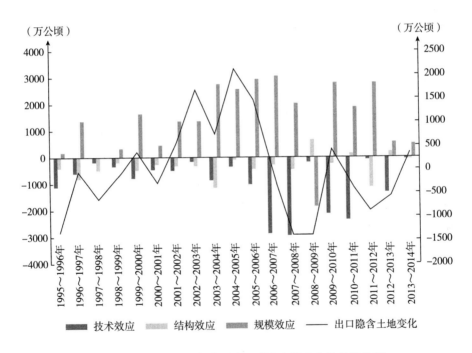

图 5-2　1995~2014 年中国出口隐含土地变化的分解分析

依据 2001 年我国加入 WTO 之后出口贸易额迅速增长以及 2009 年金融危机对于我国出口贸易的影响，我们将 1995~2014 年这一个时间段分为 1995~2001 年、2002~2009 年以及 2010~2014 年三个时期来观察隐含土地出口的变化，可以发现中国隐含土地出口变化呈现出"负—正—负"的特点（见表5-4）。

表5-4　主要年份中国出口隐含土地变化　　　　　　单位：千公顷

年份	1995~2014	1995~2001	2002~2009	2010~2014
技术效应	-158959.55	-34971.73	-60609.07	-38138.57
结构效应	-60147.77	-29417.92	-17222.32	-8746.47
规模效应	223984.21	42891.19	108985.86	32491.60
出口隐含土地变化	4876.90	-21498.46	31154.46	-14393.44

资料来源：根据 WIOD 数据库数据整理计算。

　　1995~2009 年，中国出口隐含土地增加了 9656 千公顷。其中由于出口规模导致的出口隐含土地增加量为 151877.05 千公顷，出口规模成为影响出口隐含土地增加的主要因素。同时技术效应的影响使得出口贸易中的隐含土地减少95580.8 千公顷，虽然技术效应对于减少隐含土地的出口有重要的贡献，但只能抵消部分出口规模扩大带来的隐含土地出口增加的影响，因此，1995~2009 年，中国隐含土地的出口仍然增加；出口结构对于出口贸易中隐含土地的变化影响相对较小。

　　1995~2001 年，中国出口隐含土地减少了 21498.46 千公顷。这一时期规模效应、技术效应以及结构效应对于中国出口隐含土地的影响都相对均衡。其中由于技术效应和结构效应的影响使得出口贸易中的隐含土地分别减少 34971.73 千公顷和 29417.92 千公顷，由于出口规模导致的中国出口隐含土地增加量为42891.19 千公顷。在这一时期，技术效应和结构效应对于减少隐含土地的出口有重要的贡献，完全抵消了出口规模扩大带来的隐含土地增加的影响。因此，1995~2001 年，中国隐含土地的出口减少。

　　2002~2009 年的变化与 1995~2001 年的变化有很大的不同。由于出口规模的迅速扩大，2009 年出口的规模效应使得隐含土地的出口相较于 2002 年增加了108985.86 千公顷，与此同时，这一时期，技术效应与结构效应对于中国隐含土地的出口的变化影响为负，其中，技术因素的变化累计使得出口贸易中的隐含土地减少了 60609.07 千公顷；另外，出口结构对中国出口隐含土地变化影响很小。因此，2002~2009 年，中国隐含土地的出口仍然增加。

　　2010~2014 年，中国隐含土地出口由前一阶段增加变为减少（-14393.44 千公顷）。在此阶段，中国贸易出口规模增长比较缓慢，虽然规模效应为正，但是对隐含土地出口增加的影响力度较之前两个阶段变小。由于出口规模的增加而引起隐含土地出口额增加 32491.60 千公顷。结构效应和技术效应与中国隐含土地出口负相关，其中技术效应占主导地位，由于技术的进步使得隐含土地出口减少了 38138.57 千公顷；结构效应对于隐含土地出口的变化较为稳定，其对隐含土地出口变化有利的贡献不到技术效应的 1/3。

综合来看，中国出口贸易中的隐含土地变化是出口规模、出口结构和技术因素综合作用的结果。出口规模的扩大是导致贸易隐含土地上升的主要原因，在前期技术进步和出口结构的优化共同作用使得出口贸易中隐含土地含量减少，在后期出口结构的作用日益减弱，技术进步成为减少出口贸易中隐含土地含量的主要因素。

图 5-3 描述了 1995~2014 年中国隐含土地出口行业的变化情况，由图可知，中国出口隐含土地变化比较剧烈的部门依次为农、林、牧、渔业，电气和光学设备制造业，化学品及化学制品业，纺织及服装制造业，食品、饮料制造及烟草业，住宿和餐饮业，通用专用设备制造业，其他制造业及废弃资源回收加工，租赁及商务服务业，皮革及鞋类制品业，交通运输设备制造业，基本金属及金属制品业以及批发业（不含汽车和摩托车）。其中，农、林、牧、渔业，食品、饮料制造及烟草业，住宿和餐饮业，皮革及鞋类制品业以及其他社区、社会及个人服务的出口隐含土地减少，以农、林、牧、渔业为例，2009 年出口的规模效应使隐含土地的出口相较于 1995 年增加了 3518.1 万公顷，与此同时，技术效应与结构效应的影响使出口贸易中此部门的隐含土地含量分别减少了 2606.7 万公顷和2574.9 万公顷。且在这一时期结构效应和技术效应对于农、林、牧、渔业的影响比较均衡。

在这一时期，电气和光学设备制造业、化学品及化学制品业、纺织及服装制造业、通用专用设备制造业、其他制造业及废弃资源回收加工、租赁及商务服务业、交通运输设备制造业、基本金属及金属制品业、批发业（不含汽车和摩托车）以及橡胶及塑料制品业出口隐含土地含量增加。其中电气和光学设备制造业隐含土地出口量增加幅度位列第一，且远高于位列第二的化学品及化学制品业隐含土地出口量的增加幅度（489.5 万公顷）和位列第三的纺织及服装制造业隐含土地出口量的增加幅度（355.1 万公顷）。电气和光学设备制造业出口的隐含土

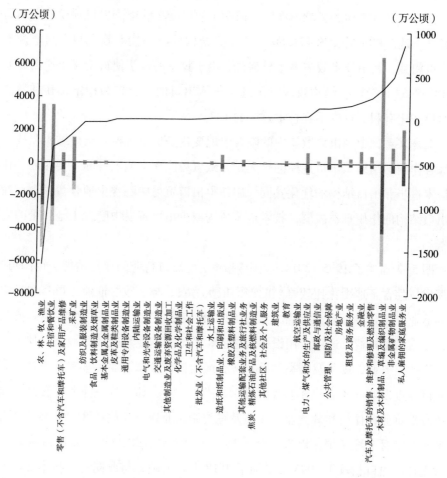

图 5-3 1995~2014 年中国各部门出口隐含土地变化的分解分析

地增加了 859.1 万公顷，其中由于贸易规模扩大使隐含土地出口相较于 1995 年增加了 1813.6 万公顷，同时技术效应使电气和光学设备制造业隐含土地出口量减少了 1269.8 万公顷，虽然技术效应对于减少隐含土地的出口有重要贡献，但只能抵消部分出口规模扩大带来的隐含土地出口增加的影响。因此，1995~2014年，中国隐含土地的出口仍然增加。在这一时期，出口结构变化对于电气和光学设备制造业出口贸易中隐含土地的变化影响很小，且其结构效应为正。技术效应、规模效应以及结构效应对化学品及化学制品业隐含土地出口量的影响与电气和光学设备制造业类似。在这一时期虽然纺织及服装制造业出口规模持续扩大，因规模增长而增加的隐含土地出口量高达 6527.7 万公顷，但是由于纺织及服装制造业行业技术的不断提升及出口结构持续优化，使得其隐含土地出口量分别减少 4213.8 万公顷和 1958.9 万公顷，最终在规模效应、技术效应和结构效应共同影响下，相较于 1995 年，2014 年纺织及服装制造业隐含土地出口量仅增加 355.1 万公顷。

具体来看（见表 5-5），技术效应、规模效应以及结构效应对中国各部门出口隐含土地变化的影响有所差别。1995~2001 年，除了建筑业以及其他运输配套业务及旅行社业务外，中国其他行业隐含土地出口贸易的技术效应都为负。2002~2009 年中国各行业隐含土地出口贸易技术效应都是负值。一直到 2010~2014 年中国各行业隐含土地出口贸易技术效应与隐含土地的出口负相关，其中这两个阶段技术效应较大的行业为农、林、牧、渔业，食品、饮料制造及烟草业，纺织及服装制造业，皮革及鞋类制品业，化学品及化学制品业，橡胶及塑料制品业，电气和光学设备制造业，交通运输设备制造业以及住宿和餐饮业。1995~2001 年、2002~2009 年以及 2010~2014 年这三个阶段技术效应导致中国隐含土地出口量逐渐减少。原因在于随着技术的提高，中国土地资源生产能力提高。在这三个阶段，中国各行业隐含土地出口贸易的规模效应都为正值，且导致中国隐含土地出口量逐渐增加。这主要是因为随着中国经济的发展，中国出口贸易额大幅增加。规模效应较大的行业集中在农、林、牧、渔业，食品、饮料制造及烟草业，纺织及服装制造业，皮革及鞋类制品业，化学品及化学制品业，橡胶及塑料制品业，电气和光学设备制造业以及住宿和餐饮业，基本上也是技术效应较大的行业。由表 5-5 可知，规模效应影响部门范围较广，效果比较明显。1995~2001 年、2002~2009 年以及 2010~2014 年这三个阶段，中国各部门隐含土地出口贸易的结构效应结果不确定，体现了结构调整对中国各部门隐含土地出口量的影响不同。但大多数行业隐含土地出口贸易的结构效应都为负，这说明中国出口结构日渐优化。其中，农、林、牧、渔业，食品、饮料制造及烟草业，纺织及服装制造业，皮革及鞋类制品业，电气和光学设备制造业，住宿和餐饮业以及其他社区、社会及个人服务为结构效应较大的行业。总体上，从中国行业各部门隐含土地出口量分解具体行业结果可以看出中国 1995~2014 年技术效应、规模效应以及结构效应较大的行业都基本相同。

表 5-5　中国各部门出口隐含土地分解分析

行业名称	1995~2001 年			2002~2009 年			2010~2014 年		
	技术效应 (万公顷)	结构效应 (万公顷)	规模效应 (万公顷)	技术效应 (万公顷)	结构效应 (万公顷)	规模效应 (万公顷)	技术效应 (万公顷)	结构效应 (万公顷)	规模效应 (万公顷)
农、林、牧、渔业	−525	−1607	964	−1163	−674	1563	−442	−381	295
采矿业	−37	−5	22	−11	−29	26	−6	1	5
食品、饮料制造及烟草业	−624	−553	715	−909	−247	1497	−614	−32	419
纺织及服装制造业	−991	−697	1151	−1483	−401	3033	−995	−343	932
皮革及鞋类制品业	−261	−189	345	−403	−258	828	−413	−73	206
木材及木材制品、草编及编织制品业	−58	−112	74	−81	−30	156	−65	64	56
造纸和纸制品业、印刷和出版业	−47	−18	33	−22	−36	65	−21	39	24
焦炭、精炼石油产品及核燃料制造业	−8	7	6	−9	−10	17	1	13	7
化学品及化学制品业	−107	99	82	−161	58	382	−49	−31	180
橡胶及塑料制品业	−114	−29	132	−255	−15	318	−46	−63	92
非金属矿物制品业	−29	−10	22	−19	−7	46	−18	29	21
基本金属及金属制品业	−64	−28	56	−65	−3	158	−40	46	69
通用专用设备制造业	−29	15	31	−86	67	172	−50	37	86
电气和光学设备制造业	−246	71	203	−383	245	966	−304	−157	404
交通运输设备制造业	−20	9	17	−35	55	106	−65	7	58
其他制造业及废弃资源回收加工	−109	74	120	−290	−90	542	−317	56	142

续表

行业名称	1995~2001 年			2002~2009 年			2010~2014 年		
	技术效应（万公顷）	结构效应（万公顷）	规模效应（万公顷）	技术效应（万公顷）	结构效应（万公顷）	规模效应（万公顷）	技术效应（万公顷）	结构效应（万公顷）	规模效应（万公顷）
电力、煤气和水的生产及供应业	-2	-1	1	-1	-1	2	-1	1	1
建筑业	6	-8	8	-41	7	30	-7	9	9
汽车及摩托车的销售、维护和修理及燃油零售	0	0	0	0	0	0	0	0	0
批发业（不含汽车和摩托车）	-6	174	7	-206	-89	193	-92	74	40
零售（不含汽车和摩托车）及家用产品维修	-1	36	1	-43	-18	40	-19	15	8
住宿和餐饮业	-148	-180	165	-210	-92	309	-81	-132	59
内陆运输业	-7	-2	7	-8	-9	22	-8	12	9
水上运输业	-11	7	7	-7	-2	46	-11	-22	17
航空运输业	-21	-1	16	-12	-4	64	-35	-20	21
其他运输配套业务及旅行社业务	37	-73	27	-47	-13	48	-12	-13	8
邮政与通信业	-2	1	3	-6	0	11	-2	-10	2
金融业	-1	-1	1	-1	1	2	-2	5	1
房地产业	0	0	0	0	0	0	0	0	0
租赁及商务服务业	-37	54	21	-35	15	143	-80	10	63
公共管理、国防及社会保障	-1	-1	1	-2	-2	3	-1	0	1
教育	0	-1	1	-1	-1	1	0	0	0
卫生和社会工作	-1	-1	1	0	2	0	0	-1	1
其他社区、社会及个人服务	-31	29	47	-67	-140	110	-19	-17	12
私人雇佣的家庭服务业	0	0	0	0	0	0	0	0	0

第三节　中国对外贸易隐含土地流向分析

本节选取了澳大利亚、巴西、加拿大、德国、法国、英国、印度、意大利、日本、韩国、俄罗斯以及美国这12个主要国家来分析中国外贸隐含土地的流向。①

一、中国与12个国家隐含土地总体流动情况

根据WIOD数据库卫星账户中土地资源消耗量和中国投入产出表数据可以得出（见图5-4）：1995~2011年中国向这12个国家出口的隐含土地量占中国隐含土地出口总量的60%以上，中国从这12个国家进口的隐含土地量占中国隐含土

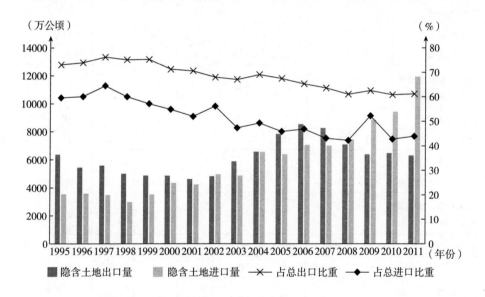

图5-4　中国与主要国家隐含土地进出口及占比情况

---

① 鉴于数据处理工作量，本节仅利用2013年WIOD数据库发布的数据进行分析，时间跨度为1995~2011年，但不影响说明问题的实质。

地进口总量的50%左右。由此可知，本章所选取的12个国家与中国贸易频繁，具有较强的代表性。中国与主要国家的进出口贸易中，隐含土地的进出口规模总量不断增加，1995~2007年中国隐含土地出口规模大于进口规模，2007~2011年中国隐含土地出口规模小于进口规模。从中国与主要国家进出口贸易中隐含土地的进出口规模占中国进出口隐含土地总量比重（以下简称为出口隐含土地占比和进口隐含土地占比）来看，1995~2011年出口隐含土地占比大于进口隐含土地占比，并且其变化趋势大致相同。

二、中国外贸隐含土地国别流向

从中国与主要国家隐含土地进出口情况来看（见表5-6），1995~2011年，中国向主要国家出口隐含土地量的变动趋势与中国隐含土地总出口量的变动趋势基本上一致，而中国从主要国家进口隐含土地的总量总体呈上升趋势。由表5-6可知，中国隐含土地出口结构比较稳定，在这12个主要国家中，中国隐含土地主要的出口国为美国和日本，1998年后中国向美国出口隐含土地的总量超过日本成为中国隐含土地的第一出口国。1995年中国向日本出口的隐含土地总量占中国向12个国家出口的隐含土地总量的36.0%，到2011年占比不到17.5%。这说明随着中国贸易的发展，出口隐含土地向别国分散，不是只集中于个别国家。中国进口隐含土地主要集中在澳大利亚、巴西、俄罗斯、美国以及加拿大，这些国家的一个共同特点是均为土地资源丰富国家。其中1995~2008年澳大利亚始终是中国进口隐含土地总量最多的国家，中国从其进口隐含土地占比在1996年达到峰值61.6%。中国向巴西进口隐含土地的总量增长迅速，由42万公顷（1995年）增加至143万公顷（2011年）。并且在2009年之后，巴西超过澳大利亚在这12个国家中成为中国隐含土地第一大进口国。这在较大程度反映了我国与新兴经济体国家贸易关系发展十分迅速。由表5-6可知，中国隐含土地的进口国主要是土地资源有比较优势的国家而且比较集中。

从贸易净值来看，如图5-5所示，通过对比1995年、2003年和2011年中国与主要国家隐含土地净出口分布，中国在1995年是隐含土地净出口。受中国经济发展、人口增长、产业结构以及贸易规模迅速扩大和出口结构调整等因素影响，中国逐渐成为隐含土地的净进口国。其中澳大利亚与加拿大一直是中国隐含

表 5-6　中国隐含土地进出口来源情况

年份	国家	澳大利亚	巴西	加拿大	德国	法国	英国	印度	意大利	日本	韩国	俄罗斯	美国
1995	出口（万公顷）	167	42	277	430	181	278	79	266	2292	446	161	1742
	进口（万公顷）	1733	126	784	5	21	6	22	3	6	6	120	709
1996	出口（万公顷）	169	41	264	339	157	264	64	169	1913	422	124	1516
	进口（万公顷）	2210	138	657	3	7	5	32	3	7	5	102	419
1997	出口（万公顷）	183	42	257	317	152	257	70	162	1783	588	109	1659
	进口（万公顷）	2063	273	422	4	9	5	55	3	8	7	151	499
1998	出口（万公顷）	175	31	224	305	160	265	70	155	1472	379	107	1659
	进口（万公顷）	1485	242	517	8	11	4	41	3	9	11	266	372
1999	出口（万公顷）	179	22	228	297	149	264	88	156	1488	403	62	1535
	进口（万公顷）	1825	212	344	12	14	6	33	3	9	8	780	281
2000	出口（万公顷）	157	20	212	280	137	245	73	158	1464	525	54	1541
	进口（万公顷）	2266	349	468	14	21	4	42	4	7	8	757	392
2001	出口（万公顷）	140	19	214	248	136	236	69	161	1415	424	92	1469
	进口（万公顷）	1933	518	477	9	13	4	40	4	9	8	853	374
2002	出口（万公顷）	152	21	229	238	129	239	84	165	1281	536	143	1607
	进口（万公顷）	2257	704	316	7	9	3	40	4	11	8	1226	372
2003	出口（万公顷）	193	27	290	339	166	287	98	199	1504	678	188	1910
	进口（万公顷）	1597	1127	286	6	12	4	45	3	13	9	1114	658
2004	出口（万公顷）	235	37	321	404	201	409	118	235	1672	542	169	2221
	进口（万公顷）	2189	1379	756	7	9	5	71	3	15	12	1107	1007
2005	出口（万公顷）	276	51	403	507	262	455	189	284	1820	693	204	2699
	进口（万公顷）	2076	1418	632	9	19	5	74	4	17	12	1232	902
2006	出口（万公顷）	287	72	476	586	290	486	281	316	1804	675	328	2942
	进口（万公顷）	2156	1656	499	10	12	5	168	4	21	12	1488	1031
2007	出口（万公顷）	302	92	456	637	310	470	302	312	1508	709	454	2713
	进口（万公顷）	1963	1717	592	13	18	9	156	4	24	13	1371	1115
2008	出口（万公顷）	280	115	403	576	284	414	295	264	1183	511	486	2268
	进口（万公顷）	1921	2217	556	10	20	5	149	4	23	14	932	1598
2009	出口（万公顷）	282	98	365	533	263	334	334	208	1142	419	412	1996
	进口（万公顷）	2033	2763	1052	9	27	7	86	4	25	19	870	1966

年份	国家	澳大利亚	巴西	加拿大	德国	法国	英国	印度	意大利	日本	韩国	俄罗斯	美国
2010	出口（万公顷）	291	126	340	515	247	331	352	221	1090	457	516	1982
	进口（万公顷）	2248	2814	937	12	31	8	214	6	24	18	850	2258
2011	出口（万公顷）	311	143	325	519	245	316	365	221	1100	447	507	1796
	进口（万公顷）	3364	3565	1129	14	45	15	279	9	27	20	927	2547

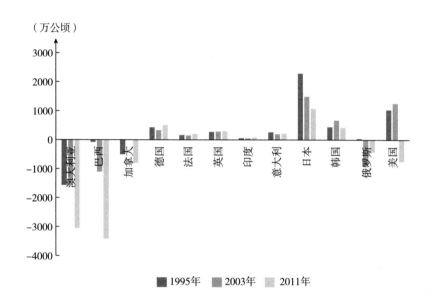

图5-5 主要年份中国与主要国家隐含土地净出口分布

土地净进口的主要国家。随着新兴经济体的崛起，巴西成为中国隐含土地净进口最多的国家。就12个主要国家来说，1995年中国隐含土地贸易顺差的国家数高达9个（德国、法国、英国、印度、意大利、日本、韩国、俄罗斯、美国），直到2011年中国隐含土地贸易顺差的国家数依然有7个之多（德国、法国、英国、印度、意大利、日本、韩国），且以发达国家为主。其中，俄罗斯由隐含土地流入国变为流出国。这些数据说明境外土地用途置换（Displacement of Land Use）（Han and Chen，2018）成为经济发达国家满足本土消费需要的重要渠道，中国在其中扮演了"资源中枢"的角色。

综上所述，美国作为中国第一大贸易伙伴、第一大出口目的地，与中国的隐含土地进出口贸易流动最为频繁。中国隐含土地的流出国大多数为经济发达国家；中国隐含土地的流入国大多数为人均土地资源丰富的发达国家，并且新兴经济体具有巨大的潜力。因此，从全球来说，我国的对外贸易，特别是从土地资源丰富的国家进口土地密集型资源产品，不仅有利于减轻我国的土地需求压力，同时对全球来说，也有助于资源优化配置，减少土地总需求。

第四节　隐含土地跨境流动效益分析

本节用出口隐含土地生产率和隐含土地贸易条件指数两个指标来测算分析我国隐含土地跨境流动的经济效益和资源环境效益。出口隐含土地生产率和隐含土地贸易条件指数测算方法采用第二章第二节介绍的方法。

一、中国出口隐含土地生产率

为了计算单位隐含土地出口增加值效应，首先计算中国进出口增加值以及中国隐含土地进出口总量。表5-7计算得到的是1995~2014年中国出口增加值以及出口隐含土地总规模的情况。

从表5-7中可以看出，中国出口增加值以及隐含土地出口规模大致可以分为两个阶段。第一阶段为2009年以前，这两个基本上同向变动，反映了国内增加值的增加是以一定程度的隐含土地的消耗为代价的。第二阶段为两者反向变动，这从某种程度上也说明了中国产业结构的优化以及土地利用效率的提高。与中国隐含土地出口规模受政策以及经济环境影响较大不同的是，中国出口增加值波动上升，仅从中国出口增加值变化的程度来看，2008年金融危机对中国的影响较小，且经济复苏较快，2010年中国出口增加值就已经超过金融危机之前的水平。与出口相比，1995~2014年中国进口增加值以及隐含土地进口规模呈较为稳定的同向增长趋势。

表5-7　1995~2014年隐含土地出口以及中国进出口增加值规模

年份	出口隐含土地（亿公顷）	进口隐含土地（亿公顷）	出口增加值（亿美元）	进口增加值（亿美元）
1995	0.87	0.59	1404.29	1146.02
1996	0.74	0.60	1460.09	1182.84
1997	0.73	0.54	1766.99	1219.34
1998	0.67	0.49	1792.94	1238.90
1999	0.65	0.62	1849.93	1437.48
2000	0.68	0.79	2283.92	1835.86
2001	0.66	0.82	2464.88	2019.88
2002	0.71	0.88	2951.23	2381.82
2003	0.88	1.03	3740.53	3110.57
2004	0.95	1.33	4772.54	3921.64
2005	1.16	1.40	4772.54	3921.64
2006	1.31	1.51	7691.73	5097.23
2007	1.30	1.62	9810.27	6126.53
2008	1.16	1.76	11858.90	7695.19
2009	1.02	1.70	10453.66	7610.33
2010	1.06	2.20	13231.12	10130.22
2011	1.03	2.72	15744.22	12796.85
2012	0.94	2.97	16991.82	12914.67
2013	0.88	3.13	18097.99	13800.57
2014	0.92	3.17	19577.39	13748.87

在国际贸易中，每消耗一单位隐含土地都会带来增加值的增加，在追求出口隐含土地生产率的最大化的同时，希望进口隐含土地生产率最小化，即在追求经济利益最大化的同时，减少资源的消耗和环境的污染。如图5-6所示，中国进出口隐含土地生产率都呈上升趋势，但是出口隐含土地生产率的增速远远大于进口隐含土地生产率的增速，1995年中国出口隐含土地生产率为16.1百美元/公顷，到2014年提高至212.8百美元/公顷。

表5-8是计算得到的1995~2014年出口隐含土地生产率及其构成因素比较，可以发现，出口隐含土地生产率基本为上升趋势。1995年我国出口隐含土地生产率为0.16美元/平方米；我国出口隐含土地生产率的增速大幅上升，最高增幅

达 43.90%（2006 年）。到 2014 年，出口隐含土地生产率高达 2.13 美元/平方米。单位出口的增加值效应基本上在 0.8 美元/美元附近波动，即每出口 100 美元的产品，可以带动的国内增加值为 80 美元。这说明中国出口产品所能带动国内增加值比较稳定。1995~2014 年我国单位出口的完全土耗（直接土耗+间接土耗）大幅下降，由 1995 年的 5.19 平方米/美元下降至 2014 年的 0.38 平方米/美元，下降了将近 13 倍，即 2014 年相对于 1995 年来说，我国每出口 1 美元产品所消耗的隐含土地减少了 13 倍。

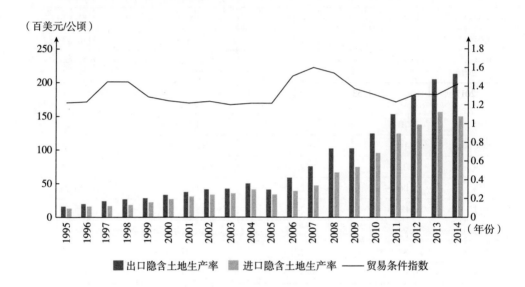

图 5-6　1995~2014 年中国进出口隐含土地效益情况

表 5-8　1995~2014 年出口隐含土地生产率比较

年份	出口隐含土地生产率 （美元/平方米）	单位出口的增加值效应 （美元/美元）	单位出口的完全土耗 （平方米/美元）
1995	0.16	0.84	5.19
1996	0.20	0.85	4.29
1997	0.24	0.85	3.53
1998	0.27	0.86	3.21
1999	0.29	0.85	2.96
2000	0.33	0.82	2.45

续表

年份	出口隐含土地生产率 （美元/平方米）	单位出口的增加值效应 （美元/美元）	单位出口的完全土耗 （平方米/美元）
2001	0.38	0.82	2.19
2002	0.42	0.81	1.94
2003	0.43	0.77	1.81
2004	0.50	0.73	1.45
2005	0.41	0.57	1.39
2006	0.59	0.72	1.23
2007	0.75	0.73	0.97
2008	1.02	0.75	0.73
2009	1.02	0.78	0.77
2010	1.24	0.76	0.61
2011	1.53	0.75	0.49
2012	1.81	0.79	0.44
2013	2.05	0.79	0.39
2014	2.13	0.81	0.38

综上所述，我国单位隐含土地出口增加值效应不断提高的原因主要是我国土地利用效率大幅增加、产业结构调整，单位出口完全土地消耗有较大的下降，而单位出口的增加值效应基本处于比较稳定的状态。

从各部门出口隐含土地生产率来看（见表5-9），1995年出口隐含土地生产率最高的五大产业分别为金融业，电力、煤气和水的生产及供应业，内陆运输业，邮政与通信业以及采矿业。2002年出口隐含土地生产率最高的五大产业基本与1995年一致，其中通过金融业每出口1平方米的隐含土地，可以产生150.20美元的增加值。电力、煤气和水的生产及供应业的出口隐含土地生产率位居第二，而邮政与通信业以及内陆运输业单位出口隐含土地所带动的增加值也较大，分别达到9.07美元/平方米和8.05美元/平方米。到2009年每出口1平方米的隐含土地所产生的增加值稳定增长，相较于2002年，增速最快的两大行业分别为其他运输配套业务及旅行社业务（673%）以及采矿业（665%）。就产业结构而言，到2014年出口隐含土地生产率结构比较稳定，仅仅是小幅度变化。结合前文分析，农、林、牧、渔业以及低端制造业的隐含土地出口量较大，但是其出口隐含土地生产率较小，在 35 大部门中排名基本集中在 25 名以后，这意味着农、林、牧、渔业以及低端制造业每出口 1 平方米隐含土地所能带动的增加值有限，远远低于高端服务业如金融业。除了以上提到的这些部门外，在主要年份中出口隐含土地生产率均位于前十名的还有焦炭、精炼石油产品及核燃料制造业以及教育。出口隐含土地生产率越大，意味着通过这些部门出口来带动国内增加值的增加所需要的土地消耗和环境代价越小。

表 5-9　主要年份行业隐含土地生产率比较

行业名称	1995 年		2002 年		2009 年		2014 年	
	隐含土地生产率（美元/平方米）	排名	隐含土地生产率（美元/平方米）	排名	隐含土地生产率（美元/平方米）	排名	隐含土地生产率（美元/平方米）	排名
农、林、牧、渔业	0.13	29	0.16	30	0.75	26	1.99	24
采矿业	2.29	5	5.33	6	40.78	3	92.75	3
食品、饮料制造及烟草业	0.04	32	0.08	33	0.20	32	0.43	31
纺织及服装制造业	0.11	30	0.13	31	0.24	31	0.40	32
皮革及鞋类制品业	0.06	31	0.08	32	0.17	33		
木材及木材制品、草编及编织制品业	0.15	27	0.26	26	0.66	28	1.06	30
造纸和纸制品业、印刷和出版业	0.51	19	1.20	17	2.79	17	2.27	21
焦炭、精炼石油产品及核燃料制造业	1.74	8	2.69	8	10.92	8	9.34	11
化学品及化学制品业	0.33	24	0.81	20	1.23	21	1.36	28
橡胶及塑料制品业	0.23	25	0.40	24	1.00	24	1.38	27

行业名称	1995 年		2002 年		2009 年		2014 年	
	隐含土地生产率（美元/平方米）	排名	隐含土地生产率（美元/平方米）	排名	隐含土地生产率（美元/平方米）	排名	隐含土地生产率（美元/平方米）	排名
非金属矿物制品业	0.87	14	2.41	9	2.95	15	3.79	17
基本金属及金属制品业	0.94	13	2.10	10	4.63	11	4.56	16
通用专用设备制造业	1.12	10	1.42	14	1.94	18	2.60	19
电气和光学设备制造业	0.41	22	0.82	19	1.05	22	1.99	23
交通运输设备制造业	0.76	16	1.77	11	1.50	20	2.96	18
其他制造业及废弃资源回收加工	0.19	26	0.22	28	0.42	30	1.24	29
电力、煤气和水的生产及供应业	17.45	2	52.04	2	157.19	2	135.04	2
建筑业	1.18	9	0.33	25	1.01	23	2.59	20
汽车及摩托车的销售、维护和修理及燃油零售	0.00	33	0.00	34	0.00	34	0.00	33
批发业（不含汽车和摩托车）	1.01	11	1.33	16	7.53	10	16.89	9
零售（不含汽车和摩托车）及家用产品维修	1.01	12	1.34	15	7.56	9	16.91	8
住宿和餐饮业	0.13	28	0.20	29	0.64	29	1.98	25
内陆运输业	8.54	3	8.05	4	15.21	6	19.56	7
水上运输业	0.76	17	3.33	7	3.53	14	5.11	15
航空运输业	0.44	20	0.95	18	0.72	27	2.02	22
其他运输配套业务及旅行社业务	0.54	18	0.22	27	1.70	19	9.00	12
邮政与通信业	3.13	4	9.07	3	16.17	5	89.58	4

续表

行业名称	1995 年		2002 年		2009 年		2014 年	
	隐含土地生产率（美元/平方米）	排名	隐含土地生产率（美元/平方米）	排名	隐含土地生产率（美元/平方米）	排名	隐含土地生产率（美元/平方米）	排名
金融业	57.93	1	150.20	1	230.00	1	161.81	1
房地产业	0.00	34	0.47	23	0.93	25	1.94	26
租赁及商务服务业	2.12	6	1.76	12	2.79	16	5.32	14
公共管理、国防及社会保障	0.36	23	0.65	21	4.19	12	26.77	5
教育	1.83	7	5.43	5	26.21	4	21.50	6
卫生和社会工作	0.84	15	1.49	13	11.56	7	6.52	13
其他社区、社会及个人服务	0.43	21	0.55	22	3.55	13	10.73	10
私人雇佣的家庭服务业	0.00	35	0.00	35	0.00	35	0.00	34

二、12 个代表性国家的隐含土地生产率

基于 WIOD 数据库，选取 12 个与中国贸易往来相对频繁的国家包括澳大利亚、巴西、加拿大、德国、法国、英国、印度、意大利、日本、韩国、俄罗斯以及美国进行具体效益分析。

根据 WIOD 数据库整理计算的结果如表 5-10 所示。在 12 个分析国家中，除巴西和俄罗斯之外，大多数国家出口隐含土地生产率呈上升趋势，这说明各国的隐含土地单位生产率逐渐提高，这与科技进步导致各国土地利用效率大大提升有直接关系。其中日本和韩国出口隐含土地生产率分别位列第一和第二，德国、法国、英国以及意大利都属于出口隐含土地生产率较高的国家，其中 2014 年日本的出口隐含土地生产率高达 584.3 千美元/公顷，即每消耗 1 平方米的隐含土地就能出口 58.43 美元的最终产品。澳大利亚、巴西和加拿大都属于出口隐含土地生产率较低的三个国家，澳大利亚 1995 年出口隐含土地生产率为 0.02 美元/平方米，也就是说澳大利亚在 1995 年每出口 1 平方米的隐含土地能出口 0.02 美元

的最终产品。印度、俄罗斯以及美国的出口隐含土地在这 12 个国家中居中。纵向来看，12 个国家出口隐含土地生产率趋势大致为波动递增。

表 5-10　1995~2014 年主要国家出口隐含土地生产率情况

国家 年份	澳大利亚 (千美元/公顷)	巴西 (千美元/公顷)	加拿大 (千美元/公顷)	德国 (千美元/公顷)	法国 (千美元/公顷)	英国 (千美元/公顷)	印度 (千美元/公顷)	意大利 (千美元/公顷)	日本 (千美元/公顷)	韩国 (千美元/公顷)	俄罗斯 (千美元/公顷)	美国 (千美元/公顷)
1995	0.2	0.5	0.7	50.8	11.0	35.1	1.3	24.5	354.5	105.4	1.8	3.1
1996	0.3	0.6	0.7	51.3	10.9	40.9	1.4	29.2	305.1	123.8	2.3	3.4
1997	0.3	0.5	0.7	47.1	10.0	47.0	1.4	28.6	266.3	122.6	2.1	4.1
1998	0.2	0.5	0.7	44.9	10.8	50.2	1.4	27.5	242.4	67.5	1.7	4.4
1999	0.3	0.3	0.7	43.9	10.8	55.2	1.4	25.6	243.5	92.2	0.8	4.9
2000	0.3	0.3	0.9	40.4	10.3	58.3	1.5	25.6	312.1	115.3	1.1	5.0
2001	0.3	0.3	0.9	44.7	10.7	61.8	1.6	25.3	259.2	102.5	1.3	5.1
2002	0.2	0.3	0.8	47.9	11.5	67.0	1.8	27.6	242.1	117.2	1.2	4.9
2003	0.4	0.4	1.1	53.1	13.6	67.1	2.4	33.5	264.4	129.7	1.6	5.0
2004	0.5	0.4	1.2	63.0	15.7	83.4	2.8	43.1	302.9	153.7	2.6	5.8
2005	0.7	0.6	1.3	57.1	15.7	82.2	3.6	42.2	284.9	192.0	3.4	6.4
2006	0.7	0.7	1.5	59.6	16.3	86.8	4.0	45.9	276.6	226.0	4.1	6.8
2007	1.1	0.8	1.6	64.8	18.3	104.3	5.0	52.3	285.7	245.6	4.9	7.1
2008	1.2	1.1	2.3	73.2	18.7	107.5	5.3	51.7	310.3	220.2	8.3	6.6
2009	1.1	0.8	2.0	61.4	15.9	79.1	5.4	43.9	269.3	148.4	5.6	6.9
2010	2.0	1.4	3.0	104.4	27.7	112.7	11.8	78.1	510.5	316.2	7.8	9.8
2011	2.1	1.6	3.3	123.2	28.7	120.9	12.3	88.8	559.8	352.4	8.5	10.5
2012	1.6	1.6	3.0	99.9	31.2	102.1	14.8	72.3	590.8	343.4	8.4	10.2
2013	1.5	1.4	2.8	97.8	30.1	118.0	12.8	72.4	539.7	354.8	7.7	12.8
2014	1.5	1.3	2.6	101.7	32.6	126.6	14.9	70.1	584.3	394.3	5.7	12.6

三、中国与代表性国家隐含土地贸易条件指数

隐含土地贸易条件（Embodied Land Terms of Trade，ELTT）指标指单位增加值出口的隐含土地量与单位增加值进口隐含土地量的比值，ELTT 大于 1 表明出口的商品要比进口的商品更消耗土地资源，反之则更节约土地资源。具体测算结

果如表 5-11 所示，在与这 12 个国家的贸易中，ELTT 大于 1 的国家分别为澳大利亚、巴西、加拿大、印度、俄罗斯以及美国，这说明了获取同等的商品，与自己生产相比，从这些国家进口能够节约一定量的土地资源。德国、英国、意大利、日本、韩国的 ELTT 均远小于 1，而法国的 ELTT 在 1 的上下波动。通过对比可知在 ELTT 大于 1 的国家中，中国与澳大利亚、巴西、加拿大、俄罗斯的贸易条件明显优于其他国家。其中，1995~1998 年中国与澳大利亚的隐含土地贸易条件为最优；1999~2000 年中国与俄罗斯的隐含土地贸易条件最优；2000~2011 年中国与巴西的贸易条件最优。中国出口到这四个国家中隐含土地生产率远低于这四个国家出口到中国的隐含土地生产率，其原因在于这四个国家土地资源丰裕且人均占有面积较大，所以在土地资源具有先天优势以及国内需求较少的前提下，其富有隐含土地产品在国际贸易中具有比较优势。由上文可知，这四个国家也是中国隐含土地的主要进口国。然而日本、韩国、德国、意大利、英国以及法国进口中国一单位产品中隐含土地的含量远高于其单位产品出口到中国的隐含土地，所以在隐含土地贸易中，这六个国家是中国隐含土地的出口国，上文分析得出富含隐含土地的产业是低技术行业，说明了中国的经济结构和出口结构仍需优化，与发达国家仍有一些差距。中国与印度、俄罗斯以及美国隐含土地贸易中单位消耗趋于均衡。中国与其贸易额都比较大，而且中国、印度与美国是世界人口三大国，国内对土地的需求较大。

表 5-11　中国与其他国家隐含土地贸易条件比较

国家 年份	澳大利亚	巴西	加拿大	德国	法国	英国	印度	意大利	日本	韩国	俄罗斯	美国
1995	109.6	26.1	34.7	0.1	1.3	0.2	2.7	0.2	0.0	0.2	9.7	3.7
1996	144.4	28.0	31.5	0.1	0.5	0.2	4.8	0.2	0.0	0.1	11.5	2.5
1997	117.4	51.6	19.2	0.2	0.7	0.2	7.7	0.2	0.1	0.1	17.8	2.8
1998	80.8	63.2	27.1	0.3	0.9	0.2	5.4	0.2	0.1	0.5	37.4	1.9
1999	98.0	88.9	18.7	0.5	1.1	0.3	3.4	0.2	0.1	0.3	248.2	1.4
2000	157.7	157.2	29.3	0.6	1.7	0.2	5.9	0.2	0.1	0.2	309.5	1.8
2001	148.8	258.1	29.5	0.5	1.0	0.2	5.9	0.3	0.2	0.2	162.4	1.8
2002	141.6	402.8	17.4	0.4	0.8	0.1	4.9	0.2	0.1	0.2	134.7	1.5

续表

国家 年份	澳大利亚	巴西	加拿大	德国	法国	英国	印度	意大利	日本	韩国	俄罗斯	美国
2003	75.8	581.2	12.2	0.3	0.8	0.1	4.6	0.2	0.1	0.2	93.9	2.2
2004	85.9	548.4	29.9	0.2	0.5	0.1	5.8	0.1	0.1	0.3	112.3	2.7
2005	73.9	403.2	19.5	0.3	0.7	0.1	3.6	0.1	0.1	0.2	105.7	2.0
2006	75.2	317.8	12.5	0.3	0.4	0.1	5.5	0.1	0.1	0.2	76.9	2.1
2007	61.9	229.3	15.0	0.3	0.5	0.2	4.6	0.1	0.2	0.2	42.1	2.7
2008	75.7	208.0	15.6	0.2	0.7	0.1	4.3	0.1	0.2	0.3	26.0	4.6
2009	75.4	298.2	28.5	0.3	1.0	0.2	2.1	0.2	0.3	0.6	28.6	7.4
2010	90.1	220.8	27.0	0.3	1.2	0.2	5.4	0.3	0.3	0.5	22.4	8.2
2011	117.7	244.0	35.1	0.4	1.7	0.5	6.7	0.4	0.3	0.5	25.1	10.2

综上所述，中国与主要国家贸易条件的数据反映的是中国的隐含土地单位消耗与主要国家是否具有比较优势，进一步论证了中国从某国出口或进口隐含土地的原因。

第五节　本章小结

一、基本结论

本书运用 WIOD 数据库，首先，在环境扩展的投入产出分析框架下测算了1995~2014 年中国对外贸易中隐含土地进出口规模的变动趋势，并通过 LMDI 分解方法分析了影响隐含土地出口规模的主要因素。其次，分析了中国与 12 个主要经济体之间的隐含土地流动状况。最后，结合全球价值链分解技术（GVCs）比较分析了中国与主要经济体之间通过对外贸易隐性出口的土地资源能否为中国带来与之相应的经济效益和资源环境效益。

第一，中国土地资源利用效率大幅度提升，隐含土地出口结构有所优化。1995~2014 年中国各部门的隐含土地完全土耗系数总体上呈下降趋势，从 1995

年的 119.5 平方米/美元下降到 2014 年的 4.74 平方米/美元。从行业上看，中国土地资源完全消耗系数排名前十的部门依次为：农、林、牧、渔业，食品、饮料制造及烟草业，住宿和餐饮业，纺织及服装制造业，皮革及鞋类制品业，木材及木材制品、草编及编织制品业，造纸和纸制品业、印刷和出版业，其他制造业及废弃资源回收加工，橡胶及塑料制品业和化学品及化学制品业。其中农、林、牧、渔业的完全土耗系数远高于其他部门，但与其他部门的差距逐年缩小。

从进出口结构来说，农、林、牧、渔业和制造业是中国隐含土地进出口的主要载体。农、林、牧、渔业的隐含土地在中国对外贸易中一直处于逆差状态且净进口隐含土地量较大。1999 年中国隐含土地净出口的行业高达 28 个，到 2014 年下降至 11 个，中高技术制造业以及服务业隐含土地的净出口呈现增加的态势。因此，中国产业结构优化调整初见成效。

第二，中国 2000 年之后从外贸隐含土地净出口国变成净进口国，2007 年后隐含土地净进口规模快速增长。1995~2014 年，中国隐含土地进口规模大致呈上升趋势，而其隐含土地出口规模大致以 2006 年为界分为两个阶段，1995~2006 年，中国隐含土地出口规模波动上升，到 2006 年达到峰值 13.1 亿公顷，2006~2009 年，中国隐含土地出口规模逐渐下降。以 2000 年为界，中国从贸易隐含土地的净出口国转变为净进口国。2007 年后随着隐含土地出口达到峰值而进口规模继续扩大后隐含土地净进口规模快速增长，2014 年中国隐含土地净进口规模达到峰值 22494.0 万公顷。

第三，规模效应是最主要的驱动因素，技术效应是最重要的反制因素。本书利用 LMDI 分解分析技术分析了影响中国隐含土地出口的主要因素。中国出口贸易中的隐含土地变化是出口规模、出口结构和技术因素综合作用的结果，其中，出口规模的扩大是导致贸易中隐含土地上升的主要原因，在前期技术进步和出口结构的优化共同作用下使得出口贸易中隐含土地含量减少，在后期出口结构的作用下日益减弱，技术进步成为减少出口贸易中隐含土地含量的主要因素。

第四，中国隐含土地净出口对象国主要是发达国家，中国在全球土地资源供应链中扮演了"资源中枢"的角色。通过测算分析中国与 12 个主要经济体（澳大利亚、巴西、加拿大、德国、法国、英国、印度、意大利、日本、韩国、俄罗斯以及美国）之间的贸易隐含土地流向状况，结果发现，1995 年中国隐含土地贸易顺差的国家数高达 9 个（美国、俄罗斯、韩国、日本、意大利、印度、英国、法国、德国），直到 2011 年中国隐含土地贸易顺差的国家数依然有 7 个之多（德国、法国、英国、印度、意大利、日本、韩国），显然，中国隐含土地净出口对象国主要是发达国家。其中，美国和日本是最主要的两个国家。这也说明，境外土地用途置换成为发达国家满足本土消费需要的重要渠道，中国在其中扮演了"资源中枢"的角色。

第五，世界各国依据自身的土地资源禀赋参与国际贸易，绝大多数国家通过国际贸易提高了土地资源使用的经济效益和资源环境效益。通过开展国际贸易，土地资源丰富的国家（地区）提供土地密集型产品给土地紧缺的国家（地区），不但可以节约后者的土地资源，还会提高国家（地区）间乃至全球的土地资源利用效益。从而解释了为什么对于中国而言，澳大利亚、巴西以及加拿大为隐含土地的主要进口国，而日本、韩国、德国、意大利、英国以及法国是隐含土地的出口国。

从时间轴上来看，在 13 个分析国家中（包括中国），除巴西和俄罗斯之外，大多数国家出口隐含土地生产率呈上升趋势，这意味着出口一单位的最终产品所需消耗的隐含土地量下降，这也说明绝大多数国家通过国际贸易提高了土地资源使用的经济效益和资源环境效益。

二、对策建议

在消费需求与土地供给矛盾日益突出的情况下，中国需要在全球化背景下，积极寻求发展与保护之间的平衡，在确保经济增长和共同发展的前提下减少资源消耗和环境破坏，实现自身和世界的可持续发展。

第一，政府调控和市场调节相结合，更加集约利用国内土地资源。加大政府土地调控力度，与此同时，加强市场调节作用，把政府土地调控建立在市场机制之上。严格控制城乡建设用地规模。实行城乡建设用地总量控制制度，强化县市城乡建设用地规模刚性约束，遏制土地过度开发和建设用地低效利用。与新型城镇化和新农村建设进程相适应，引导城镇建设用地结构调整，控制生产用地，保障生活用地，增加生态用地；优化农村建设用地结构，保障农业生产、农民生活必需的建设用地，支持农村基础设施建设和社会事业发展；促进城乡用地结构调整，合理增加城镇建设用地，加大农村空闲、闲置和低效用地整治。健全用地控制标准。严格执行各行各业建设项目用地标准。在建设项目可行性研究、初步设计、土地审批、土地供应、供后监管、竣工验收等环节，严格执行建设用地标准，建设项目的用地规模和功能分区，不得突破标准控制。整顿和开发闲置土地，提高土地利用率。发挥市场机制的激励约束作用。加快形成充分反映市场供求关系、资源稀缺程度和环境损害成本的土地市场价格机制，通过价格杠杆约束粗放利用，激励节约集约用地。完善土地租赁、转让、抵押二级市场。健全完善主体平等、规则一致、竞争有序的市场规制，营造有利于土地市场规范运行、有效落实节约集约用地的制度环境。

第二，优化产业结构和贸易结构，提高土地资源利用效率。我国土地资源的保护更大程度上需要借助第二、第三产业内部的结构优化和效率改进。我国应当在确保粮食安全的前提下，通过继续积极调整经济结构，减少或限制土地密集型产业发展，鼓励发展土地集约型经济，以及通过进一步鼓励技术创新提高土地集约化水平，降低经济社会发展的资源环境成本。

总体上看，我国土地密集型产业主导的出口结构尚未根本转变。从 2007 年数据看，纺织、服装和食品加工三大产业隐含的土地出口占当年我国贸易隐含土地出口总规模的近 48%。显而易见，在贸易结构调整优化方面进而降低土地资源消耗还有较大的政策空间。

进一步优化隐含土地进口战略。一是调整产品进口结构，实现隐含土地进口最优化。根据比较优势理论，我国在进口产品时应该选择增加进口隐含土地含量较高的产品，相对减少隐含土地含量较低的产品，从而优化产品进口结构。因此，应增加对农、林、牧、渔业以及低端制造业的进口。相对扩大隐含土地的进口数量，有利于实现隐含土地进口最优化，以缓解经济发展与土地资源短缺的矛盾。同时在增加农、林、牧、渔业以及低端制造业产品数量的同时，还应根据各类产品的隐含土地含量进一步丰富产品进口结构，避免由于产品进口结构单一对我国产生的消极影响，从而达到进口效益的最大化。二是充分利用隐含土地进口，增加效益。在制定贸易政策过程中，我国应在优化调整产品结构，增加隐含土地进口量的基础上，充分利用隐含土地的进口效应增加整体效益，促进土地资源的可持续利用，实现资源的优化配置。

第三，积极参加全球治理，形成更加公平合理的经济秩序和资源环境要素利用秩序。从资源环境治理角度看，在与世界经济联系不断密切、资源环境要素跨国流动日趋频繁和复杂的背景下，中国在资源相关决策中需要充分考虑全球化因素对本国资源配置的深刻影响，改变传统的单纯从直接投入产出角度评价资源消耗的做法，应从供应链角度全面评价生产和消费活动造成的资源影响。我国应当在充分考虑自身作为全球重要的生产者和消费者双重角色的基础上，在生产者和消费者责任上谋求更加均衡的政策立场，推动形成国际社会对中国在全球资源配置中的需求和贡献形成更加客观公正的认知。即作为生产者，中国为满足世界市场需求贡献了大量资源环境要素（包括从境外进口原材料和能源等初级产品）；作为消费者，中国和大量人地矛盾突出的国家一样，需要一定程度借助境外资源补足国内需求。因此，我国应积极参加全球治理，形成更加公平合理的经济秩序和资源环境要素利用秩序，维护我国发展权益。

本章参考文献

［1］Bruckner M，Fischer G，Tramberend S，et al. Measuring Telecouplings in the Global Land System：A Review and Comparative Evaluation of Land Footprint Accounting Methods［J］. Ecological Economics，2015（114）：11-21.

［2］Chen G Q，Han M Y. Virtual Land Use Change in China 2002-2010：Internal Transition and Trade Imbalance［J］. Land Use Policy，2015（47）：55-65.

［3］Godar J，Persson U M，Tizado E J，et al. Towards More Accurate and Policy Relevant Footprint Analyses：Tracing Fine-Scale Socio-Environmental Impacts of Production to Consumption［J］. Ecological Economics，2015（112）：25-35.

［4］Han M，Chen G. Global Arable Land Transfers Embodied in Mainland China's Foreign Trade［J］. Land Use Policy，2018（70）：521-534.

［5］Hubacek K，Feng K. Comparing Apples and Oranges：Some Confusion about Using and Interpreting Physical Trade Matrices Versus Multi-Regional Input-Output Analysis［J］. Land Use Policy，2016（50）：194-201.

［6］Kastner T，Schaffartzik A，Eisenmenger N，et al. Cropland Area Embodied in International Trade：Contradictory Results from Different Approaches［J］. Ecological Economics, 2014 (104): 140-144.

[7] Muradian R, Martinez-Alier J. Trade and the Environment: From a "Southern" Perspective [J]. Ecological Economics, 2001 (2): 281-297.

[8] Qiang W, Liu A, Cheng S, et al. Agricultural Trade and Virtual Land Use: The Case of China's Crop Trade [J]. Land Use Policy, 2013 (33): 141-150.

[9] Sato M. Embodied Carbon in Trade: A Survey of the Empirical Literature [J]. Journal of Economic Surveys, 2014 (5): 831-861.

[10] Sun J, Tong Y, Liu J. Telecoupled Land-Use Changes in Distant Countries [J]. Journal of Integrative Agriculture, 2017 (2): 368-376.

[11] Zhang B, Qiao H, Chen Z M, et al. Growth in Embodied Energy Transfers Via China's Domestic Trade: Evidence from Multi-Regional Input-Output Analysis [J]. Applied Energy, 2016 (184): 1093-1105.

[12] Zhang Z, Zhao Y, Su B, et al. Embodied Carbon in China's Foreign Trade: An Online SCI-E and SSCI Based Literature Review [J]. Renewable and Sustainable Energy Reviews, 2017 (68): 492-510.

[13] 成丽, 方天堃, 潘春玲. 中国粮食贸易中虚拟耕地贸易的估算 [J]. 中国农村经济, 2008 (6): 25-31.

[14] 国家林业局. 退耕还林工程生态效益监测国家报告 [M]. 北京: 中国林业出版社, 2015.

[15] 廖明球. 投入产出及其扩展分析 [M]. 北京: 首都经济贸易大学出版社, 2009.

[16] 刘红梅, 王克强, 石芳. 中国粮食虚拟土地资源进口的实证分析 [J]. 中国农村经济, 2007 (11): 26-33.

[17] 罗贞礼, 龙爱华, 黄璜, 等. 虚拟土战略与土地资源可持续利用的社会化管理 [J]. 冰川冻土, 2004 (5): 624-631.

[18] 马博虎, 张宝文. 中国粮食对外贸易中虚拟耕地贸易量的估算与贡献分析——基于 1978—2008 年中国粮食对外贸易数据的实证分析 [J]. 西北农林科技大学学报 (自然科学版), 2010 (6): 115-119+126.

[19] 强文丽, 刘爱民, 成升魁, 等. 中国农产品贸易的虚拟土地资源量化

研究［J］．自然资源学报，2013（8）：1289-1297.

　　［20］世界银行．世界发展指标2015［M］．姜睿译．北京：中国财政经济出版社，2015.

　　［21］唐洪松，马惠兰，宋建华，等．中国进口中亚国家农产品虚拟土地核算及潜力研究［J］．世界农业，2016（8）：43-49.

　　［22］严志强，颜章雄，胡宝清，等．虚拟土地、虚拟土地战略与区域土地资源优化配置管理的理论探讨［J］．广西社会科学，2007（10）：70-74.

　　［23］张燕林，郑礼明．中国粮食安全和虚拟耕地进口实证研究［J］．新疆农垦经济，2009（12）：42-46.

　　［24］赵姚阳，杨炬烽．我国农产品贸易中的虚拟耕地交易分析［J］．长江流域资源与环境，2010（2）：192-195.

第六章 隐含水流动规模、流向和效益分析

我国是水资源紧缺的国家，如何高效集约利用水资源是实现我国可持续发展的重要内容。为加强水资源节约集约利用，2012 年，国务院发布了《关于实行最严格水资源管理制度的意见》，2013 年印发了《实行最严格水资源管理制度考核办法》，对 31 个省级行政区落实最严格水资源管理制度。经过几年的实践，水资源管理虽然取得了一定的成效，但我国水资源紧缺的现状尚未改变。据统计，2016 年全年我国水资源总量为 30150 亿立方米，比 2012 年增长 2.1%，占全球水资源的 6%，列第四位，排在巴西、俄罗斯和加拿大之后。我国水资源总量不算小，但我国的人均水资源量只有 2186.9 立方米，仅为世界平均水平的 1/4，是全球人均水资源最贫乏的国家之一。在过去一段时间里，随着我国人口基数的不断增长和工业化水平的提高，水资源问题日益凸显，已成为制约我国经济社会发展的主要因素。

隐含水或者虚拟水、水足迹等概念的提出为解决全社会水资源问题提出了一个全新的视角，尤其是对于水资源的区域流动提供了测算方法，为客观评价中国对世界可持续发展所作贡献提供了理论依据。随着全球化进程的加快，世界货物和贸易将会加剧，地区水资源不均衡将在一定程度上随着贸易有所缓解。同样的水资源问题的解决也不能局限于某一地区，水资源问题治理决策需要在全球视角下决定，水资源问题不仅是污染国或水资源稀缺国的问题，还是全球问题。因此，在全球货物贸易第一大国及水资源缺乏国的双重身份下，我国更应该清楚国际贸易中水资源的流向和规模，为更好地解决水资源污染和短缺问题制定针对性政策。

第一节　文献综述

本节以隐含水为主要研究对象，分别对国内外学者针对隐含水概念、研究方法、影响因素等方面的研究进行了梳理，并指出了当前研究中的不足及未来研究的创新之处。

一、国外研究进展

IFIAS 于 1974 年首次提出了 Embodied Flow 概念（译为"隐含流"或"内涵流"），指产品生产或服务提供过程中直接和间接消耗的某种资源（包括环境资源）的总量。随着对隐含流研究的深入和研究内容的拓宽，隐含能源、隐含排放、隐含碳、隐含水（虚拟水）、虚拟土地等都是隐含流的具体化。需要指出的是，隐含水（Embodied Water）又称虚拟水（Vitual Water），本书不加区别地使用这两个概念。

Allan 于 1996 年首次将隐含水定义为隐含在食物进口中的水（Allan，1996）。随着研究的深入，隐含水的定义和范围都有所扩展，隐含水指生产商品和服务所需要的水资源数量。现在比较通用的定义为商品生产所需的用水量（Zimmer and Renault，2003）。水资源的利用可以分为直接水利用和隐含水利用，与直接水利用不同，隐含水是不能被消费者及商品的最终使用者所看到的水资源，其一旦被投入商品中，就隐含在商品中被消费（Lenzen，2009）。市场经济中，消费者对商品的需求包括中间需求和最终需求，在投入产出模型中，对隐含水的研究包括对隐含水的直接消耗和对包含隐含水的中间产品的消耗。例如，隐含在某一最终商品中的水资源不仅包括其生产过程中直接消耗掉的水资源还包括其消耗掉的中间产品生产过程中所消耗的水资源，即最终商品中的隐含水是直接消耗和间接消耗的总和（见图 6-1）。

对于隐含水贸易研究主要集中在水与食品尤其是农产品的研究上，因为大量的水资源是用于食品或农作物生产的（Godfray et al.，2011）。Yang 和 Zehnder（2001）

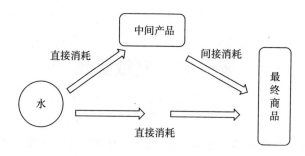

图 6-1　最终商品中隐含水的来源

资料来源：笔者自绘。

在 Allan 的隐含水理论基础上发现南地中海地区国家的净谷物进口量与水资源拥有量成反比关系。研究发现，水资源极其匮乏的以色列和黎巴嫩 90%~95% 的谷物供给需要依靠进口。随后，Yang 等（2003）比较分析了亚洲和非洲国家水资源拥有量和谷物进口量的关系，发现水资源和谷物进口量之间存在一个临界值——年人均水资源拥有量 1500 立方米，小于此临界值谷物进口需求对水资源的减少呈指数增长，大于此临界值时则没有明显的相关关系。但是，一些学者对水资源和食品贸易关系的研究发现并不是所有国家都表现出水资源稀缺性导致了食品进口。例如，Kumar 等（2005）分析了全球 146 个国家和地区的可再生淡水资源和隐含水贸易，并没有发现之间存在明显关系。他们认为造成这一结果的原因是计算中忽略了地表水（或"绿水"）。Ramirez-Vallejo 和 Rogers（2004）指出在全球化水平上隐含水流动与水资源稀缺性没有必然联系，其独立于一国的水资源禀赋。Stephen（2004）的研究得出了相似的结论。对于同一问题的研究结论为什么会产生如此大的反差，关键在于研究国水资源情况的不同（Yang and Zehnder，2007），正如 Yang 等（2003）所说，隐含水与食品进口关系仅发生在水资源比较稀缺的国家。实际上只有大约 1/4 的国际谷物贸易是由水资源充足的国家流向水资源稀缺的国家（Fraiture et al.，2004；Yang et al.，2006），即水资源稀缺性对当前谷物世界贸易格局只发挥了很小的作用（Yang and Zehnder，2007）。

随着对隐含水研究的不断深入，人们逐渐意识到隐含水贸易不仅对农产品发挥一定的作用，还影响着社会经济的其他方面。隐含水贸易是解决一国水资源短缺的有效途径，但同时也可能对隐含水进口国农业生产、外贸结构、食品安全等产生不利影响，而准确把握隐含水贸易的优缺点可以有利于提高水利用效率政策的形成（Elsadek，2010）。Bekchanov 等（2012）通过利用投入产出方法分析了乌兹别克斯坦的经济政策和部门间隐含水流动发现农产品加工和畜牧养殖部门比单纯的农产品贸易对经济的可持续发展更加有意义，这是由于农产品加工品或畜牧养殖品中包含有更多的水资源，即隐含水贸易对促进经济的可持续发展发挥着重要作用。

对于隐含水的研究除了研究某一行业或产品的地区流动外，还有大量研究是针对某一国家或地区内整体隐含水贸易情况。例如，Lenzen（2009）利用多地区投入产出分析表分析了澳大利亚维多利亚州隐含水贸易情况，研究发现维多利亚州的水进口略高于水出口，主要是需要向周边地区进口大米等农产品，同时向其他地区输出电力等。从消费者角度考察维多利亚州却是隐含水出口州，水出口量是进口量的 1.5 倍。两个角度计算的差别主要是由于从生产者角度计算不能够全部包含所有环节的水消耗，最终产品加工过程中所需的实体水往往被忽略。作为全球主要的农产品生产国、消费国、经济体，Dang（2015）研究其国内隐含水贸易情况时发现美国国内隐含水贸易量大约是全球贸易量的 51%，并且隐含水贸易比重（51%）略高于食品贸易比重（43%），他指出造成此结果的原因是美国国内贸易中肉制品贸易量占了很大的比重，而肉制品中具有较高的水含量。Serrano 等（2016）通过分析欧盟 27 国与印度、中国、拉丁美洲、南美洲等国家或地区的水资源消费分布情况，发现欧盟 27 国隐含水进口量大于自身水资源消费量两个百分点。其中，德国是典型的绿水、蓝水和灰水净进口国；西班牙、法国和东部国家农产品出口量较多，其中包含有大量的绿水；由于大量的农产品出口，西班牙也是最大的蓝水出口国；波兰则主要出口化学制品成为 27 国中最大的灰水出口国。

二、国内研究进展

（一）隐含水的国内流动研究

中国对隐含水的研究起步于 2003 年，由中国科学院程国栋院士最早引入，为中国水资源安全策略研究拓宽了思路。隐含水战略是指贫水国家或地区通过贸易的方式从富水国家或地区购买水密集型农产品（粮食）来获得本地区水和粮食的安全（程国栋，2003），其在隐含水理论的基础上，以我国西北干旱地区为例，计算了 2000 年西北各省（区）隐含水消费量，以此表明隐含水是不可忽视的水资源形式，并提出了实施隐含水战略的对策建议。随后，徐中民等（2003）也指出隐含水战略为水资源短缺问题提供了新的解决思路，将解决途径扩展到社会经济系统。

起初国内学者对隐含水贸易的研究主要集中在国内地区间贸易，尤其是对缺水地区的研究。龙爱华等（2004）估算了 2000 年西北 4 省（区）居民隐含水消费量，结果发现隐含水消费总量一般均高于统计水利用量，主要是由于水利用量统计过程中一般只统计地表水和地下水利用部分，对植被、农作物、动物中水含量不进行统计，而动物体内水资源是多年水资源的积累。所以，对于隐含水贸易为缺水地区粮食等供给提供了一种替代供应方式。程国栋（2003）对"隐含水"的研究报告指出，水资源越紧缺的单位农产品需要的水资源越多，水资源的机会成本越大。因此，对于西北 4 省（区）水资源紧缺的地区片面追求区内粮食自给会进一步加大水资源紧缺的局面，隐含水战略是解决这一问题的新思路。王新华（2004）则利用 2000 年中部四省的统计资料分析了隐含水含量和粮食产量的关系，指出隐含水贸易是实现可持续发展战略的重要选择，是提高用水效率的有效工具。同时，隐含水贸易可以作为跨流域调水的补充（马静等，2004），用于解决我国南北方及各区域水资源不均衡，保障水资源缺乏地区经济和社会发展。崔亚楠（2005）的研究进一步印证了隐含水贸易对缺水地区水资源的替代作用。通过对北京市 2002 年主要农产品和动物产品的隐含水含量进行了计算和分析，结果发现这些产品中所包含的隐含水总量几乎是当年实体水用水的 2 倍，指出北京地区可以通过购买水密集型产品来替代自己生产，从而缓解水资源短缺的压力。另外，提出实施隐含水战略不仅需要考虑地区的经济实力，还应该考虑地区的城市化水平和生态平衡。

由于对隐含水量化研究工作起步较晚，国内学者通常采用 Zimmer 公式来估算农作物隐含水含量，但是由于国内农业或气象资料不全等使得估算值不准确；在农产品隐含水基础上得到的动物产品隐含水含量误差更大；此种方法不能够用于工业产品隐含水含量计算（黄晓荣等，2005）。鉴于此局限，可以利用投入产出的方法来解释水资源在社会经济系统中的流动。黄晓荣等（2005）运用投入产出分析方法分析了宁夏回族自治区隐含水贸易和资源配置情况，结果发现1998年至2002年宁夏回族自治区不仅是净隐含水输出省（区），而且输出量逐年增加。虽然其工业部门为隐含水输入区，但工业隐含水输入量远小于农业隐含水输出量，输出产品主要为水资源密集型产品，如水稻、枸杞等。对于水资源缺乏的宁夏回族自治区，隐含水的大量输出一定程度上加剧了水资源供需矛盾。吴争程（2007）的研究发现福建省是典型的隐含水输出地区，大量水密集型产品的出口有效支援了缺水地区对水资源的需求。张掖则是一个水资源短缺的城市，但是它却拥有一个较强耗水能力的经济体系，耗水量远超出其水资源供给能力，其贸易结构使得相当数量的水资源随商品以隐含水的形式流向其他地区（王勇等，2008），利用投入产出表数据定量测算张掖市产业部门间用水的关联作用，结果表明张掖种植业和其他农业是隐含水最大的净转移和输出部门，随后水资源向制造业和畜牧业大量转移，畜牧业又将种植业转移来的水大部分输出外地（马忠和张继良，2008），因此为了缓解水资源短缺的现状，张掖必须改变目前的隐含水贸易策略（曹静晖和朱一中，2008）。江西省虽然是水资源丰富的地区，但也存在着水资源出口结构不够合理的问题，王双英和唐志良（2011）认为江西省应该优化农、畜产品输出结构；大力发展第二产业，同时设定防止水质型缺水的政策保障；适度发展耗水量大的第三产业。梅燕和沈浩军（2013）对浙江省隐含水贸易的研究在2005年和2007年浙江省的投入产出表的基础上展开，研究结果表明浙江省通过商品贸易向其他省区市和国外输出的隐含水主要集中在纺织、缝纫及皮革产品制造业和机械设备制造业；通过商品贸易向省内输入的隐含水集中在农业、化学工业、金属冶炼及加工制造业、采掘业、食品制造和烟草加工业；从隐含水贸易结构来看，农业和重工业为净输入隐含水贸易行业，轻工业为净输出隐含水贸易行业。张小霞和马忠（2015）利用投入产出表对区域间投入—产出模型的新疆维吾尔自治区隐含水流向研究表明，新疆维吾尔自治区隐含水流向的空间特征明显，主要集中在山东、上海、江苏等沿海经济发达省区市。

（二）隐含水的国际流动研究

在国内，赵旭等（2009）以2002年投入产出表为依据来计算中国的国家水足迹，在此基础上对部门间的隐含水贸易进行评估，验证了中国就整个国民部门而言是一个隐含水净出口国，且出口主要集中在轻工业和服务业上。和夏冰等（2011）也运用投入产出分析方法计算了中国的进出口隐含水量，同样得到中国是一个隐含水净出口国，并且主要出口到美洲、欧洲和亚洲地区。张晓宇等（2015）以世界水资源投入产出模型为基础，研究了中国与各国的隐含水贸易量及主要流动方向，揭示了中国隐含水贸易的空间分布格局，结果表明中国一直为隐含水净出口国，且主要向发达国家出口。朱启荣（2014）认为2010年中国高水耗行业产品出口的总体比重较低，并且进口贸易的隐含水强度高于出口贸易的隐含水强度，这有利于节约中国水资源，但是部分高水耗行业产品在出口贸易中所占比重较大，而且高水耗行业产品在进口贸易中所占比重较小，不利于节约中国水资源；2010年，中国出口贸易输出的隐含水与进口贸易输入的隐含水数量均十分巨大，分别高达1397亿吨与1395亿吨，外贸中存在2亿吨的隐含水净流出量；通过有针对性地调整中国进出口贸易结构，能够产生巨大的节水效益，因此，调整外贸结构应当成为节约中国水资源的一种重要途径。

（三）隐含水贸易影响因素研究

大量的研究表明，我国农业是隐含水最大的净转移和输出部门（马忠和张继良，2008；赵旭等，2009；王双英和唐志良，2011），其用水量大量转移到制造业部门，如纺织或皮革制造业、食品制造业，其中食品制造业部门的间接用水系数最高（雷玉桃和蒋璐，2012）。但是，对隐含水贸易影响因素的研究较少，起步也较晚。刘红梅等（2007）分析了美国、日本和印度的隐含水贸易情况，隐含水贸易除了受水资源因素的影响外，还受到很多因素的影响。我国水资源短缺，因此应该重视隐含水战略的实施，可以从国际贸易和国内地区贸易两方面进行。刘红梅等（2010）认为以农产品的国际贸易为主体的隐含水国际贸易不仅涉及水资源的平衡问题，还涉及很多政治、经济等因素。周姣和史安娜（2010）也认为影响隐含水贸易的主要因素有政治、经济、生态等，并从这几方面分析了中国区域间隐含水贸易。

国内学者对隐含水贸易影响因素的实证研究从2010年开始，刘红梅等（2010）基于引力模型对中国农业隐含水国际贸易进行了实证分析，研究表明与中国隐含水国际贸易存在正相关关系的因素主要有农业劳动力要素禀赋、技术水平、农业规模经济、需求收入水平、汇率水平及加入 WTO 等，而土地和资源要素禀赋、国民收入水平、价格水平及地域性经济组织对中国隐含水国际贸易起到阻碍作用。另外，研究还指出，中国与贸易伙伴国之间的贸易行为呈现一定的"惯性"，并且相邻贸易国之间存在较强的"示范"效应。熊航和黎东升（2011）基于 39 个主要国家的截面数据，选取反映资源、经济、制度、人口四个因素的 11 个变量，采用逐步回归分析方法对影响隐含水出口的因素进行实证分析。回归结果表明，耕地面积、人均 GDP、水自给率、粮食单产四个变量对隐含水出口量具有显著影响且均具有正向效应。马超等（2012）在之前研究基础上从自然、经济、社会、生态、技术和政策六个维度，利用多元逐步回归的方法进行检验，结果表明耕地资源及水资源的稀缺程度、区域经济发展水平、社会调适能力是隐含水进口的正向驱动因素，而农业用水效率则是隐含水进口的逆向驱动因素。随后，车亮亮等（2015）利用 BP-DEMATEL 模型，从人口、农业资源、农业生态环境、经济、技术、交通和物流六个方面对我国主要农产品隐含水流动格局的影响因素进行分析。结果表明，人口、农业资源和技术是最主要的影响因素；化肥施用量为强驱动型因素，第一产业增加值占地区生产总值的比重为强特征型因素。最近，黄敏和黄炜（2016）的研究发现进出口规模也是影响隐含水贸易的主要因素。

三、国内外文献总结

综上所述，国内外学者对于隐含水跨国流动问题的研究在不断深入，研究内容不仅是流向、关联度等，对影响因素的研究也越来越多；研究范围在不断扩大，不再局限于对粮食等农产品的研究；研究方法也在不断完善，并且随着研究的深入，投入产出方法逐渐被普遍使用。但是，目前研究还存在一定问题，主要有四点：

第一，大多文献集中在区域经济系统内隐含水问题的研究，如省际、州际之间，对跨国贸易中隐含水流动问题研究还比较少。

第二，现有的研究中，大多为某个国家和地区与其中一个国家和地区隐含水流动情况的研究，多个国家和地区的对比研究比较少。

第三，对于隐含水进口规模的测算，由于计算量较大，大多采用替代法计算，如用中国的用水系数代替所有进口商品的完全用水系数来进行估算。

第四，采用投入产出分析方法的文献中，很多文献采用单国模型的竞争型投入产出表进行计算，采用多国投入产出模型研究还比较少。

四、本章研究内容与创新之处

本章对我国对外贸易过程中隐含水流动问题的研究主要从三个维度进行，分别为规模分析、流向分析和效益分析，较全面地对我国对外贸易过程中隐含水进行详细研究，具体从五个方面进行研究：2000~2014 年，对外贸易活动中我国水资源流动总体规模及其影响因素；2000~2014 年，对外贸易活动中我国水资源的主要流向（国家和地区）；2000~2014 年，对外贸易活动中隐含水主要集中在哪些行业；2000~2014 年，对外贸易活动中我国各行业国际化情况及隐含水效益情况；如何改善我国对外贸易中"贸易顺差，环境逆差"问题。

相对于既有研究，本章创新之处主要有三点：

第一，在研究内容和研究框架上，拓宽了既有研究范围，将隐含水研究的规模分析、流向分析和效益分析放在了统一框架，同时对隐含水进行了分解分析，寻找到影响我国隐含水贸易顺差、生态逆差的主要因素；在国别范围选取上，不仅研究中国与美国、日本、欧盟等发达国家和地区之间的隐含资源环境流动问题，还研究中国与印度、巴西、俄罗斯等主要新兴经济体的隐含水流动问题；将国际贸易的隐含水与对外贸易国内增加值联系起来进行定量研究，揭示随着国际产业分工深化，中国隐含水要素变动状况。

第二，在研究方法上，利用扩展的国际投入产出模型开展研究。通过在世界投入产出表加入水资源要素形成的国际投入产出模型，比运用单国投入产出模型具有显著的优势。进一步运用 LMDI 模型对驱动隐含水规模增长的因素进行分析，测度其规模效应、结构效应和技术效应的贡献度。

第三，是一个连续的年度时间序列研究（2000~2014 年），而非某个时点研究。连续的时间序列研究有助于全面准确动态刻画我国隐含水资源流动的方向和规模及其经济效益、资源环境效益的变化。

第二节　中国对外贸易隐含水规模测算与分解

中国是世界第二大经济体，国际货物贸易第一大国。借助商品贸易进出口，中国每年有大量的隐含水贸易，本节利用投入产出表数据，考察了中国隐含水贸易总体规模情况，并利用 LMDI 分解方法对中国隐含水出口进行分解，从规模效应、技术效应和结构效应分析了中国隐含水贸易出口影响的效应。

一、数据来源与处理

本章数据来源于 WOID 数据库中 2000~2014 年世界投入产出表、分国别投入产出表及 2000~2009 年卫星账户水资源消耗数据。为方便数据的综合利用，本书将投入产出表和卫星账户行业进行统一。同时利用 2007~2009 年水资源消耗变化率均值将卫星账户数据延长至 2014 年，统一后的投入产出表及卫星账户有 34 个行业，编号如表 6-1 所示。①

表 6-1　世界投入产出表行业分类及编号

行业编号	名称	ISIC/Rev.4 编码
1	农、牧、林、渔业	A01、A02、A03
2	采矿业	B
3	食品、饮料制造和烟草业	C10~C12
4	纺织、皮革和相关产品制造业	C13~C15
5	木材、木材制品及软木制品制造（家具除外）、草编制品及编织材料物品制造业	C16
6	纸浆、纸和纸板的制造业	C17、C18
7	焦炭和精炼石油产品制造业	C19
8	化学品及化学制品制造业	C20、C21

① 如无特别说明，本书数据均为笔者根据 WIOD 数据库计算所得，相应图表则根据笔者计算得到的数据绘制而成。

行业编号	名称	ISIC/Rev. 4 编码
9	橡胶和塑料制品制造业	C22
10	其他非金属矿物制品制造业	C23
11	基本金属制造业	C24、C25
12	机械设备除外的金属制品制造业	C28
13	电气和光学设备制造业	C26、C27
14	交通运输设备制造业	C29、C30
15	其他制造业及机械和设备的修理	C31~C32、C33、E37~E39
16	电力、天然气和水生产及供应业	D35、E36
17	建筑业	F
18	汽车及摩托车的销售、维护和修理及燃油零售	G45
19	汽车和摩托车外的批发贸易	G46
20	汽车和摩托车外的零售贸易	G47
21	住宿和餐饮业	I
22	内陆运输业	H49
23	水上运输业	H50
24	航空运输业	H51
25	其他运输配套业务及旅行社业务	H52
26	邮政和通信业	H53、J58、J59~J60、J61
27	金融业	K64、K65、K66
28	房地产业	L68
29	租赁及商务服务业	J62~J63、M69~M70、M71、M72、M73、M74~M75、N
30	公共管理、国防及社会保障	O84
31	教育	P85
32	健康与社会工作	Q
33	其他社区、社会及个人服务	R~S
34	家庭作为雇主的；家庭自用、未加区分的物品生产和服务	T、U

此外，对卫星账户缺失数据的处理方法主要是直线趋势预测法（或先行趋势预测法），即隐含水卫星账户 2009 年以后数据处理的方法是以 2007~2009 年水资源平均增长率为标准，将 2010~2014 年水资源账户进行延伸。

二、中国隐含水进出口总体规模

如表6-2所示，2000年以来中国外贸进出口额呈现出快速增长态势，仅2009年因受金融危机的影响，中国进出口额出现较大幅度下跌，但随着国际市场逐渐恢复，2010年恢复了增长趋势，进出口总额略高于2008年同期水平，随后几年一直保持较为平稳的增长态势。如图6-2所示，2000年以来我国对外贸易中，出口规模始终大于进口规模，总体呈贸易逆差状态，加之我国出口商品以工业制成品为主，因此我国也就有了"世界工厂"的称号。

表6-2　中国外贸和隐含水进出口情况

年份	货物进出口贸易			隐含水进出口（亿立方米）		
	进口总额（亿美元）	出口总额（亿美元）	净出口总额（亿美元）	进口总量（亿美元）	出口总量（亿美元）	净出口总量（亿美元）
2000	2251	2492	241	412	1291	879
2001	2436	2661	225	463	1277	815
2002	2952	3256	304	480	1456	976
2003	4128	4382	255	643	1843	1201
2004	5612	5933	321	805	1952	1148
2005	6600	7620	1020	849	2856	2006
2006	7915	9689	1775	923	3395	2472
2007	9561	12201	2639	1003	3659	2655
2008	11326	14307	2981	1226	3528	2302
2009	10056	12016	1961	1213	3124	1911
2010	13960	15778	1818	1480	3524	2044
2011	17434	18984	1550	1750	3620	1870
2012	18182	20488	2306	1959	3700	1740
2013	19500	22090	2590	2064	3917	1853
2014	19580	23423	3843	2136	4226	2091

资料来源：货物进出口贸易数据来源于《中国统计年鉴》（历年）；隐含水进出口数据根据WIOD数据库计算而得。

本书测算了2000~2014年中国出口商品中隐含水总量，如图6-2所示，利用 WIOD 数据库中国投入产出表计算的中国出口隐含水总体规模大致分为两个阶段，2000~2007 年，中国隐含水出口规模呈现出较快增长趋势，尤其是随着 2001 年中国加入 WTO，对外贸易不断增加，隐含在出口商品中的水资源量不断增长，2007 年达到 3659 亿立方米；受国际金融危机影响，2008 年与 2009 年中国隐含水出口规模开始下降，其中 2009 年出现陡坡式下降，增长率为-11.45%，直到 2012 年中国隐含水总出口量才达到 2007 年同期水平。2000~2014 年隐含水总进口量较隐含水出口总量趋势较为平稳，仅 2009 年受金融危机影响略有下降，整体保持缓慢增长趋势。

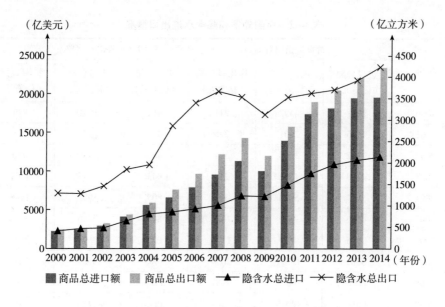

图 6-2　2000~2014 年中国隐含水进出口情况

整体来看，2000~2014 年中国隐含水进出口量变化趋势与中国商品进出口额变化趋势相对一致，并且中国在对外商品贸易和隐含水贸易中均属于净出口国家。此外，在 2014 年中国商品进口总量较 2000 年增长 770% 的条件下，隐含水进口量增长了不足 5 倍，这在一定程度上表明我国进口商品中包含的水资源消耗系数高的产品相对较少。

三、隐含水出口规模增长分解分析

2001 年中国加入 WTO 以后，对外贸易量增长迅速，同时为排除因金融危机对 2009 年中国出口贸易的影响，本书除对 2000~2014 年整体进行分析外，还将 2000~2014 年工业各部门隐含水出口情况分为 2000~2008 年和 2009~2014 年两个阶段，利用 LMDI 分解技术分析了隐含水出口贸易中技术因素即完全耗水强度、出口规模、出口结构对隐含水出口量的影响程度，并对这三个基本因素对隐含水出口的贡献率进行比较分析。

从表 6-3 可以看出，将隐含水出口量分为两个阶段后，2000~2008 年和 2009~2014 年两阶段隐含水出口量分别增加了 2236 亿立方米和 1103 亿立方米。具体来看，2000~2008 年总效应为正，主要是受技术效应和结构效应总和小于规模效应导致的。2000~2008 年隐含水出口规模效应为 3856 亿立方米，技术效应和结构效应分别为-1219 亿立方米和-401 亿立方米，分别占总效应的-54.5% 和-17.9%。2009~2014 年，我国工业各部门隐含水出口总效应为 1103 亿立方米，其中出口规模效应为 2277 亿立方米，技术效应和结构效应分别为-1115 亿立方米和-59 亿立方米。2000~2014 年，我国工业各部门隐含水出口总效应为 2934 亿立方米，其中出口规模效应贡献 180.0%，技术效应和结构效应分别贡献-67.2% 和-12.7%。

表 6-3　中国隐含水出口贸易增长结构分解情况

类别	2000~2008 年		2009~2014 年		2000~2014 年	
	效应（亿立方米）	比重（%）	效应（亿立方米）	比重（%）	效应（亿立方米）	比重（%）
技术效应	-1219	-54.5	-1115	-101.1	-1972	-67.2
规模效应	3856	172.5	2277	206.4	5280	180.0
结构效应	-401	-17.9	-59	-5.3	-374	-12.7
总效应	2236	100.0	1103	100.0	2934	100.0

总体来看，影响我国工业各部门隐含水出口量的主要因素是规模效应，出口规模变化在 2000~2008 年、2009~2014 年和 2000~2014 年均占最大比重，分别占总效应的 172.5%、206.4% 和 180.0%，且规模效应变化对总效应起正向作用；

其次为技术效应，技术效应对隐含水出口量的影响作用略大于结构效应，并且技术效应和结构效应在三个阶段对总效应的影响均是负向的。

如表6-4所示，技术效应、规模效应和结构效应三个因素对我国各行业隐含水出口量效应结果和大小不尽相同。比较发现，技术效应对我国35个工业部门的影响效果的大小相差较大，但均为负效应，即近年来我国在节水技术的应用上取得了一定的成效，水资源完全消耗系数在不断降低，隐含在商品中的水资源量随之减少。其中，在三个阶段，技术效应较大的行业为纺织、皮革和相关产品制造业，其次为食品、饮料制造和烟草业，农、林、牧、渔业及电气和光学设备制造业。从规模效应来看，2000~2008年、2009~2014年和2000~2014年三个阶段规模效应与我国各部门隐含水出口量均成正相关关系，即我国商品出口规模的增加加剧了我国各部门隐含水的出口。整体来看，受规模变化影响最大的两个行业均为纺织、皮革和相关产品制造业及电气和光学设备制造业，尤其是电气和光学设备制造业受到出口规模迅速扩大的影响，2000~2014年商品出口规模变化带来的隐含水出口增加882.0亿立方米。相较技术效应和规模效应，出口结构的变化对各行业隐含水出口量变化的影响较小，并且从表6-4可以看出，出口结构调整对隐含水出口量变化的影响可正可负，行业出口比重的增加一定程度上提高了隐含水出口量；相反，行业出口比重的减少也带动了该部门隐含水出口量的减少。2000~2008年、2009~2014年和2000~2014年三个阶段的结构效应大多保持变化方向一致且隐含水出口量减少，个别行业随着出口结构调整变化较大。比较2000~2008年和2000~2014年，水上运输业和航空运输业结构效应由正变为负，说明随着出口结构的调整，这两个行业部门减少了隐含水出口量。相反，木材、木材制品及软木制品制造业（家具除外），其他非金属矿物制品制造业，焦炭和精炼石油产品制造业和汽车和摩托车外的批发贸易，2000~2008年较2000~2014年结构效应由负变为正，即结构调整导致这两个行业隐含水出口量增加。总体来看，对隐含水出口量变化影响程度最大的为规模效应，其次为技术效应，影响最小的为结构效应，并且规模变化对隐含水出口量变化为正效应，技术效应对隐含水出口量变化为负效应，出口结构调整对隐含水出口量变化效应可正可负。

表6-4 行业隐含水出口分解结果　　　　　　单位：亿立方米

行业编号	技术效应			规模效应			结构效应		
	2000~2008年	2009~2014年	2000~2014年	2000~2008年	2009~2014年	2000~2014年	2000~2008年	2009~2014年	2000~2014年
1	−145.7	−85.9	−218.3	327.4	106.0	363.3	−163.2	−55.6	−169
2	−4.1	−2.8	−5.4	19.6	6.1	22.3	−10.6	−0.2	−14.4
3	−135.0	−144.9	−243.3	370.8	174.2	455.4	−77.0	−10	−65.0
4	−270.7	−377.8	−529.5	1125	556.5	1367	−242.4	−83	−281
5	−11.4	−23.3	−29.0	49.8	30.0	65.2	−0.8	6.5	5.0
6	−2.1	−4.8	−9.1	34.5	30.9	87.9	−22.6	29.8	−11.5
7	−2.9	−2.9	−5.1	10.6	9.1	23.2	−1.7	8.7	1.7
8	−59.3	−52.2	−86.5	231.9	179.9	367.2	31.3	28.1	36.1
9	−47.0	−28.5	−71.8	121.3	63.7	173.4	−22.8	3.8	−25.4
10	−8.0	−8.4	−16.3	28.6	27.4	59.8	−0.5	15.9	11.7
11	−83.9	−16.3	−87.8	260.3	197.3	441.2	38.1	57.4	29.7
12	−37.6	−34.9	−53.0	123.8	119.7	192.8	63.2	−5.7	73.0
13	−165.3	−140.1	−236.3	533.7	446.1	882.0	68.7	12.4	101.3
14	−19.7	−24.4	−33.1	64.7	62.7	104.6	26.9	3.4	38.9
15	−58.2	−54.8	−100.0	174.2	83.7	217.9	−34.8	−8.9	−37.7
16	−1.6	−1.4	−3.0	11.0	6.9	17.9	−3.8	1.1	−4.2
17	−9.3	−3.4	−14.0	13.8	9.5	23.5	2.3	2.0	5.2
18	0.0	0.0	0.0	0.0	0.0	0.0	0.0	0.0	0.0
19	−64.3	−25.7	−100.8	79.9	36.0	118.2	−10.5	5.1	5.2
20	−13.3	−5.3	−20.9	16.5	7.4	24.5	−2.2	1.1	1.1
21	−38.1	−20.3	−42.9	85.6	24.2	72.1	−22.8	−26.8	−38.0
22	−2.9	−4.2	−5.8	11.7	8.6	19.0	−1.4	1.3	−0.1
23	−4.7	−6.1	−6.1	21.8	12.2	23.6	0.6	−8.4	−4.8
24	−5.1	−8.3	−8.3	25.0	13.0	25.8	0.3	−7.9	−4.7
25	−0.7	−2.5	−0.9	0.7	3.2	0.9	5.2	−0.2	5.3
26	−0.8	−0.3	−0.9	2.2	0.7	2.3	−1.1	−0.6	−1.5
27	−0.2	−0.7	−0.6	0.7	1.2	1.7	0.5	1.1	1.5
28	0.0	0.0	0.0	0.0	0.0	0.0	0.0	0.0	0.0
29	−10.0	−29.9	−22.2	74.5	52.9	89.1	10.0	−25.0	0.9

行业编号	技术效应			规模效应			结构效应		
	2000~ 2008 年	2009~ 2014 年	2000~ 2014 年	2000~ 2008 年	2009~ 2014 年	2000~ 2014 年	2000~ 2008 年	2009~ 2014 年	2000~ 2014 年
30	-0.5	-0.3	-0.7	1.1	0.5	1.3	-0.3	-0.1	-0.4
31	-0.3	-0.2	-0.4	0.6	0.3	0.9	-0.1	0.0	-0.1
32	0.0	0.0	0.0	0.0	0.0	0.0	0.0	0.0	0.0
33	-16.1	-4.3	-20.0	34.8	6.7	36.7	-29.7	-4.0	-32.6
34	0.0	0.0	0.0	0.0	0.0	0.0	0.0	0.0	0.0

第三节　中国对外贸易隐含水流向分析

通过之前的分析发现，中国对外贸易规模是中国隐含水流动的主要影响因素，因此在一定程度上可以说明中国隐含水的流向。根据研究的对比性和数据的可获得性，本书选取的研究对象分别为美国、日本、英国、德国、法国、意大利、加拿大、印度、巴西、俄罗斯、韩国、澳大利亚。选择国家涵盖了主要发达国家和新兴经济体，同时包含欧洲、南美洲、北美洲、亚洲和大洋洲代表性国家。

本书对隐含水流向的测算同样利用中国对外贸易过程中的隐含水使用公式，即

$$E_{ab} = e_a (I - A^d)^{-1} Ex_{ab} \tag{6-1}$$

式 (6-1) 中，E_{ab} 表示 a 区域向 b 区域出口产品中隐含水量；$(I - A^d)^{-1}$ 为 a 区域的列昂惕夫逆矩阵；Ex_{ab} 表示 a 区域向 b 区域出口的产品总量；e_a 为 a 区域分部门隐含水利用系数。利用式 (6-1) 可以计算出对外贸易过程中隐含水在不同国家、不同部门间的转移情况。

一、中国与主要国家间隐含水流动情况

通过对所选取的 12 个主要国家间对外贸易中隐含水情况进行分析，结果如

下：中国向 12 个国家出口商品隐含水情况如表 6-5 所示，中国隐含水主要流向是美国、日本和韩国，2014 年中国分别向这三个国家出口隐含水 633.6 亿立方米、369.1 亿立方米、198.0 亿立方米。作为中国第一大贸易伙伴，美国同样为中国隐含水量进口最大来源国，此外，与巴西、澳大利亚和加拿大也保持较高水平。其中，2000~2009 年中国与所研究 12 个国家对外贸易中隐含水进出口量占中国总体进出口规模的比重几乎都在 50% 以上，这在一定程度上可以看出中国对外贸易中隐含水主要流向对外贸易相对较多的主要发达国家和发展中国家，其他水资源相对丰富的贸易伙伴国也是中国隐含水进口的重要来源。

表 6-5　2000 年、2005 年、2009 年、2014 年中国向部分国家进出口隐含水情况

单位：亿立方米

国家	2000 年		2005 年		2009 年		2014 年	
	中国出口	中国进口	中国出口	中国进口	中国出口	中国进口	中国出口	中国进口
澳大利亚	18.9	55.1	54.5	87.6	69.0	67.5	94.1	182.5
巴西	4.2	27.5	17.2	70.6	37.9	83.2	76.3	129.5
加拿大	25.7	21.2	71.5	30.7	76.2	68.5	91.7	134.5
德国	42.7	1.5	112.4	2.1	140.6	3.5	151.5	7.4
法国	24.5	2.7	58.4	3.5	70.9	5.9	70.3	13.2
英国	41.2	0.2	101.8	0.4	116.8	0.8	130.0	1.7
印度	6.6	9.5	37.5	48.4	54.3	53.2	85.2	92.1
意大利	22.2	0.5	54.5	1.0	55.6	1.9	57.6	4.5
日本	275.8	2.9	458.7	6.7	329.8	8.5	369.1	8.2
韩国	79.1	2.2	153.3	3.7	134.9	6.5	198.0	8.4
俄罗斯	18.3	37.5	93.3	60.4	132.2	63.2	178.1	71.8
美国	216.1	36.3	541.3	137.7	519.6	332.5	633.6	449.1

对各个国家具体分析来看，中国与 12 个国家贸易中出口隐含水整体呈现出波动上升趋势；进口隐含水方面尚未呈现出较为统一的波动趋势，但相较出口，大多国家进口隐含水趋势比较平稳。中国与多数国家对外贸易中隐含水处于净出

口的状态，其中加拿大、德国、法国、英国、日本、韩国、意大利、美国和俄罗斯 9 个国家均是隐含水净出口国。中国同巴西和印度贸易中，中国是隐含水净进口国。中国与澳大利亚贸易相对比较均衡，2006 年以前中国为隐含水净进口国，随着中国商品出口量的增加，2006~2009 年中国自澳大利亚隐含水进口量急剧减少，出口量大于进口量，2009 年以后两国隐含水进出口量呈现交替上升趋势。

中国与 12 个代表性国家隐含水进出口量占比情况如图 6-3 所示。

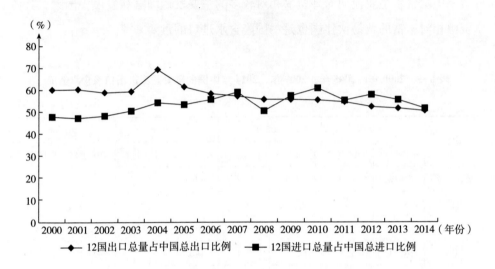

图 6-3　中国与 12 个代表性国家隐含水进出口量占比情况

二、代表性国家研究

中国与研究国之间的隐含水贸易情况（见图 6-4 至图 6-15）大致可以分成三种类型：第一类为隐含水进口规模大于出口规模，中国在隐含水贸易中充当的是净进口国角色，主要国家有澳大利亚、印度、巴西；第二类为隐含水进口规模小于出口规模，但两者相差不大，主要国家有加拿大、俄罗斯、美国；第三类为隐含水进口规模远小于出口规模，中国在隐含水贸易中充当的是净出口国的角色，主要国家有意大利、德国、法国、英国、日本和韩国。

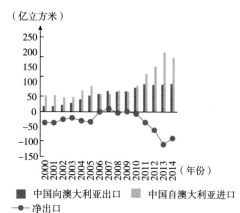

图 6-4　中国与澳大利亚隐含水贸易情况

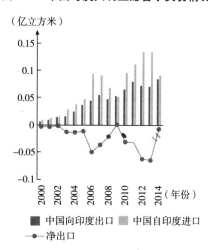

图 6-5　中国与印度隐含水贸易情况

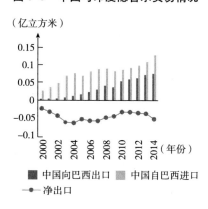

图 6-6　中国与巴西隐含水贸易情况

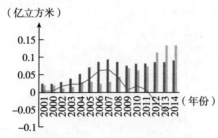

图 6-7　中国与加拿大隐含水贸易情况

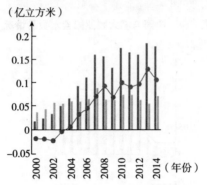

图 6-8　中国与俄罗斯隐含水贸易情况

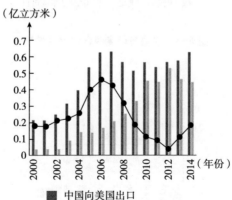

图 6-9　中国与美国隐含水贸易情况

（亿立方米）

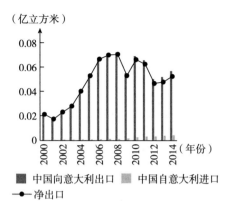

■ 中国向意大利出口　　■ 中国自意大利进口
—●— 净出口

图 6-10　中国与意大利隐含水贸易情况

（亿立方米）

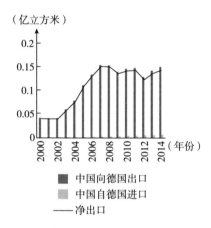

■ 中国向德国出口
■ 中国自德国进口
—— 净出口

图 6-11　中国与德国隐含水贸易情况

（亿立方米）

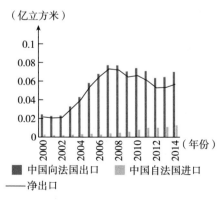

■ 中国向法国出口　　■ 中国自法国进口
—— 净出口

图 6-12　中国与法国隐含水贸易情况

图6-13　中国与英国隐含水贸易情况

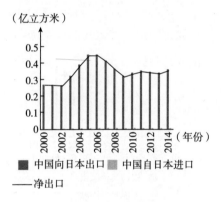

图6-14　中国与日本隐含水贸易情况

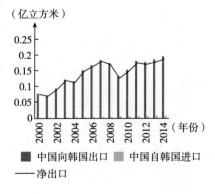

图6-15　中国与韩国隐含水贸易情况

本书分别选取澳大利亚、美国和意大利作为三种类型的代表国家进行详细研究。中国与澳大利亚间的隐含水流动较其他国家相对均衡，但是研究分为三个阶段：第一阶段为2000~2005年，澳大利亚向中国出口量较大；第二阶段为2006~2009年，中国隐含水出口量大于进口量；第三阶段为2010~2014年，中国向澳大利亚隐含水出口量保持相对平稳状态，但自澳大利亚隐含水进口量出现较大幅度上升，中国与澳大利亚间进出口成为负值。由表6-6中国与澳大利亚隐含水流动情况可知，中国隐含水以纺织、皮革和相关产品制造业，电气和光学设备制造业两个行业为主流向澳大利亚，而中国与澳大利亚的贸易中，中国向澳大利亚进口的隐含水主要来源于农、林、牧、渔业，食品、饮料制造和烟草业，此外，采矿业产品也是中国自澳大利亚输入水资源的重要途径。澳大利亚为粮食和食品加工大国，中国每年自澳大利亚进口的大量农产品及肉制品水资源含量较高，中国向澳大利亚出口产品中虽然水资源密集型产品较少，但贸易量较大且分布在各个行业。

表6-6　2000年、2005年、2009年、2014年中国与
澳大利亚各部门隐含水进出口量情况　　单位：百万立方米

行业编号	2000年		2005年		2009年		2014年	
	出口	进口	出口	进口	出口	进口	出口	进口
1	48	4671	89	7301	83	4928	98	12347
2	10	28	37	135	11	346	16	1177
3	126	468	503	880	666	968	655	3658
4	756	127	1967	65	2144	52	2587	110
5	10	41	63	60	81	46	143	114
6	17	8	37	11	57	5	241	6
7	7	4	12	3	12	1	55	1
8	107	22	315	34	435	31	883	51
9	134	3	282	5	339	4	442	9
10	18	0	51	1	73	1	146	1
11	93	31	340	58	449	63	991	178
12	25	2	131	4	307	4	471	3
13	172	3	745	4	1300	2	1852	2
14	10	1	60	7	101	2	198	3
15	72	2	205	3	273	3	309	11

续表

行业编号	2000 年		2005 年		2009 年		2014 年	
	出口	进口	出口	进口	出口	进口	出口	进口
16	2	2	12	3	10	2	20	1
17	0	2	0	5	1	4	10	8
18	0	0	0	0	0	0	0	0
19	0	18	0	34	0	45	0	135
20	0	11	0	20	0	28	0	70
21	66	2	125	34	86	133	33	199
22	4	9	5	15	4	19	3	60
23	1	0	2	0	1	0	0	2
24	43	0	117	0	107	0	47	0
25	0	0	0	1	2	1	1	6
26	2	1	18	2	7	3	4	4
27	0	0	0	0	0	0	0	1
28	0	0	0	0	0	0	0	0
29	67	33	235	53	278	42	138	45
30	0	1	0	1	0	0	0	1
31	0	0	1	2	0	1	0	4
32	0	0	0	0	0	0	0	0
33	98	18	99	20	72	16	66	46
34	0	1	0	1	0	0	0	0

中国与日本间的隐含水贸易也主要集中在中国向日本出口方面（见表6-7），且中国向日本隐含水出口量远大于中国自日本隐含水进口量，即中国在与日本的贸易中，中国消耗了更多的水资源。具体行业上中国自日本进口主要集中在化学品及化学制品制造业以及电气和光学设备制造业，但隐含水进口量均不大，2014年两部门均只有200百万立方米左右。中国向日本出口方面主要集中在制造业，其中食品、饮料制造和烟草业，纺织、皮革和相关产品制造业以及电气和光学设备制造业三个行业2014年隐含水出口量均超过6000百万立方米，此外农、林、牧、渔业，化学品及化学制品制造业和基本金属制造业也有较高的隐含水输出。整体来看，中国通过制造业商品贸易向日本输出了大量的隐含水，并且隐含水出口和进口差额较大。

表 6-7　2000 年、2005 年、2009 年、2014 年中国与日本各部门隐含水进出口量情况

单位：百万立方米

行业编号	2000 年		2005 年		2009 年		2014 年	
	出口	进口	出口	进口	出口	进口	出口	进口
1	4792	3	5630	6	1988	7	1972	18
2	179	0	289	1	84	2	65	1
3	6253	5	10747	18	6899	21	6257	24
4	8554	21	13379	24	10923	17	8632	16
5	280	0	644	2	503	3	605	2
6	209	6	233	11	225	13	682	19
7	40	1	80	3	37	3	104	1
8	686	76	1671	180	1710	212	2623	210
9	537	6	980	28	855	38	964	48
10	139	7	248	11	224	12	368	13
11	1159	66	2339	121	1851	164	3520	115
12	166	20	637	50	774	49	1062	59
13	1779	63	4380	166	4619	208	8376	202
14	98	10	427	27	375	58	603	62
15	529	3	868	11	706	16	681	16
16	29	0	76	1	44	0	75	0
17	0	0	0	0	0	0	0	0
18	0	0	0	0	0	0	0	0
19	35	0	15	0	47	0	23	0
20	0	0	0	0	0	0	0	0
21	1862	0	2675	3	652	16	118	9
22	12	1	19	2	14	2	8	3
23	72	0	155	0	174	0	68	1
24	128	1	346	3	231	4	83	2
25	0	0	0	0	11	0	4	0
26	9	0	3	0	4	0	2	0
27	0	0	0	0	0	0	0	0
28	0	0	0	0	0	0	0	0
29	0	0	1	0	5	0	3	0

续表

行业编号	2000 年		2005 年		2009 年		2014 年	
	出口	进口	出口	进口	出口	进口	出口	进口
30	5	0	4	0	2	0	0	0
31	0	0	0	0	0	0	0	0
32	0	0	0	0	0	0	0	0
33	27	2	23	3	27	0	10	1
34	0	0	0	0	0	0	0	0

美国是中国第一大贸易伙伴、第一大出口目的地，因此中国与美国的出口贸易中纺织、皮革和相关产品制造业，化学品及化学制品制造业以及电气和光学设备制造业产品贸易是中国与美国主要贸易行业，出口产品中隐含水含量规模也较高。此外，农、林、牧、渔业是中国自美国进口主要行业，因其产品中高密度水含量，2014 年中国在此行业自美国进口隐含水含量 36761 百万立方米。美国也是副食品制造大国，食品、饮料制造和烟草业隐含水流向中国也较多。整体来看，中国与美国的贸易关系中，中国是隐含水净出口国，且出口行业较为分散，进口则相对集中，以农、林、牧、渔业为主（见图 6-16）。

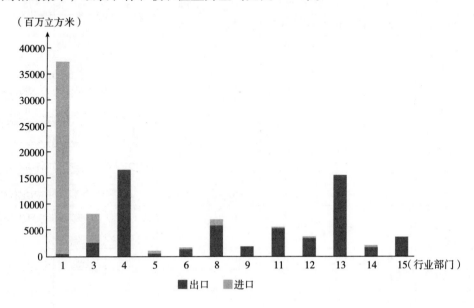

图 6-16　2014 年中国与美国部分行业隐含水贸易情况

第四节　隐含水跨境流动效益分析

商品出口既可以为出口国带来经济效益，同时也会造成本地的资源损失或环境污染，因此，隐含水跨境流动具有双面性。本书利用隐含水生产率和污染贸易条件分别测算了中国隐含水跨境流动的经济效益和资源环境效益。

一、隐含水生产率

在国际贸易中，每一笔进出口贸易都是增加值贸易和隐含水贸易的组合，作为贸易主体都希望用最少的水资源消耗获得更多的增加值，即在同等条件下尽量增加增加值出口（意味着经济效益好）而减少隐含流出口（意味着减少资源消耗和环境污染）。本书用隐含水生产率对我国隐含水进出口贸易效益进行了测算，结果如图6-17所示，2000~2014年我国出口隐含水生产率处于波动上升趋势，从2000年的8美元/立方米增长到2014年的24美元/立方米，且2005年后上升趋势较为明显，表明我国在每单位隐含水出口贸易中所能获得的增加值不断增加，即我国经济效益和环境效益在不断好转。进口隐含水生产率方面，2000~2014年我国进口隐含水生产率相对稳定，始终在5美元/立方米左右浮动，即每进口一立方米隐含水蕴含着5美元的增加值进口，并且从进口角度看我国经济效益或环境效益改善程度不大。

通过比较中国与所选的12个主要贸易国的出口隐含水生产率情况（见表6-8）可以发现，13个国家中英国的出口隐含水生产率明显好于其他12个国家，2014年达到160.4美元/立方米，其次为日本，中国以24.1美元/立方米的出口隐含水生产率在13个国家中排名第五，巴西则以0.7美元/立方米排名最后，隐含水出口所产生的效益普遍劣于其他几个国家。进口隐含水生产率方面，2014年中国以5.3美元/立方米排名第四，隐含水进口所产生的效益仅次于英国、印度和法国三个国家，13个国家中英国隐含水进口相较其他几个国家能够产生更多的效益，其以11.3美元/立方米的进口隐含水生产率排名第一。

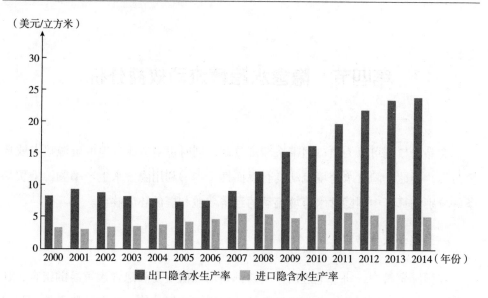

图6-17　2000~2014年中国进出口隐含水效益情况

二、隐含水贸易条件

贸易条件（Terms of Trade）是用来衡量一定时期内一个国家或地区出口相对于进口的盈利能力和贸易利益的指标，反映该国或地区的对外贸易状况。即隐含流贸易条件指数 T 等于出口隐含流生产率与进口隐含流生产率的比值。对于贸易主体而言，隐含流贸易条件指数 T>1，表示对外贸易的经济效益和环境效益好，T 越大越好；T<1，表示对外贸易的经济效益和环境效益差，T 越小越差；T=1，表示中性，是对外贸易所获得的经济效益和环境效益好坏的分界点。如表6-9所示，2000~2014年我国隐含水流动贸易条件整体处于波动上升趋势，且均大于1，即我国隐含水出口贸易效益整体好于隐含水进口贸易，我国隐含水贸易条件好转。

通过比较以隐含水进出口生产率测算的贸易条件可以发现，13个国家中日本隐含水贸易条件明显优于其他国家，2014年其贸易条件指数达到26.2，是排名最后的巴西贸易条件的131倍，中国的将近6倍，主要是由于日本同时具有较高的出口隐含水生产率和较低的进口隐含水生产率。另外，2000~2014年13个国

单位：美元/立方米

表6-8 各国隐含水出口生产率和进口生产率情况

		2000年	2001年	2002年	2003年	2004年	2005年	2006年	2007年	2008年	2009年	2010年	2011年	2012年	2013年	2014年
澳大利亚	出口	0.9	0.8	1.2	1.2	1.5	1.8	2.9	3.7	3.8	3.1	4.0	3.8	3.3	2.9	2.6
	进口	2.5	2.4	2.3	2.4	2.6	2.7	2.8	3.2	3.7	3.1	3.4	3.9	4.0	4.0	3.6
巴西	出口	0.4	0.3	0.3	0.3	0.4	0.5	0.5	0.6	0.7	0.6	0.9	1.0	0.8	0.8	0.7
	进口	2.0	2.0	1.9	2.0	2.7	3.2	3.2	3.6	4.4	3.6	4.3	4.6	4.7	4.7	4.6
加拿大	出口	1.1	1.3	1.4	1.5	1.6	1.8	2.1	2.3	2.2	1.9	2.3	2.5	2.5	2.3	2.1
	进口	2.6	2.4	2.4	2.5	2.8	3.0	3.2	3.2	3.5	2.9	3.4	3.7	3.6	3.5	3.5
德国	出口	19.1	17.9	19.5	27.3	26.3	28.0	31.4	38.1	37.3	30.0	29.2	31.8	29.1	27.8	28.2
	进口	2.4	2.4	2.3	2.7	2.9	3.2	3.5	4.1	4.7	3.8	4.6	5.1	5.1	4.1	4.1
法国	出口	5.0	5.3	5.3	7.2	7.1	7.7	7.7	10.0	9.0	8.2	8.2	7.8	7.3	6.9	7.1
	进口	3.0	2.8	2.8	3.1	3.6	4.0	4.3	4.8	5.4	4.8	5.6	6.4	6.3	5.6	5.6
英国	出口	60.9	74.7	72.3	74.4	105.0	104.9	126.4	151.3	153.7	124.8	115.0	127.8	125.2	160.2	160.4
	进口	6.0	5.8	6.0	7.2	7.5	7.9	8.4	10.0	10.5	9.9	10.9	12.2	11.6	9.9	11.3
印度	出口	0.4	0.4	0.4	0.5	0.6	0.8	0.8	1.1	1.2	1.3	1.6	1.5	1.2	1.1	1.2
	进口	3.0	2.3	2.3	2.6	3.2	3.8	5.9	6.4	8.0	6.1	7.6	9.1	8.2	7.5	6.8
意大利	出口	9.1	9.3	9.7	13.1	15.1	15.1	16.6	18.6	18.3	14.6	12.4	14.3	12.1	12.2	12.0
	进口	2.5	2.5	2.5	2.7	2.9	3.3	3.6	4.2	4.4	3.9	4.1	4.5	4.3	3.9	3.7

续表

		2000年	2001年	2002年	2003年	2004年	2005年	2006年	2007年	2008年	2009年	2010年	2011年	2012年	2013年	2014年
日本	出口	61.1	50.5	49.8	52.7	58.8	64.3	56.8	62.5	71.5	70.5	84.7	96.8	106.0	87.4	78.0
	进口	1.2	1.2	1.2	1.3	1.5	1.7	2.0	2.4	2.8	2.2	2.6	2.9	3.1	3.0	3.0
韩国	出口	34.6	28.9	35.7	40.4	48.1	59.5	70.1	83.2	68.1	46.5	61.7	67.6	64.8	67.7	71.8
	进口	3.3	2.7	2.9	3.1	3.3	4.0	4.4	4.9	5.2	4.5	5.6	6.2	5.8	5.4	5.1
俄罗斯	出口	1.2	1.2	1.3	1.9	2.7	3.6	4.7	5.0	7.1	5.0	6.0	7.5	6.7	6.3	4.6
	进口	0.7	0.7	0.7	0.7	0.7	0.7	0.9	0.9	1.1	0.6	0.7	0.9	0.9	0.9	1.0
美国	出口	3.0	3.2	3.1	3.1	3.4	3.7	4.0	3.7	3.6	3.3	3.4	3.5	3.4	3.7	3.7
	进口	2.8	2.9	15.0	3.3	3.7	4.0	4.4	5.2	5.4	4.8	5.1	5.6	5.1	4.9	4.6
中国	出口	8.4	9.5	8.9	8.3	8.0	7.5	7.7	9.2	12.3	15.5	16.4	19.9	22.1	23.7	24.1
	进口	3.4	3.1	3.5	3.6	3.9	4.3	4.7	5.7	5.6	5.0	5.6	5.9	5.5	5.7	5.3

家中多数国家的贸易条件在不断改善，但日本、德国、法国、意大利和美国的贸易条件优势在减弱，尤其是日本贸易条件指数从 2000 年的 50.1 降至 2014 年的 26.2。总体来看，2014 年中国隐含水贸易条件劣于日本、英国、韩国和德国，与俄罗斯相当。目前，中国隐含水出口生产率情况好于隐含水进口生产率，且隐含水出口贸易较进口贸易而言能够产生更多的效益，贸易条件在不断改善。

表 6-9　各国贸易条件情况

国家 ＼ 年份	2000	2004	2008	2012	2013	2014
澳大利亚	0.4	0.6	1.0	0.8	0.7	0.7
巴西	0.2	0.1	0.2	0.2	0.2	0.2
加拿大	0.4	0.6	0.6	0.7	0.7	0.6
中国	2.5	2.1	2.2	4.0	4.2	4.6
德国	7.8	8.9	8.0	5.8	6.7	6.9
法国	1.7	2.0	1.7	1.2	1.2	1.3
英国	10.2	13.9	14.7	10.8	16.2	14.1
印度	0.1	0.2	0.1	0.2	0.2	0.2
意大利	3.6	5.2	4.1	2.8	3.1	3.2
日本	50.1	39.8	25.9	34.1	29.1	26.2
韩国	10.5	14.8	13.2	11.2	12.5	14.0
俄罗斯	1.8	4.0	6.3	7.7	6.9	4.6
美国	1.6	1.6	1.1	1.0	1.0	1.1

第五节　本章小结

一、基本结论

本章对中国对外贸易隐含水流动规模、主要流向和隐含水出口经济效益和资源环境效益进行了定量分析，主要结论有四点：

第一，中国是隐含水净出口国，2008 年及之前隐含水净出口规模保持快速增长态势，2009 年及之后隐含水净出口状况大体稳定，维持在 2000 亿立方米左右的规模。不过，在 2000~2014 年，隐含水无论是进口还是出口规模均总体保持增长态势。从隐含水进出口量和商品进出口额间的关系来看，2000~2014 年中国隐含水进出口量变化趋势与中国商品进出口额变化趋势相对一致，并且中国在对外商品贸易和隐含水贸易中均属于净出口国家。此外，在 2014 年中国商品进口总量较 2000 年增长 770%的条件下，隐含水进口量增长不足 5 倍，在一定程度上表明我国进口商品中包含的水资源消耗系数高的产品相对较少。

第二，通过 LMDI 分解分析发现，对隐含水贸易变化量影响最大的为规模效应，且其变化对隐含水贸易变化是正向效应。其次是技术效应，说明 2000 年以来中国节水技术的提高起到了节水效果，降低了出口商品生产中水资源消耗量。受中国进出口行业调整影响，结构效应对隐含水贸易变化影响最小，且其效应或正或负。

第三，中国隐含水主要流向发达国家。中国与多数国家对外贸易中隐含水处于净出口的状态，包括美国、日本、韩国、加拿大、德国、法国、英国、意大利等，主要是发达国家；中国与巴西和印度的贸易中，中国则是隐含水净进口。从对各个国家具体分析来看，中国与 12 个国家贸易中出口隐含水整体呈现出波动上升趋势；进口隐含水方面尚未呈现出较为统一的波动趋势，但相较出口，大多国家的进口隐含水变化趋势比较平稳。

第四，我国出口隐含水生产率和贸易条件均处于波动上升趋势，表明我国经济效益和环境效益在不断好转。但是通过比较中国与所选的 12 个主要贸易国的出口隐含水生产率情况，中国隐含水贸易优势不大，其中中国出口隐含水生产率在 13 个国家中排名第五，隐含水出口所产生的效益劣于日本、英国等几个国家。进口隐含水生产率方面，2014 年中国排名第四，隐含水进口效益仅次于英国、印度和法国三个国家。2014 年中国隐含水贸易条件劣于日本、英国、韩国和德国，与俄罗斯相当。总体而言，目前我国隐含水出口生产率情况好于隐含水进口生产率，且隐含水出口贸易较进口贸易而言能够产生更多的效益，贸易条件在不断改善。

二、对策建议

中国虽然地大物博，水资源量排全球第四位，但是地区分布不均、人口基数大等问题致使中国成为水资源缺乏大国。同时，随着地下水资源的不断开采，淡水资源存量日益减少，中国水资源缺乏问题日益突出。如何解决"贸易顺差，环境逆差"的问题，避免因水资源缺乏带来的一系列问题，保证国民经济的健康有序发展成为我国亟须解决的问题。鉴于前文的研究，本书提出三点建议：

第一，优化外贸进出口结构和产业结构，通过结构调整减少隐含水出口。结构效应虽然对隐含水出口规模的影响力较小，但是减缓隐含水资源大量出口有效且潜力巨大的手段。通过前面的分析，可以发现结构调整的影响效果有正有负，因此结构效应调整效果可以作为我国进出口贸易结构调整的依据，减少出口结构效应为正的产品，增加出口结构效应为负的产品。通过比较不同时期对外贸易结构下我国隐含水资源进出口规模的情况，得到最适合实际的贸易结构，寻找既有利于我国经济发展，又不损害水资源安全的外贸格局。同时，贸易结构的调整一定程度上可以带动我国产业结构调整，某项产品出口的增加将刺激国内产品相关原材料或生产的需求，从而带动相关产业的发展；相反，进口量的增加将在一定程度上抑制国内相关产品的生产，从而起到优胜劣汰的作用，促进产业结构不断向合理化、高度化发展。

第二，加快技术创新，提高水资源利用率。技术效应是抑制我国隐含水资源出口规模的重要因素。通过提高节水、用水技术水平，可以降低我国产品生产过程中水资源消耗量，从而节约水资源。经过多年的努力，我国各部门完全耗水系数都有不同程度的下降，其中农、林、牧、渔业，食品、饮料制造及烟草业，皮革及鞋类制品业，电力、煤气和水的生产及供应业，住宿和餐饮业等为我国水资源消耗系数下降较多的行业，但这些行业同时又是耗水系数较高的行业，用水效率尚需继续提高。因此，我国应该加快技术创新，提高用水效率，减少直接水资源投入量，同时通过技术创新来改善生产工艺减少中间投入品消耗、降低水资源间接消耗，最终降低产品生产单位耗水量，达到节约水资源的目的。

第三，完善产业投融资政策，加快节水项目发展。解决我国对外贸易过程中"贸易顺差，环境逆差"的问题，还可以通过调整投融资政策来调整投资方向，从而达到加快节水项目发展、提高用水效率的目的。政府通过制定有利于节水技术、节水项目的投资引导政策，鼓励企业加大对节水项目及用水效率较高的产业投资；拓宽节水项目及节水产业融资渠道，为这些产业发展提供资金支持等。贯彻落实《国家鼓励的工业节水工艺、技术和装备目录》，推荐采用包括钢铁、火电、石化和化工、有色金属、纺织印染、造纸、食品及发酵、煤炭、建材，以及焦化、氮肥、制药、制革、电镀等工业行业重大节水工艺、技术和装备。以严格的标准推进我国工业节水管理的步伐，倒逼企业加大节水工艺、技术和设备的应用力度。

本章参考文献

［1］Allan J A. Policy Responses to the Closure of Water Rescources： Regional and Global Issure ［A］//Howsam P，Carter R C. Allocation and Management in Practice ［M］. London：Chapman and Hall，1996.

［2］Bekchanov M，Bhaduri A，Lenzen M，et al. The Role of Virtual Water for Sustainable Economic Restructuring： Evidence from Uzbekistan，Central Asia ［Z］. 2012.

［3］Dang Q . Agricultural Virtual Water Flows Within the USA ［J］. Water Resources Research，2015（2）：973-986.

［4］Elsadek A . Virtual Water Trade as a Solution for Water Scarcity in Egypt ［J］. Water Resources Management，2010（11）：2437-2448.

［5］Fraiture C D，Cai X，Amarasinghe U，et al. Does International Cereal Trade Save Water? The Impact of Virtual Water Trade on Global Water Use ［Z］. International Water Management Institute，2004.

［6］Godfray H C J，Pretty J N，Thomas S M，et al. Global Food Supply Linking Policy on Climate and Food ［J］. Science，2011（6020）：1013-1014.

［7］Kumar R，Singh R D，Sharma K D. Water Resources of India ［J］. Current Science，2005（5）：794-811.

［8］Lenzen M . Understanding Virtual Water Flows：A Multiregion Input-Output Case Study of Victoria ［J］. Water Resources Research，2009（9）：318-326.

［9］Ramirez-Vallejo J, Rogers P. Virtual Water Flows and Trade Liberalization ［J］. Water Science and Technology, 2004（7）：25-32.

［10］Serrano A, Guan D, Duarte R, et al. Virtual Water Flows in the EU27：A Consumption-Based Approach ［J］. Journal of Industrial Ecology, 2016（3）：547-558.

［11］Stephen J B C. Hydrocentricity：A Limited Approach to Achieving Food and Water Security ［J］. Water International, 2004（3）：318-328.

［12］Yang H, Reichert P, Abbaspour K C, et al. A Water Resources Threshold and Its Implications for Food Security ［J］. Environmental Science and Technology, 2003（14）：3048-3054.

［13］Yang H, Wang L, Abbaspour K C, et al. Virtual Water Trade：An Assessment of Water Use Efficiency in the International Food Trade ［J］. Hydrology and Earth System Sciences, 2006（3）：443-454.

［14］Yang H, Zehnder A. "Virtual Water"：An Unfolding Concept in Integrated Water Resources Management ［J］. Water Resources Research, 2007（12）：W12301.

［15］Yang H, Zehnder A. Chinas Regional Water Scarcity and Implications for Grain Supply and Trade ［J］. Environment and Planning A, 2001（1）：79-95.

［16］Zimmer D, Renault D. Virtual Water in Food Production and Global Trade：Review of Methodological Issues and Preliminary Results ［C］//Hoekstra A Y. Virtual Water Trade Proceedings of The International Expert Meeting on Virtual Water Rtade. Delft：Water Institute, 2003.

［17］曹静晖, 朱一中. 基于投入产出分析的虚拟水贸易量估算——以黑河流域张掖地区为例 ［J］. 中国农村水利水电, 2008（12）：83-86.

［18］车亮亮, 韩雪, 秦晓楠. 基于 BP-DEMATEL 模型的农产品虚拟水流动影响因素分析 ［J］. 冰川冻土, 2015（4）：1112-1119.

［19］程国栋. 虚拟水——中国水资源安全战略的新思路 ［J］. 中国科学院院刊, 2003（4）：260-265.

［20］崔亚楠. 虚拟水理论与北京地区用水结构分析 ［J］. 北京水务, 2005

（4）：33-35.

［21］和夏冰，张宏伟，王媛，等．基于投入产出法的中国虚拟水国际贸易分析［J］．环境科学与管理，2011，36（3）：4.

［22］黄敏，黄炜．中国虚拟水贸易的测算及影响因素研究［J］．中国人口·资源与环境，2016（4）：100-106.

［23］黄晓荣，裴源生，梁川．宁夏虚拟水贸易计算的投入产出方法［J］．水科学进展，2005（4）：564-568.

［24］雷玉桃，蒋璐．中国虚拟水贸易的投入产出分析［J］．经济问题探索，2012（3）：116-120.

［25］刘红梅，李国军，王克强．中国农业虚拟水国际贸易影响因素研究——基于引力模型的分析［J］．管理世界，2010（9）：76-87.

［26］刘红梅，王克强，刘静．国际农业虚拟水贸易国别研究［J］．农业经济问题，2007（9）：96-100.

［27］龙爱华，徐中民，张志强．虚拟水理论方法与西北4省（区）虚拟水实证研究［J］．地球科学进展，2004（4）：577-584.

［28］马超，许长新，田贵良．农产品贸易中虚拟水流的驱动因素研究［J］．中国人口·资源与环境，2012，22（1）：6.

［29］马静，汪党献，Hoekstra A Y．虚拟水贸易与跨流域调水［J］．中国水利，2004（13）：37-39.

［30］马忠，张继良．张掖市虚拟水投入产出分析［J］．统计研究，2008（5）：65-70.

［31］梅燕，沈浩军．基于投入产出法的浙江省虚拟水贸易实证分析［J］．技术经济，2013（9）：79-86.

［32］王双英，唐志良．丰水地区虚拟水投入产出分析——来自江西的实证［J］．统计与信息论坛，2011（5）：92-96.

［33］王新华．中部四省虚拟水贸易的初步研究［J］．华南农业大学学报（社会科学版），2004（3）：33-38.

［34］王勇，肖洪浪，王瑞芳，等．张掖市经济用水与水资源社会性稀缺［J］．冰川冻土，2008（6）：1061-1067.

[35] 吴争程. 福建省虚拟水贸易分析 [J]. 泉州师范学院学报, 2007 (4): 83-87.

[36] 熊航, 黎东升. 基于主要国家截面数据的虚拟水出口影响因素实证分析 [J]. 生态经济（中文版）, 2011 (6): 111-113.

[37] 徐中民, 龙爱华, 张志强. 虚拟水的理论方法及在甘肃省的应用 [J]. 地理学报, 2003 (6): 861-869.

[38] 张小霞, 马忠. 基于区域间投入—产出模型的新疆虚拟水流向研究 [J]. 资源开发与市场, 2015 (9): 1069-1072.

[39] 张晓宇, 何燕, 吴明, 等. 世界水资源转移消耗及空间解构研究——基于国际水资源投入产出模型 [J]. 中国人口·资源与环境, 2015 (S2): 89-93.

[40] 赵旭, 杨志峰, 陈彬. 基于投入产出分析技术的中国虚拟水贸易及消费研究 [J]. 自然资源学报, 2009 (2): 286-294.

[41] 周姣, 史安娜. 虚拟水和虚拟水贸易研究综述与展望 [J]. 河海大学学报（哲学社会科学版）, 2010 (4): 64-67.

第七章 结论与建议

本章对全书进行了总结，给出了相应的对策建议，最后结合本书的不足之处，对未来如何加强该领域的研究进行了展望。

第一节 基本结论

根据本书前述计算，结合中国在全球产业链分工情况和国际贸易发展情况，本书得出六点基本结论：

第一，中国进出口贸易在创造巨大贸易顺差的同时，也存在以隐含资源环境流动形式表现出来的巨大"生态逆差"。改革开放以来，我国对外贸易迅猛发展，进入 21 世纪特别是加入世界贸易组织以来，我国货物贸易以更快的速度在发展，每年都产生了大量的贸易盈余，虽然在 2008 年国际金融危机影响下，贸易盈余额一度缩小，但 2011 年之后呈现恢复性增长，2014 年再创新高，达到3831 亿美元，这是我国经济发展和对外贸易的巨大成绩。但是，也要看到在取得这些成绩的同时，我国付出了巨大的资源环境代价。根据本书对四个领域的隐含流（隐含能源、隐含碳、隐含土地、隐含水）计算，除了隐含土地之外，我国都是隐含流净出口国，即我国为了向国际市场出口产品，不得不消耗过多的本土资源和造成了过多的污染，表现为"生态逆差"。根据计算，2000~2014 年我国隐含能源、隐含碳、隐含水连续出现净出口，累计下来，隐含能源达到 720900

万吨标准煤、隐含碳排放达到 1327300 万吨 CO_2、隐含水则达到 259630 千万立方米规模（见图 7-1）。

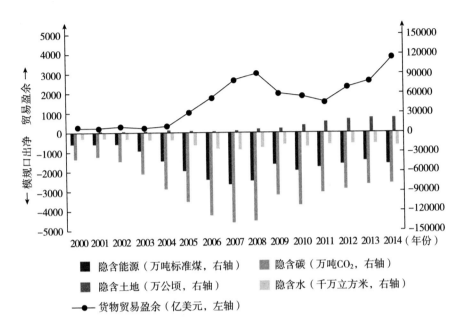

图 7-1　中国贸易盈余与隐含资源环境净出口规模

第二，中国外贸隐含流进出口总规模大幅度增长，而进出口平衡性得到增强。据计算，2000~2014 年中国外贸隐含流进出口规模均出现大幅度增长，其中 2008 年之前增长比较迅速，2008 年和 2009 年在国际金融危机作用下短暂回调，2010 年之后重拾增长态势但相对缓和（隐含土地是个例外，隐含土地出口在 2008 年之后呈现稳定的负增长，而隐含土地进口在 2010 年之后以更快速度增长）。与 2000 年相比，2014 年隐含能源出口规模增长 1.98 倍、进口规模增长 2.24 倍，隐含碳出口规模增长 2.36 倍、进口规模增长 5.60 倍，隐含土地出口规模增长 0.35 倍、进口规模增长 3.01 倍，隐含水出口规模增长 2.27 倍、进口规模增长 4.18 倍。可喜的是，各隐含流进口规模增长均快于出口规模，隐含流出口和进口的平衡性增强，"生态逆差"呈现逐年减少的良好发展态势（见图 7-2）。

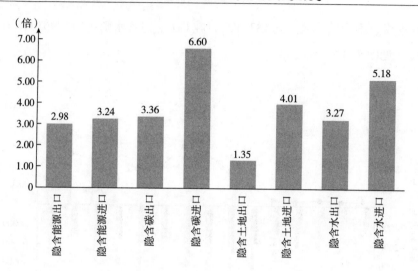

图7-2 2000年与2014年中国外贸隐含流进口和出口年度规模变化

第三，多数中国外贸隐含流呈净出口状态（隐含土地例外），2008年金融危机后净出口增长态势基本得以遏制。如表7-1所示，在中国外贸四种隐含流中，唯有隐含土地处于净进口状态，其他三种隐含流都是净出口。在外贸隐含流进出口规模扩大的同时，我国外贸隐含流净出口先是增长，后来在国际金融危机作用下，净出口增长态势得以遏制。由于国内经济发展方式转变和节能减排的持续推进，2010年之后我国隐含能源和隐含碳净出口呈现稳定的负增长趋势，而隐含水净出口仍有所波动（见表7-1和图7-3）。

第四，驱动隐含流出口增长的主要因素是规模效应，技术效应起到反制作用，而结构效应不太明显。根据LMDI分解分析，2000~2014年隐含能源出口总规模增长了82389.76万吨标准煤，其中，规模效应、结构效应、技术效应对总规模增长分别做出了191.55%、5.63%、-97.17%的贡献。2000~2014年隐含碳出口总规模增长了14.04亿吨CO_2，其中，规模效应、结构效应、技术效应对总规模增长分别做出了175.00%、4.84%、-79.84%的贡献。2000~2014年隐含土地总规模增长了2363.10万公顷，其中，规模效应、结构效应、技术效应对总规模增长分别做出了704.91%、-125.51%、-479.39%的贡献。2000~2014年隐含水出口总规模增长了2934亿立方米，其中，规模效应、结构效应、技术效应对

表7-1 2000~2014年中国货物进出口贸易规模和隐含流进出口规模

年份	货物进出口贸易额（亿美元）			隐含能源进出口（万吨标准煤）			隐含碳进出口（万吨CO$_2$）			隐含土地进出口（万公顷）			隐含水进出口（亿立方米）		
	出口	进口	净出口	出口	进口	净出口	出口	进口	净出口	出口	进口	净出口	出口	进口	净出口
2000	2492	2251	241	39725	21774	17952	59485	18517	40968	6837	7900	-1063	1291	412	879
2001	2661	2436	226	40387	24254	16133	59218	20887	38331	6562	8163	-1601	1277	463	815
2002	3256	2952	304	45496	27708	17789	69401	24678	44723	7104	8832	-1728	1456	480	976
2003	4382	4128	255	60971	32529	28443	90984	28509	62475	8779	10302	-1523	1843	643	1201
2004	5933	5612	321	80570	36213	44357	118309	31770	86540	9519	13309	-3790	1952	805	1148
2005	7620	6600	1020	95590	36034	59556	140257	32481	107775	11638	13956	-2319	2856	849	2006
2006	9690	7915	1775	111397	38399	72998	160969	33618	127350	13099	15075	-1976	3395	923	2472
2007	12201	9561	2639	119799	39783	80016	175797	36816	138981	13001	16228	-3227	3659	1003	2655
2008	14307	11326	2981	120516	44617	75899	176774	40164	136610	11608	17635	-6027	3528	1226	2302
2009	12016	10059	1957	99654	49283	50371	155601	59422	96179	10219	16968	-6749	3124	1213	1911
2010	15778	13962	1815	117446	58752	58694	193395	82421	110974	10639	22029	-11390	3524	1480	2044
2011	18984	17435	1549	121158	66575	54583	200759	108534	92225	10296	27180	-16884	3620	1750	1870
2012	20487	18184	2303	119343	68636	50706	203691	116353	87338	9393	29726	-20333	3700	1959	1740
2013	22090	19500	2590	118136	72768	45368	204924	125752	79172	8839	31308	-22469	3917	2064	1853
2014	23423	19592	3831	118520	70463	48056	199809	122152	77657	9200	31694	-22494	4226	2136	2091
合计	175319	151512	23807	1408708	687786	720922	2209373	882074	1327299	146733	270305	-123572	43368	17406	25963

资料来源："货物进出口贸易额"来自《中国统计年鉴》（2017），其他数据来自笔者的计算。

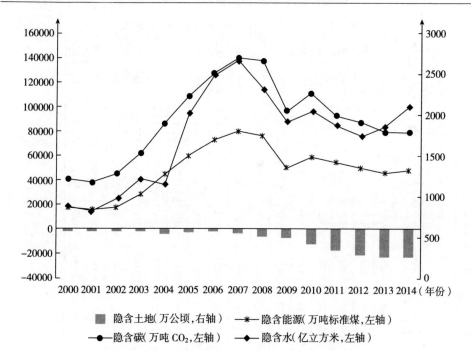

图7-3　中国外贸隐含流净出口规模

总规模增长分别做出了179.96%、−12.75%和−67.21%的贡献（见表7-2）。由此可见，在驱动隐含流出口增长的三个因素中，规模效应是最主要的驱动因素，这是由我国处于工业化过程中的基本国情所决定的，所幸由于技术进步，技术效应对隐含流出口规模增长起到了反制作用。但是，结构效应不太明显，是排在第三位的驱动因素，由于结构效应，隐含土地和隐含水的出口得以减少，表明从集约利用土地和水资源的角度看，我国外贸产业结构有所优化，但是，基于同样的结构效应，隐含能源和隐含碳的出口则进一步增多，表明从集约利用能源和减少碳排放的角度看，我国外贸产业结构并没有优化而是一种劣化。这折射出优化产业结构和外贸结构，具有多维度特征，要兼顾多种资源的集约利用，难度很大，任重而道远。

　　第五，从隐含流国别流向上看，中国在全球供应链上扮演着"资源中枢"的角色。在国别流向上，本书重点考察了中国与12个主要国家外贸隐含流流向情况。经计算，结果如表7-3所示。除俄罗斯外，中国是隐含能源和隐含碳净出口国，凸显中国作为"世界工厂"，每年中国从世界上进口大量能源（主要是石油、天然气），但却为世界其他国家人民的消费而消耗了大量能源和产生了大量排放，中国在资源环境要素的全球供应链上扮演着"资源中枢"的角色。

表 7-2　隐含流出口总规模变动分解分析结果

		隐含能源 （万吨标准煤）	隐含碳 （亿吨 CO_2）	隐含土地 （万公顷）	隐含水 （亿立方米）
2000~2014 年出口总规模变化值		82389.76	14.04	2363.10	2934
规模效应	贡献值	157815.02	24.57	16657.63	5280
	贡献度（%）	191.55	175.00	704.91	179.96
结构效应	贡献值	4634.76	0.68	-2966.01	-374
	贡献度（%）	5.63	4.84	-125.51	-12.75
技术效应	贡献值	-80060.02	-11.21	-11328.52	-1972
	贡献度（%）	-97.17	-79.84	-479.39	-67.21

资料来源：根据前述各章数据汇总。

表 7-3　2000~2014 年中国与主要国家之间贸易隐含流流向情况

	隐含能源	隐含碳	隐含土地	隐含水
澳大利亚	+	+	-	-
巴西	+	+	-	-
加拿大	+	+	-	+→-
德国	+	+	+	+
法国	+	+	+	+
英国	+	+	+	+
印度	+	+	+	-
意大利	+	+	+	+
日本	+	+	+	+
韩国	+	+	+	+
俄罗斯	-	-	+→-	+
美国	+	+	+→-	+

注："+"表示中国对该国净出口；"-"表示中国从该国净进口；"→"表示 2000~2014 年发生了变化。

资料来源：笔者根据前述各章计算汇总而成。

中国与这些国家在隐含土地和隐含水的流向方面稍显多元。在隐含土地流向方面，中国是德国、法国、英国、印度、意大利、日本和韩国隐含土地净出口国，是澳大利亚、巴西、加拿大的净进口国，而中国与俄罗斯、美国之间，中国实现了从净出口国到净进口国的转变。在隐含水方面，中国是德国、法国、英国、意大利、日本、韩国、俄罗斯和美国的净出口国，是澳大利亚、巴西和印度的净进口国，中国与加拿大之间则实现隐含水从净出口到净进口的转变。隐含土地和隐含水的流向及其变化表明，一方面，中国作为"世界工厂"为世界上大多数国家尤其是发达国家扮演着资源消耗国的角色；另一方面，由于中国土地资源和水资源的相对贫乏，国际贸易有利于利用"两种资源"和"两个市场"，中国也从资源丰富的国家间接进口了土地资源和淡水资源。毕竟，相对中国而言，澳大利亚、巴西、加拿大、俄罗斯、美国"地广人稀"，属于"地大物博"类型，土地资源和淡水资源总量和人均拥有量均居于世界前列，印度淡水资源也比较丰富，因而印度也是中国主要的隐含水资源净进口国之一。

第六，中国外贸隐含流经济效益和资源环境效益出现了持续向好发展态势，推动世界贸易互利共赢和全球可持续发展。如表7-4所示，2000年中国出口隐含能源、隐含碳、隐含土地和隐含水生产率分别为0.55美元/千克、0.38美元/千克、0.33美元/平方米和8.42美元/立方米；2014年中国出口隐含能源、隐含碳、隐含土地和隐含水生产率已分别上升到1.68美元/千克、1.00美元/千克、2.13美元/平方米和24.10美元/立方米。2014年中国出口隐含能源、隐含碳、隐含土地和隐含水生产率分别是2000年的3.05倍、2.63倍、6.45倍和2.86倍，说明在短短的15年内，中国通过出口贸易所获得的经济效益和资源环境效益都得到极大改善。

表7-4　中国出口隐含流生产率

年份	类别 出口隐含能源生产率 （美元/千克）	出口隐含碳生产率 （美元/千克）	出口隐含土地生产率 （美元/平方米）	出口隐含水生产率 （美元/立方米）
2000	0.55	0.38	0.33	8.42
2001	0.59	0.42	0.38	9.46
2002	0.62	0.43	0.42	8.94

续表

年份 \ 类别	出口隐含能源生产率（美元/千克）	出口隐含碳生产率（美元/千克）	出口隐含土地生产率（美元/平方米）	出口隐含水生产率（美元/立方米）
2003	0.60	0.41	0.43	8.34
2004	0.60	0.40	0.50	8.00
2005	0.65	0.43	0.41	7.51
2006	0.71	0.48	0.59	7.68
2007	0.84	0.56	0.75	9.25
2008	1.01	0.67	1.02	12.33
2009	1.08	0.67	1.02	15.46
2010	1.15	0.71	1.24	16.43
2011	1.34	0.81	1.53	19.91
2012	1.46	0.86	1.81	22.06
2013	1.56	0.90	2.05	23.66
2014	1.68	1.00	2.13	24.10
2014 较 2000 改进倍数	3.05	2.63	6.45	2.86

表 7-5 显示了中国外贸隐含流贸易条件指数变化情况，2000 年中国外贸隐含能源、隐含碳、隐含土地和隐含水贸易条件指数分别为 0.69、0.39、1.24 和 2.50，2014 年则分别为 0.85、0.88、1.42 和 4.58，2000～2014 年分别上升了 0.16、0.49、0.18、2.08，这同样说明了中国通过国际贸易而获得的经济效益和资源环境效益不断获得改善，尽管从绝对数值看，隐含能源、隐含碳的贸易条件指数仍小于 1。

表 7-5　中国外贸隐含流贸易条件

年份 \ 类别	隐含能源	隐含碳	隐含土地	隐含水
2000	0.69	0.39	1.24	2.50
2001	0.75	0.43	1.22	3.03
2002	0.76	0.44	1.24	2.54
2003	0.66	0.38	1.20	2.32
2004	0.57	0.33	1.22	2.06

续表

类别 年份	隐含能源	隐含碳	隐含土地	隐含水
2005	0.54	0.32	1.22	1.73
2006	0.53	0.32	1.51	1.62
2007	0.55	0.34	1.60	1.62
2008	0.61	0.35	1.54	2.20
2009	0.73	0.52	1.37	3.09
2010	0.69	0.59	1.31	2.95
2011	0.71	0.70	1.23	3.36
2012	0.77	0.76	1.32	4.01
2013	0.82	0.81	1.31	4.18
2014	0.85	0.88	1.42	4.58
2014 较 2000 提高程度	0.16	0.49	0.18	2.08

注：隐含流贸易条件指数 T>1，表示对外贸易的经济效益和环境效益好，T 越大越好；T<1，表示对外贸易的经济效益和环境效益差，T 越小越差；T=1，表示中性，是对外贸易所获得的经济效益和环境效益好坏的分界点。

资料来源：笔者根据前述各章计算汇总而成。

本研究计算表明，一方面，中国出口隐含流生产率和外贸隐含流贸易条件不断改善，反映中国在国际贸易中获得良好的经济效益和资源环境效益；另一方面，世界其他国家在与中国进行国际贸易的同时，它们的出口隐含流生产率和外贸隐含流贸易条件也得到不同程度的提高，它们的经济效益和资源环境效益也得到很大程度的提升。与中国开展国际贸易，中国与相关贸易伙伴均获得正的经济效益和资源环境效益，表明中国与世界各国开展的经贸合作不是"你输我赢"的零和游戏，而是具有互利共赢的性质，更不是"赢者通吃"的贸易霸凌行为。此外，与中国开展国际贸易有利于优化全球资源配置尤其是使资源环境要素利用效率得以提升，有利于全球可持续发展，从而为构建人类命运共同体做出了积极贡献。

第二节 对策建议

研究表明，中国在外贸隐含流方面所展现的发展成就和问题挑战不仅是改革开放以来，特别是加入世界贸易组织以来，中国经济发展方式与国际合作方式转变的一个"缩影"，也充分凸显了进一步转变经济发展方式、优化产业结构，实行高水平开放，促进内需和外需、进口和出口、引进外资和对外投资协调发展的重要性和必要性。从发展的外部环境看，继续维护开放的、多边的全球贸易体制，构建更加公正合理的国际经济秩序、全球治理体系是维护中国发展权益的必然要求。同时，改革开放40多年的中国工业化进程，不仅是中国资源环境要素利用效率提升的过程，还是全球资源环境要素利用效率提升的过程，未来我们要把这种工业化"中国经验"和"中国方案"通过"一带一路"建设向全世界扩散，为全球可持续发展做出更大贡献。基于此，本书提出四点对策建议：

第一，进一步优化产业结构和外贸结构，推动经济发展方式转变和促进高质量发展。在本书测算反映隐含流经济效益和资源环境效益的两个指标——出口隐含流生产率和贸易条件上，一方面，这两个指标都表现出持续向好的发展态势；另一方面，与一些发达国家相比，我国很多指标又有不小的差距。这说明，纵向比，我们有很多进步；横向比，我们仍然比较落后，需要提高资源利用水平。从驱动出口隐含流增长的几个因素来看，主要的问题是结构因素没有发挥预期效果，很多时候结构效应不仅没有起到减少资源消耗和污染排放的作用，反而起到增加资源消耗和污染排放的作用，表明从资源环境视角看，我国出口贸易结构出现了"劣化"趋势，即高消耗、高污染、高排放产品出口过多，因为国内产业结构高污染行业所占比重过高。因此，进一步优化产业结构和外贸结构，减少高污染行业在国民经济中所占比重、减少出口贸易中的"三高"产品出口就成为转变经济发展方式、促进经济高质量发展的一项重要内容。优化外贸结构，除了优化出口结构之外，在统筹进口和出口方面也有许多工作要做，在进口产品选择方面，从节约资源和保护环境角度出发，我国应增加进口本国资源消耗多、污染排放大的产品，替代国内资源消耗和环境污染，不仅有利于中国可持续发展，对全世界可持续发展也是有利的。

需要注意的是，造成我国资源环境要素利用效率比发达国家水平低的一个重要原因是在全球价值链中，我国尚处于价值链的低端环节，作为"世界工厂"，我国承担过多的资源消耗多、环境污染大的密集型产业或密集型产业环节，因此，实现我国产业在全球分工体系位置的"跃迁"、迈向全球价值链中高端环节是我国今后产业升级的重要方向之一。

第二，推动新一轮高水平对外开放，提升全球资源配置能力。中国将坚定不移奉行互利共赢的开放战略，实行高水平的贸易和投资自由化便利化政策，推动形成陆海内外联动、东西双向互济的开放格局。推动新一轮高水平对外开放，要坚持引进来和走出去并重，在更高层次上运用"两个市场""两种资源"，坚持引资、引技和引智并举，提高对外投资的质量和水平，提升我国在全球配置要素资源的能力。中国需要在全球化背景下，积极寻求发展与保护之间的平衡，在确保经济增长和共同发展的前提下减少资源消耗和环境破坏，实现自身和世界的可持续发展。多年来，我国在促进产品出口和吸引外资方面做了大量的工作，取得显著成效，随着我国国际地位的提升以及国内资源环境约束趋于严峻乃至极限，下一步我国在扩大进口和扩大对外投资方面也应该有所作为。

2018年在上海举办的中国国际进口博览会是一个标志性的举措。这是迄今为止世界上第一个以进口为主题的国家级展会，也是国际贸易发展史上的一大创举。举办中国国际进口博览会，是中国着眼于推动新一轮高水平对外开放做出的重大决策，是中国主动向世界开放市场的重大举措，是我国提供的一项旨在为推动全球包容互惠发展的国际公共产品。① 据报道，未来15年，中国预计将进口24万亿美元商品，这对于提升我国全球资源配置能力和水平意义深远。

第三，积极参与全球治理，推动构建公平合理的国际经济秩序和全球治理体系。中国日益增长的本土消费需求以及短期内难以改变的制造业大国地位，都决定了中国将在全球资源配置中发挥更加重要的影响力。这种格局和发展趋势不仅需要国际社会对中国发展形成正确的认知，消除"中国资源环境威胁论"，即作

① 具体内容见习近平在首届中国国际进口博览会开幕式上的主旨演讲。

为生产者，中国为满足世界市场需求贡献了大量资源环境要素（包括从境外进口原材料和能源等初级产品）；作为消费者，中国和其他人均资源拥有量较少的国家一样，需要一定程度地借助境外资源补足国内需求；更重要的是中国要在全球治理中发挥更加积极的作用，形成公平合理的国际经济秩序和全球治理体系。

中国的发展日益与世界融为一体，中国发展权益与国际经济秩序和全球治理体系格局密切相关。针对当前部分发达国家贸易保护主义抬头，特别是针对中国的"资源环境威胁论"，我国要积极参与全球经济治理，坚定维护并推动改革完善多边贸易体制，构建更加公平合理的国际经济秩序。以世界贸易组织为核心的多边贸易体制是国际贸易的基石，是全球贸易健康有序发展的支柱。我国应支持对世界贸易组织进行必要改革，坚决反对单边主义和保护主义。我国在坚定遵守和维护世界贸易组织规则的基础上，支持开放、透明、包容、非歧视的多边贸易体制，支持基于全球价值链和贸易增加值的全球贸易统计制度等改革。

我们积极推动建设开放型世界经济，促进全球治理体系变革，旗帜鲜明反对霸权主义和强权政治，为世界和平与发展不断贡献中国智慧、中国方案、中国力量。中国的发展得益于国际社会，也愿为国际社会提供更多公共产品。中国致力于打造开放型合作平台，维护和发展开放型世界经济，与其他国家共同构建广泛的利益共同体。积极落实2030年可持续发展议程，减少全球发展不平衡，推动经济全球化朝着更加开放、包容、普惠、平衡、共赢的方向发展，让各国人民共享经济全球化和世界经济增长成果。

第四，大力推进"一带一路"产能合作，推动构建人类命运共同体。改革开放40多年中国经济的高速增长，得益于日益融入全球价值链。但是，过去中国企业参与由发达国家主导的国际产业分工链，以西方为中心的"游戏规则"和"非中性"的国际经济秩序制度安排也使得中国陷入付出巨大的资源环境代价但获利不足的窘境。现在，中国参与全球价值链分工已经到了需要转型的十字路口，是继续参与发达国家主导的国际分工链呢，还是另辟蹊径，构建以"我"为主的国际产业分工链呢？答案可能不是非此即彼，但显然后者值得中国企业深入探索实践。

"一带一路"建设是我国为世界提供的一项全球公共产品，我们要以"一带一路"建设为重点，形成陆海内外联动、东西双向互济的开放格局。积极推进国际产能合作，尤其是与"一带一路"沿线国家和地区跨境基础设施建设和产能合作，既是中国经济发展到今天的客观需要，又契合发展中国家工业化和发达国家再工业化的需求，是扩大"南南合作"、深化"南北合作"的重要途径。"一带一路"倡议源于中国，但机会和成果属于世界，对于促进各个国家和地区之间深化合作和共同发展，维护和发展开放型世界经济，推动开放、包容、普惠、平衡、共赢的经济全球化，推动构建人类命运共同体发挥着重要作用。

从全球视野看，中国的产业技术及能力有着自身鲜明特性，处于世界产业价值链承上启下的关键环节。通过"一带一路"产能合作，中国将重塑国际分工格局，在全球产业链中获得一席之地，有望成为新的产业分工链的"链主"。针对当前部分发达国家贸易保护主义抬头，我国将部分产能转移到"一带一路"沿线国家或其他新兴经济体，不仅有利于规避贸易摩擦，优化资源配置，还有利于通过新的产业分工链提高中国在国际分工中的地位。

我国应以基础设施建设和工业制造业合作为重点推进"一带一路"建设。通过推进"一带一路"建设，加强境外经贸产业合作区建设，扩大对沿线国家与地区的投资规模，深化供应链与价值链合作，积极培育具有全产业整合能力的区域性价值链"链主"，逐步提升中国企业在全球价值链中的地位。同时，注重与发达国家和地区跨国公司合作，发挥互补优势，拓展在贸易投资、财政金融、创新和高技术等领域合作，共同开拓"一带一路"沿线国家和地区第三方市场。

第三节　研究展望

一、本书的不足之处

本书有四个方面尚待深化研究：

第一，在投入产出模型处理过程中未区分加工贸易和一般贸易，影响研究精度。尽管本书运用世界投入产出表开展研究，区分不同国家和地区不同产业具有不同的资源环境要素消耗水平，大大提高了研究精度，但是，未能对一国（地区）之内因贸易方式不同而产生不同的消耗水平做进一步区分。如出口根据贸易方式的不同分为加工出口和一般出口，我国加工出口贸易占有不低的比重，如果将投入产出表进行分割，编制反映加工贸易的非竞争型投入产出模型，将进一步提高研究精度。

第二，在卫星账户延展上方法不统一，尚需挖掘更好的延展方法。由于2016年公布的投入产出数据库中没有相应的环境卫星账户，这就使得如果要充分利用最新公布的投入产出表，就要延展相应的环境卫星账户，即本书需要补充2010~2014年分行业部门的直接能源消耗数据、碳排放数据、土地资源数据和水资源数据。本书结合数据对比情况，采用了简单替代法、直线外推法、等比例法等对缺失的卫星账户数据进行延展，尚需挖掘更好的延展方法，提高研究精度。

第三，本书仅使用LMDI方法进行隐含流影响因素分解分析，较为单一，没有再使用其他分解方法进行对比研究，具有一定的局限性。SDA和LMDI分解方法各有优劣，SDA分解法可以充分利用投入产出表、考虑更多的因素，但在分解过程中产生交互项问题，存在测算结果的不一致、因素权重的可比性不强、交互影响分解难等问题；LMDI能够很好地克服交叉项问题，但存在分解路径较为有限的缺点（袁鹏等，2012）。如果将两种分解方法结合起来使用，进行分解结果对比，或许会有更多启发，这些工作尚待日后进行。

第四，隐含流范围尚有进一步扩展的空间。尽管本书对四种主要的隐含流进行了较为详尽的考察测算分析，但其他资源如铁矿石、铝土矿等矿产资源，以及除CO_2之外的其他温室气体的隐含流研究尚未涉及，这也只能留待后续研究。

二、未来研究展望

作为国际贸易以及生态资源、环境保护及可持续发展等交叉领域的一个新兴研究领域，贸易隐含流研究具有单一学科视角及研究不可比拟的综合性优势，同时也有着跨学科研究及新兴研究领域不可避免的缺陷与不足，需要在未来的学科建设、发展与研究中予以克服和改进，从而对全球生态环境的保护与治理、可持续发展提供更为准确可靠的决策参考与学术支撑。我们认为未来贸易隐含流的研究需要着重在三个方面予以加强和改善。

第一，进一步加强数据库建设和方法论研究，提高对贸易隐含流实证研究的支撑能力和研究结论的精确可靠程度。从目前文献梳理的结果看，研究数据和方法上存在的缺陷较为严重地影响了研究结果的准确程度，从而大大制约了研究结论在决策时的参考价值。因此，如何通过提高数据质量、改进研究方法来提高研究结果的精确度和可信度是当前隐含流评价研究中的一个需要迫切面对的问题。从笔者掌握的文献看，除了从有利于隐含资源评价角度加强资源数据库建设、提高数据准确性和连贯性之外，更多研究者着力于从方法论角度提出改进建议，这些改进建议主要涵盖三个方面：一是主张综合实物量测算与投入产出分析的优势，采用混合的方法以提高测算过程的透明度和再现性（Reproducibility）（Bruckner et al.，2015）；二是主张充分考虑国家内部不同地区在生产和消费模式（资源使用和消费模式）差异性基础上，细化能源、土地、水、碳排等消费足迹测算的空间尺度（如从国家尺度转向地区尺度），进而提高国际贸易在更微观地理尺度上所造成的经济社会环境影响评价的准确性和政策相关性（Godar et al.，2015）。三是主张用空间和地理信息研究弥补投入产出分析等统计学方法在揭示资源环境影响方面存在的同质性缺陷（Sun et al.，2017）。

第二，加强不同资源环境要素研究的融合或研究成果之间的整合工作，努力为环境治理与可持续发展决策提供整体性方案，避免或减少生态环境保护与治理中的"捉襟见肘效应"。包括国际贸易在内的人类经济活动对生态环境造成的影响是多方面的，而现有以能源、土地或水等单一资源要素为主的足迹研究只能局部呈现人类活动的资源环境影响，却无法揭示不同影响之间的关联或连锁反应及其对整个生态系统的影响，因而还不足以对环境治理及可持续发展目标提供综合有效的决策支持。近年来，不断有研究团队开始从理论和实证两个方面尝试进行多资源环境要素的整合及综合测算的基础性工作。例如，Fang 等（2014）致力于构建一个包含生态、能源、土地及水资源在内的足迹家族，并认为包括上述资源要素在内的人类活动足迹不仅已有国家层面数据的支撑，而且能够在 MRIO 的统一框架下实现数据兼容及测算。Chen 和 Chen（2011）运用生态投入产出方法及 WIOD 数据库，测算了 2000 年占全球经济体量 80% 的 34 个国家的 40 个产业部门所消耗的六大类自然资源及温室气体排放的规模，为延伸性研究及决策提供了重要的基础性数据支撑。随着数据建设的不断完善，以及研究方法的进一步改进，我们有理由期待资源环境要素研究能在单一和碎片化研究基础上走向更加综合的研究路径。

第三，加强跨学科研究合作与交流，综合不同学科的研究视角及研究发现，寻求发展与保护、公平与效率、整体与局部之间的均衡，形成更为切实有效的政策主张。贸易隐含流研究的一个重要发现在于，发达国家的清洁与绿色发展有可能是以环境负担转嫁为手段和代价的，这种零和游戏不仅不具有可持续性，还暴露了发展与保护、公平与效率、局部与整体利益之间的两难处境。国际贸易在促进全球做大蛋糕的同时，其成本收益在全球范围内的分配是非中性的。在现有的分工体系下，发展中国家不仅总体上得到的经济收益更小，还承担了更大的环境代价。这种"非中性"的成本收益分配格局不仅体现在南北半球之间，也体现在一个国家内部的不同区域和群体之间。因此，生态保护和环境治理意味着资源环境代价在不同国家和群体之间的重新分配，这不是一个简单的技术性问题，而是涉及利益格局重构的政治问题。从这个意义上说，贸易隐含流的研究发现为全球环境治理提供了重要的事实判断以及直接驱动因素分析，而要改变甚至扭转"南北"之间不均衡的资源环境配置现状，需要从社会科学，特别是政治学、经济学、社会学与生态资源环境的交叉研究中寻找答案。

本章参考文献

［1］共建创新包容的开放型世界经济——在首届中国国际进口博览会开幕式上的主旨演讲［EB/OL］.［2018－11－05］. http：//www. xinhuanet. com/2018-11/05/c_ 1123664692. htm.

［2］中华人民共和国国务院新闻办公室. 中国与世界贸易组织［N］. 人民日报，2018-06-29（014）.

后　记

　　本书在国家社会科学基金项目"中国对外贸易中的隐含资源环境要素流动问题研究"（批准号：14BJY067）最终研究成果的基础上修改完善而成。该课题于2014年6月获得国家社会科学基金正式立项，2019年1月提出结项申请，同年9月经全国哲学社会科学工作办公室组织专家鉴定，鉴定等级为"良好"，顺利通过结项。课题结项后，课题组同仁结合党的十九大报告精神和十九届历次全会精神，特别是构建新发展格局和"双碳"发展目标，对结项报告的相关内容进行了完善与补充，最终以本书稿的形式呈现在读者面前。

　　该国家社会科学基金项目由本人担任课题负责人，课题组成员有：刘艳红，

中国社会科学院大学经济学院副教授、公共政策研究中心研究员；胡文龙，中国社会科学院工业经济研究所副研究员、会计与财务研究室副主任；丁毅，中国社会科学院工业经济研究所副研究员；刘芳，中国社会科学院大学 2015 级博士研究生，现任河北师范大学讲师；杨晓琰，中国社会科学院大学 2014 级硕士研究生、2017 级博士研究生；胡雨朦，中国社会科学院大学 2017 级硕士研究生、2020 级博士研究生；王路，中国社会科学院大学 2015 级硕士研究生，现任中国发展研究基金会研究一部项目副主任；周锐，中国社会科学院大学 2016 级硕士研究生。本项目从立项到结项，历时五年；从结项到成书，又历时三年。在此期间，课题组同仁始终不忘初心，克服了数据收集与处理、技术方法完善、研究文本整合等诸多困难，终于成稿。在此，首先对课题组全体成员的辛勤付出和创造性劳动表示诚挚的感谢！

本书各章初稿撰写情况：第一章，郭朝先、刘艳红；第二章，胡雨朦、郭朝先；第三章，刘芳、胡雨朦；第四章，王路；第五章，刘艳红、周锐；第六章，杨晓琰；第七章，郭朝先、刘艳红。最后由郭朝先、刘艳红统稿。在课题研究和书稿写作过程中，胡文龙、丁毅多次参加了讨论。

本书在研究和成果出版过程中，得到了我所供职的中国社会科学院工业经济研究所领导和各职能部门的大力支持。借此机会，我要对尊敬的史丹所长、曲永义书记、季为民副所长、张其仔副所长表达衷心的谢意！同时也要感谢科研处、办公室、信息网络室各位同仁的无私帮助！感谢产业组织研究室的刘戒骄、余晖、陈晓东、丁毅、惠炜对课题研究的大力支持！

特别感谢经济管理出版社杨世伟社长、刘勇总编辑、胡茜总编辑助理等对本书出版的大力支持。

最后，限于笔者的认知水平，本书难免有诸多不足、遗漏乃至错误之处，诚挚欢迎广大读者不吝指正。

郭朝先（guochaoxian@163.com）

中国社会科学院工业经济研究所研究员、产业组织研究室主任

兼中国社会科学院大学教授、中国可持续发展研究会理事

2022 年元旦于北京